JN423406

산당집

한국고전번역원 한국문집번역총서

산당집
山堂集

최충성 지음
崔忠成

김남중 신선명 옮김
김우재 정국현
성창훈 주다감

일러두기

1. 이 책의 번역 대본은 한국고전번역원에서 간행한 한국문집총간 16집 소재《산당집(山堂集)》으로 하였다. 번역 대본의 원문 텍스트와 원문 이미지는 한국고전종합DB(http://db.itkc.or.kr)에서 확인할 수 있다.
2. 역주는 내용이 간단하면 간주(間註)로, 길면 각주(脚註)로 처리하였다.
3. 한자는 필요한 경우 이해를 돕기 위하여 넣었으며, 운문(韻文)은 원문을 병기하였다.
4. 맞춤법과 띄어쓰기는 '한글 맞춤법'을 따르고, 한글 어휘는 '표준어 규정'을 따르는 것을 원칙으로 하였다.
5. 문장 부호는 '한글 맞춤법'에 규정된 용법을 따라서 사용했으며, 그 밖에 새로 만들거나 용법을 달리하여 사용한 부호는 다음과 같다.

《 》: 책명 및 각주의 전거(典據)를 나타낼 때 사용한다.

〈 〉: 편명, 작품명, 논문 제목을 나타낼 때 사용한다.

…… : 번역문에서 원문의 '云云'을 처리할 때, 각주에서 긴 인용문을 처리할 때, 각주의 표제어가 네 어절 이상일 경우 생략되는 말을 처리할 때 사용한다.

\- -: 본문에서 소자(小字) 원문 주(註)의 처음과 끝에 사용한다.

차례

산당집 제1권

산당집 제2권

서 書

서 序

기 記

묘지 墓誌

소 疏

전 傳

산당집 제3권 별집

문 文

산당집 제4권 상

부록 附錄

산당집 제4권 하

산당집 제5권

해제

최충성(崔忠成)의 생애와 《산당집(山堂集)》에 대하여

김우재 | 한국고전번역원 번역위원

1. 머리말

이 책은 산당 최충성(1458~1491)의 《산당집》 원집 2권과 별집 1권, 부록 2권 도합 5권 2책을 번역한 것이다. 최충성은 전라도 광주 일대에서 활동한 인물로 34세에 요절하였다. 《산당집》의 서문을 쓴 송환기(宋煥箕)에 따르면 최충성은 독서를 좋아하고 글을 지으면 표현이 풍부하고 문사(文思)가 민첩하며 타고난 자질이 매우 뛰어나고 담박함을 좋아하는 성품이었다.[1] 또 남효온(南孝溫)은 뛰어난 재주와 독실한 행실이 스승과 같다[2]고 평했다. 여기서 스승은 한훤당(寒暄堂) 김굉필(金宏弼)을 말한다.

최충성이 '소학동자'라고 자칭한 김굉필에게 배웠기 때문에 문집에는 《소학(小學)》을 읽고 쓴 글이 많다. 단순히 편수만 가지고 보면 4편이어서 많다고 할 수 없겠으나 《산당집》 가운데 최충성의 직접적인 저술이 29편인 점을 감안하면 적은 수는 아니다.

《산당집》을 연구한 논문은 그다지 많지 않다. 그나마도 특정 주제 안에 포함하여 다루거나 단편적으로 이루어졌을 뿐이다. 대략 몇 가지

1 《山堂集》〈山堂集序〉, "嘗喜讀書山堂", "下筆贍敏", "天資甚高", "性喜澹泊"

2 《秋江集》卷7〈師友名行錄〉, "茂才篤行如其師"

를 소개하면 다음과 같다.

이종범의 〈15세기 말~16세기 중반 전라도 유배인의 활동과 교유양상〉에서는 15세기 말 호남 사림의 등장과 학풍을 다루면서 최충성을 '학인처사(學人處士)'로 소개하고 학문과 출처관, 사우론(師友論)을 살폈다.[3] 이우진 · 이권재의 〈조선시대 사림(士林)의 스승담론 연구-사설류(師說類) 분석을 통해-〉는 〈성인백세사론(聖人百世師論)〉이 김굉필로 대변되는 《소학》 중심의 사림도학파 입장에서 성인이 되는 방법론을 제시하고 있다고 파악하였다.[4] 박상영 · 권오민 · 안상영 · 한창현 · 오준호는 〈〈蒸室記〉 硏究〉에서 〈증실기〉를 번역하고 한의학적 관점에서 평가하였다.[5] 이종묵은 〈불면의 밤을 위해 만든 시계〉에서 〈경려분각기(警慮焚刻記)〉를 번역하여 최충성이 만든 경려분각을 소개하였다.[6] 윤승준의 〈중국 우언의 수용과 재창조-柳宗元을 중심으로-〉에서는 최충성의 〈잡설〉 두 번째 편에 대해 유종원의 〈재인전(梓人傳)〉을 재창조한 우언으로 보았다.[7]

《산당집》은 분량이 적고 현재까지 문집 전체가 번역되지 않았을 뿐

3 이종범, 〈15세기 말~16세기 중반 전라도 유배인의 활동과 교유양상〉, 《역사학연구》 제41집, 호남사학회, 2011.

4 이우진 · 이권재, 〈조선시대 사림(士林)의 스승담론 연구-사설류(師說類) 분석을 통해-〉, 《한국교육사학》 제36권 1호, 한국교육사학회, 2014.

5 박상영 · 권오민 · 안상영 · 한창현 · 오준호, 〈〈蒸室記〉 硏究〉, 《대한한의학원전학회지》 제24권 5호, 대한한의학원전학회, 2011.

6 이종묵, 〈불면의 밤을 위해 만든 시계〉, 《문헌과 해석》 제66호, 태학사, 2014.

7 윤승준, 〈중국 우언의 수용과 재창조-柳宗元을 중심으로-〉, 《古典文學硏究》 제26집, 한국고전문학회, 2004.

만 아니라 최충성이 널리 알려진 인물은 아니다. 이 때문에 《산당집》 전체를 조망하는 연구는 아직 없었다. 본 해제를 통해 후행될 연구에 조금이나마 보탬이 되고자 한다.

2. 최충성의 생애

최충성의 본관은 전주(全州), 자는 필경(弼卿), 호는 산당(山堂)·산당서객(山堂書客)이다. 1458년(세조4) 나주(羅州)에서 4남 가운데 막내로 태어났으며 광주에서 살았다. 조부는 직제학을 지낸 최덕지(崔德之)이고, 부친은 사용(司勇)을 지낸 최별(最潎)이며, 모친은 밀양 박씨(密陽朴氏)이다.

조부 최덕지는 문과에 급제하여 한림원, 옥당, 대각의 벼슬을 지냈고, 남원 부사(南原府使)로 있다가 영암(靈巖) 영보촌(永保村)으로 물러나 은거하였다. 거처하는 곳에 존양(存養)이라는 이름을 붙이고 학문에 전심하였다. 1451년(문종1)에는 예문관 직제학으로 있다가 연로하다는 이유로 사직하였으며, 연촌(烟村) 선생으로 불렸다. 1630년(인조8) 영암 인사들이 영암 월출산(月出山) 기슭에 존양사(存養祠)를 세우고 최덕지를 제향하였다.

최충성은 어린 나이에 부모를 모두 여의어 형들에게 길러졌다. 8세 무렵에는 형을 따라 한양에서 유학하였다. 20세가 되기 전에 4세 연상인 김굉필의 문하로 들어가 가르침을 받았다. 함께 학문한 인물로는 이현손(李賢孫), 김안국(金安國), 김정국(金定國), 남효온, 이적(李勣), 박한삼(朴漢參) 등이 있다. 특히 남효온과 가깝게 지냈는데 〈사우명행록〉에 최충성의 이름이 보이며,[8] 〈지리산 일과(智異山日課)〉에는 1487년(성종18) 10월 최충성이 30세일 때 최충성과 안부를 묻고[9] 암자에서 밤중에 《근사록(近思錄)》을 함께 강론한[10] 기록이 보인다.

최충성은 1483년 26세부터 여러 해 동안 월출산을 시작으로 용암산(湧巖山), 삼각산(三角山), 두류산(頭流山), 방장산(方丈山) 등 전국에 있는 명산을 두루 유람하였다. 이는 옛사람들이 흙 한 줌이나 돌 한 덩이까지 모두 보고서 기상을 기르려 한 뜻을 본받은 것이었다.

1488년 8월에는 창평(昌平)의 감시(監試)에, 9월에는 김제(金堤)의 문과(文科)에 응시하였으나 모두 낙방하였다. 이 외에도 몇 차례나 과거에 응시했는지는 알 수 없으나, 급제하지는 못해 〈환유자를 부르는 글〔招宦遊子文〕〉과 〈산당서객전(山堂書客傳)〉을 지어 스스로를 위로하였다. 이후로는 과거에 응시하지 않고 학문에 전념하였다.

그러나 쉬지 않고 전국의 명산을 유람하고, 월출산에서 강학할 때는 정신을 또렷하게 하기 위해 항상 차갑고 서늘한 곳에 있었던 탓에 결국 32세가 되는 해인 1489년 중풍에 걸렸다. 최충성은 한증(汗蒸)이 병을 치료하는 데에 효과가 있다는 말을 듣고 직접 한증막을 만들기도 하였으나 오히려 병세가 악화되었다. 이 일을 경계하기 위해 지은 작품이 〈증실기〉이다. 또 와병 중에 잡념으로 잠을 이루지 못했는데 잡념을 없애려고 '분각(焚刻)'이라는 시계를 만들고 〈경려분각기〉를 지었다.

1490년에는 병이 낫지 않아 당시 전라도 관찰사 박안성(朴安性)에게

8 《추강집》 권7 〈사우명행록〉 말미에 최충성의 이름과 자가 적혀 있다.

9 《秋江集》 卷6 〈智異山日課〉, "聞崔忠成弼卿金鍵子虛等在知及庵, 使人寒暄."

10 《秋江集》 卷6 〈智異山日課〉, "余與弼卿輩還入奉天, 夜觀近思錄."

편지를 보내 약재를 구하였다. 관찰사가 약을 보내지 않은 것인지, 약의 효험을 보지 못한 것인지 최충성은 끝내 병을 이기지 못하고 이듬해 숨을 거두었는데 이때 나이가 34세였다. 숨을 거둔 곳은 김굉필의 학사(學舍)로 추정되는데 김굉필이 최충성의 상을 치러 주었다.[11] 최충성은 나주 가지동(佳芝洞)에 안장되었고 1665년(현종6) 존양사에 배향되었다. 존양사에는 최충성뿐만 아니라 1695년(숙종21) 영암에 유배되었던 김수항(金壽恒)이, 1711년 김창협(金昌協)이 추가로 배향되었다. 1713년에는 녹동서원(鹿洞書院)으로 사액되었고, 현재까지 최덕지, 최충성, 김수항, 김창협의 위패가 봉안되어 있다.

3. 《산당집》의 간행과 내용

1) 편찬 및 간행

《산당집》은 두 번 간행되었다. 초간본은 권 맨 앞에 송환기의 서문과 목록(目錄)을 차례대로 싣고 권 맨 끝에 박세채(朴世采)의 발문을 붙여 원집 2권 1책으로 간행되었다. 문집의 초고를 후손 최수화(崔秀華)가 동종(同宗)인 최방언(崔邦彦)을 통해 박세채에게 문집의 편차 정리 및 발문을 부탁하여 1685년 원집 2권 1책으로 편집하였다.[12] 그러나 오랫동안 간행하지 못하다가 1805년(순조5) 9대손 최혁(崔爀)이 송환

11 《山堂集》 卷4 〈山堂處士崔公行狀〉, "今具其拾遺中鹿洞配享時祭文, 有弟喪師治, 旅櫬還鄕等句. 意或公喪出於寒暄先生學舍."

12 《山堂集》 卷2 〈山堂集跋〉

기에게 서문을 받아 목판으로 간행하였다.[13] 이 초간본은 현재 국립중앙도서관(古3648-文82-23)에 소장되어 있다.

그 후 후손 최병윤(崔秉潤)의 부친이 초간본에서 누락된 부분을 보충하고 최병윤의 형에게 한 통을 베껴 써서 덧붙여 간행하려고 하였는데 도중에 죽어서 일이 중지되었다. 1866년(고종3) 봄에 문중에서 《산당집》을 간행하려고 하여, 최병윤이 그의 부친이 정리한 글과 김인후(金麟厚), 임억령(林億齡)이 천승루(擅勝樓)의 풍경을 보고 읊은 시인 〈천승루에서 시를 지어 읊다〔擅勝樓題詠〕〉, 최충성의 손자 최언린(崔彦潾)이 지은 시, 최언린의 아들 최복남(崔福男)에 대한 행장과 묘표, 부록에 대한 발문인 〈《산당집》 부록 뒤에 공경히 쓰다〔敬書山堂集附錄後〕〉를 덧붙여 별집(別集) 1권에 부록 2권 도합 3권 1책을 편차하고, 원집에 보태어 5권 2책으로 간행하였다.[14] 별집 앞에 별집과 부록에 대한 목록이 있다. 이것이 본서의 저본인 《산당집》의 중간본으로, 서울대학교 규장각본(奎 4040)이다.

저본의 이본(古 3428-21)은 규장각한국학연구원에 소장되어 있다. 권5 뒤에 최병윤이 쓴 〈《산당집》 부록 뒤에 공경히 쓰다〉가 빠져 있는 것을 제외하면 저본과 다른 점이 없다. 그러나 이본의 목록에도 〈부록후발(附錄後跋)〉이라는 제목이 있는 것을 보면 원래는 최병윤의 발문이 있었는데 중간에 유실된 것으로 추정된다.

13 《山堂集》〈山堂集序〉

14 《山堂集》卷5〈敬書山堂集附錄後〉

2) 구성과 내용

《산당집》은 원집 2권, 별집 1권, 부록 2권 도합 5권 2책으로 구성되어 있다. 권1과 권2는 원집이고, 권3은 별집, 권4와 권5는 부록인데 부록에 실린 글은 모두 다른 사람의 저작이다. 권4는 별도의 표기 없이 후손 최종익(崔鍾翼)이 쓴 〈가장(家狀)〉과 전라도 유생 홍탁(洪逴)이 쓴 〈산당 선생 배향에 대한 통문〔山堂先生配享通文〕〉 앞에 각각 '山堂集卷之四'를 표기하여 두 부분으로 나누었다.[15] 본 역서에서는 한국문집총간 편집 체제에 따라 권4 뒤에 상, 하를 붙여 구분하였다. 원집 앞에는 송환기의 서문이 있고, 원집 마지막에는 박세채의 발문이 있으며, 5권 끝에는 후손 최병윤이 쓴 《산당집》 부록에 대한 발문이 있다.

권1은 잡저(雜著)로, 총 13편의 글이 실려 있다. 주희(朱熹)가 편집한 《소학》을 읽고 쓴 글이 4편이다. 〈《소학》 글을 읽고〔讀小學文〕〉에서는 《소학》이 초학자들이 학문하는 데에 길잡이 역할을 한다고 여겼다. 또 불선(不善)하게 되는 재질을 바꾸고, 덕성을 함양하여 도를 터득하는 방도로 《소학》을 배워야 한다고 하였다. 〈《소학》 〈입교〉 편을 읽고〔讀小學立教篇〕〉[16]는 《소학》 〈입교〉 편을 읽은 뒤에 쓴 글로 〈입교〉 편을 지은 이유를 논하였다. 기질과 물욕에 의해 본성을 온전히 하지 못하는 중등(中等)의 사람들이 현명한 스승이나 좋은 벗이 없을 경우 〈입교〉 편을 공부하여 선하게 되기를 바라 〈입교〉 편을 지었다는

15 목록에서는 둘로 나누지 않고 모두 권4로 묶었다.

16 목록에는 '편(篇)' 자 뒤에 '문(文)' 자가 있고, 《소학》과 관련한 글들의 제목에도 모두 '문' 자가 있는 것을 보면 '문' 자가 빠진 것으로 추정된다. 우선 문집의 체재대로 따랐다.

것이다.

〈《소학》〈명륜〉 편을 읽고〔讀小學明倫篇文〕〉에서는 사람이 금수와 다른 이유는 오륜(五倫)이 있기 때문이라고 하면서 주희가 오륜을 밝혀 강상을 안정시키기 위해 〈명륜〉 편을 지었다고 하였다. 〈《소학》〈경신〉 편을 읽고〔讀小學敬身篇文〕〉에서는 〈경신〉 편을 지은 이유를 논하였다. 사람은 천지로부터 인의예지신의 성(性)과 마음을 받았으므로 천지는 부모와 같고, 부모로부터 형체를 받았으므로 부모는 천지와 같다고 하면서 몸과 마음을 공경히 해야 한다는 내용이다.

이 외에 〈속 〈원인〉(續原人)〉, 〈속 〈진학해〉(續進學解)〉 등 한유(韓愈)가 지은 글에 대한 속편 성격을 띠는 저작과 군신과 부자의 명분을 바로잡아야 한다는 〈정명에 대한 논〔正名論〕〉, 성인의 도가 스승이라는 〈성인은 백세의 스승이라는 것에 대한 논〔聖人百世師論〕〉, 불교에서 주장하는 천당과 지옥의 허구성을 지적하는 〈천당과 지옥에 대한 분변〔天堂地獄辨〕〉 등이 있다.

권2에는 서(書) 3편, 서(序) 1편, 기(記) 2편, 묘지(墓誌) 1편, 소(疏) 1편, 전(傳) 1편, 발(跋) 1편으로 모두 10편의 글이 있다.

〈점필재 선생에게 올리는 편지〔上佔畢齋先生書〕〉는 1487년(성종 18) 김종직이 전라도 관찰사로 부임했다는 소식을 듣고 쓴 편지로, 주된 내용은 민간에 성행하는 불교와 무당을 배척하기를 청하는 것이다. 〈호남 방백에게 약을 구하기 위해 올린 편지〔上湖南方伯求藥書〕〉는 당시 전라도 관찰사 박안성에게 쓴 편지로, 한질을 앓고 왼팔이 중풍으로 마비되어 운신이 불편한데 약을 마련할 돈이 없는 처지를 호소하면서 약재를 청하는 내용이다.

〈증실기〉와 〈경려분각기〉는 최충성이 중풍을 앓고 난 뒤에 쓴 글이다. 〈증실기〉는 여러 산을 유람하다가 한기와 습기에 노출되고 벗들과 정사(精舍)에서 학업을 연마할 때 서늘한 곳에 거처한 탓에 몸이 쇠약해져 중풍에 걸린 일과 중풍을 치료하기 위해 한증막을 만들었으나 효과를 보지 못하고 오히려 병세가 악화되었다는 내용이다. 〈경려분각기〉는 1489년 봉성(鳳城)에서 와병 중일 때, 잡념이 끊임없이 일어나 밤에 잠을 이루지 못하므로 잡념을 없애기 위해 분각(焚刻)이라는 시계를 만들고 '경려분각(警慮焚刻)'이라는 이름을 붙였다는 내용이다. 경려분각의 제조 방법이 자세하고, 경려분각이 병든 사람, 나그네, 공부하는 사람에게 알맞을 것이라고 하였다. 몇 군데 글자가 빠진 곳이 보인다.

〈산당서객전〉은 최충성의 자전적 성격의 글이다. 산당서객으로 자호(自號)한 이유와 자신의 성품, 학문 등을 제3자의 시각에서 서술하였다. 담박함을 좋아하는 성품, 고시(古詩)에 대한 애호, 안빈낙도하고 학문에 힘쓰며 마음을 수양하는 모습 등을 묘사하였다. 글 중간에 혹자와의 문답이 있는데 가족 곁을 떠나 산속에서 혼자 지내는 것이 불교의 승려들이 부자와 처자식 사이의 인연을 끊는 것과 무엇이 다르냐는 물음이 있는 것으로 보아 최충성이 가족 곁을 떠나 오랫동안 산당에 머무른 일을 가리키는 듯하다.

이 외에 출처(出處)의 도리에 관한 내용을 담은 〈강동으로 돌아가는 장 사인을 전송하는 것을 상정하여 지은 서문〔擬送張舍人歸江東序〕〉, 전횡(田橫)에 대한 묘지문인 〈제왕 전횡의 묘지를 상정하여 짓다〔擬齊王田橫墓誌〕〉 등이 있다.

권3은 별집으로, 모두 7편의 글이 실려 있다. 1488년 과거에 낙방하고 나서 스스로를 위로하기 위해 지은 글인 〈환유자를 부르는 글〉,

형부 시랑(刑部侍郎)을 지낸 한유가 불골(佛骨)을 궁중으로 맞이하려는 당 헌종(唐憲宗)에게 〈논불골표(論佛骨表)〉를 지어 간했다가 조주로 좌천된 고사를 근거로 지은 〈좌천되어 조주로 가는 한 시랑을 전송하는 서〔送韓侍郎謫潮州序〕〉, 최충성의 문장에 대한 생각을 엿볼 수 있는 〈제목을 잃어버리다〔失題目〕〉 등이 있다.

권4에는 가장, 행장, 상소와 통문(通文), 축문(祝文) 등이 수록되어 있다. 상, 하 두 부분으로 되어 있는데, 상은 모두 3편으로 1828년(순조28) 11대손 최종익이 쓴 〈가장〉, 1864년(고종1) 송내희(宋來熙)가 쓴 〈산당 처사 최공 행장(山堂處士崔公行狀)〉이 있고, 김창협이 1680년(숙종6)에 올린 〈사액을 청하는 상소〔請賜額疏〕〉가 이어서 실려 있다. 《농암집(農巖集)》에는 〈영암 유생을 대신하여 지은 연촌서원의 사액을 청하는 소〔代靈巖儒生請烟村書院賜額疏〕〉라는 제목으로 되어 있다. 최충성과 조부 최덕지를 모신 연촌서원, 즉 존양사에 사액을 청하는 상소이다.

하는 모두 녹동서원과 관계된 내용들이다. 통문은 4편인데 전라도 유생 홍탁, 최교(崔嶠), 이보(李溥) 등이 지은 것으로 모두 최충성을 배향하는 일에 대한 내용이다. 축문과 고유문(告由文)이 이어지는데 모두 최충성을 최덕지를 모신 사당에 배향한다는 내용이다. 축문 다음에는 사액을 청하는 상소 2편이 있는데, 하나는 영암에 사는 저자 미상의 상소로 사액해 주기를 청하는 내용이고, 다른 하나는 송상기(宋相琦)가 올린 상소로 역시 사액을 청하는 내용이다. 송상기의 이 상소는 《승정원일기》 숙종 38년 11월 19일 기사에는 유학(幼學) 문헌위(文獻緯) 등이 올린 것으로 되어 있고, 중간에 글자의 출입이 있다. 〈사액을 청한 것에 대한 예조의 회계〔禮曹請額回啓〕〉는 앞의 상소에 대해 예조가 올린 것으로서 사액하도록 재결을 청하는 내용이다. 〈사액을 맞이할 때에 임금이 내린 제문〔延額時賜祭文〕〉은 존양사를 녹동서원으로 사액할 때 숙종이 내린 제문으로 어유귀(魚有龜)가 지었다. 〈묘표(墓表)〉는 최충성의 10세손 최달겸(崔達兼)이 송치규(宋穉圭)에게 부탁하여 지은 것으로 최충성에 대한 것이며, 〈삼가 사적의 뒤에 쓰다〔敬書事蹟後〕〉는 11세손 최종익이 집안사람들에게 듣지 못한 일화와 송치규가 지은 묘표에 누락된 최충성의 사적을 보충한 것이다.

권5는 시 8편, 행장 2편, 묘표 1편과 《산당집》 부록에 대한 발문이 수록되어 있다. 시는 〈천승루에서 시를 지어 읊다〉와 〈진사공의 시를 덧붙여 기록하다〔附錄進士公詩〕〉인데 〈천승루에서 시를 지어 읊다〉는 최충성의 아들 최연문(崔演文)의 별서(別墅)에 있는 천승루의 풍경을 읊은 것으로, 김인후의 시 2편, 임억령의 시 6편이며, 〈진사공의 시를 덧붙여 기록하다〉는 최충성의 손자 최언린이 지은 것이다. 행장은 최상중(崔尙重)과 윤제홍(尹濟弘)이 지었고, 묘표는 이조원(李肇源)이 지었는데 모두 최충성의 증손 최복남에 대한 것이다. 〈《산당집》 부록 뒤에 공경히 쓰다〉는 《산당집》 부록에 대한 발문으로, 1866년 5월 후손 최병윤이 지었다. 별집과 부록을 편차한 경위가 기록되어 있다.

4. 최충성의 학문과 사상

최충성은 정몽주(鄭夢周), 길재(吉再), 김숙자(金叔滋), 김종직(金宗直), 김굉필로 이어지는 학문의 연원을 계승하였다.[17] 김종직과 제자 김굉필 등 영남 사림은 주자성리학의 정통적 계승자임을 자부하면서 간언(諫言)과 권학(勸學)이라는 도학적 실천을 표방하여 요순의 도를 현실에 추구하고자 하는 이상을 지녔다.[18] 그리고 김굉필은 성리학의 실천 규범으로서 《소학》에 기반한 도학의 학문 규모와 차서를 정립하여 스스로 실행하였다.[19] 따라서 최충성의 학문 성향 역시 영남 사림의 학문과 유사할 것이다. 그러나 문집에 최충성이 직접 지은 글은 29편에 불과하여 구체적인 내용을 살피는 데에는 한계가 있다.

최충성은 《소학》의 중요성을 사서삼경에 견주었다.[20] 또 〈속 〈진학해〉〉, 〈속 〈원인〉〉이나 〈제왕 전횡의 묘지를 상정하여 짓다〉 등 한유의 저작을 근거로 지은 글이 많고, 〈제목을 잃어버리다〉에서 그의 문장을 도가 담긴 글이라고 높이는 것[21]을 보면 문장은 한유의 영향을 받았을 것이라 짐작된다. 이 외에도 불교나 무당의 배척에도 힘썼다.

최충성은 《소학》이 학문하는 길잡이 역할을 한다고 여겼다. 성현의 고상한 말과 심오한 뜻을 초학자가 이해하기 어려워서 방향을 잡지 못하는데 《소학》은 일상생활에 절실한 내용을 담아서 어린아이가 익

17 《山堂集》〈敬書山堂集附錄後〉, "蓋先生之學, 得於寒暄; 寒暄之學, 得於佔畢齋; 佔畢之學, 傳受於其父叔滋; 叔滋之學, 得於冶隱; 冶隱之學, 得於圃隱. 圃隱實爲吾東方理學之祖, 則先生學問之淵源, 如是其正大."

18 이우진 · 이권재, 〈조선시대 사림(士林)의 스승담론 연구-사설류(師說類) 분석을 통해-〉, 《한국교육사학》 제36권 1호, 한국교육사학회, 2014.

19 정경주, 〈한훤당 김굉필 도학의 전승 양상〉, 《嶺南學》 제22호, 경북대학교 영남문화연구원, 2012.

20 《山堂集》 卷1 〈讀小學文〉, "如有致力於此者, 由是而進于大學, 終成知行之功, 則是書豈非五四書七六經哉?"

21 《山堂集》 卷3 〈失題目〉, "有二子之名, 有二子之才, 祖堯舜之道而仰夫子之踵者, 其韓歐歟!"

히기 쉽기 때문이다. 또 어린아이들은 혈기가 안정되지 않고 심지가 확고하지 않으므로 덕성을 함양하는 데에는 《소학》을 읽는 것이 좋다고 하였다.[22]

최충성의 저작에는 인륜과 명분을 바로잡아야 한다고 강조하는 글이 많이 보인다. 〈《소학》〈명륜〉 편을 읽고〉에서 사람과 금수를 구분하는 것은 인륜이므로 이것을 밝히지 못하면 금수나 이적에 빠져들게 된다고 하였다.[23] 이뿐만 아니라 〈정명에 대한 논〉이나 〈한나라 문제가 박소를 죽인 것에 대한 논〔漢文帝殺薄昭論〕〉에서도 인륜을 강조하는 내용이 보인다.

〈정명에 대한 논〉에서는 삼강오륜과 명분을 밝히는 것은 사람과 금수를 구분하는 것일 뿐만이 아니라 더 나아가 치세를 이룩하는 요체가 된다고 보고 있다.[24] 부자간에 서로 배척한 위(衛)나라 괴외(蒯聵)와 출공(出公) 첩(輒)의 이야기와 신하가 임금을 시해한 고사들을 들면서 이런 문제가 발생한 근원은 인륜이 무너진 데에 있다고 보았다. 〈한나라 문제가 박소를 죽인 것에 대한 논〉에서는 법을 공정하게 집행해서

22 《山堂集》 卷1 〈讀小學文〉, "其語高而旨深, 其於初學之入德也, 固無下手之處, 而恨不得豫養於童蒙也. 及讀子朱子《小學》之篇, 然後乃知聖人敎人之意備矣. 況篇中之語, 盡切於日用, 而可爲童稚之所習者乎? 方爲童稚之時, 血氣未定, 心志不牽, 常習於此, 而涵養德性, 則是豈非入道之階乎?"

23 《山堂集》 卷1 〈讀小學明倫篇文〉, "人之所以獨異於禽獸者, 以其克明五倫也. 苟不以明倫, 則吾恐最靈非靈, 而淪入於禽獸夷狄矣."

24 《山堂集》 卷1 〈正名論〉, "夫天之生物也, 飛禽走獸昆蟲草木, 至於夷狄, 莫不容於天地之間. 而人之所以獨得其最靈者, 豈非以其有名分而然歟? 有是名分, 而不敢不正者也, 其可紊之乎? 唐虞之風動, 夏商之文明, 莫不存此名而然也."

인륜과 강상을 무너뜨리는 것은 선정(善政)이 아니며 두 가지가 균형을 이루어야 한다고 하였다.[25] 이에 대한 근거로 한 문제가 박소를 죽인 사건을 들었다. 박소는 한 문제의 외숙부이자 문제의 어머니인 박씨의 동생이다. 박소가 잘못을 저질렀기 때문에 문제가 그를 죽인 것은 법을 제대로 집행한 것이라고 하더라도 박소는 어머니의 동생이므로 박소가 죽었을 때 어머니가 슬퍼할 것을 생각하지 않은 것은 자식으로서 어머니를 무시한 행동으로 인륜을 저버린 행위라는 것이다.[26]

최충성은 사람들이 《소학》〈경신〉 편을 읽고 몸가짐만 공경히 하고 마음가짐까지 공경히 할 생각을 못 하는 것을 애석하게 여겼다. 그는 부모는 천지와 같다고 설정하였다. 천지로부터는 마음과 인의예지신의 성을 받고 부모로부터는 형체를 받는데, 마음과 성은 형체의 주인이고 형체는 마음과 성의 몸체이기 때문에 부모는 천지와 같다. 몸가짐을 공경히 하는 것은 부모를 섬기는 것이고 마음가짐을 공경히 하는 것은 천지를 섬기는 것인데, 부모와 천지는 같으므로 결국 몸과 마음을 온전히 하는 것은 부모를 섬기는 도리가 된다.[27]

25 《山堂集》卷1〈漢文帝殺薄昭論〉, "愚謂法者, 天下之公理也; 恩者, 一家之親情也. 法與人情幷立而不相悖者, 可以爲善政矣."

26 《山堂集》卷1〈漢文帝殺薄昭論〉, "今夫薄昭者, 文帝之外舅也. 昭卽太后之弟. 昭之見殺, 非昭之自傷, 而太后傷之也. 縱使薄昭罪同於象, 亦當推恩而撫之, 以慰母心可也.……吾見其法徒自固然執一而已矣. 非徒執一而已, 亦必有無母之心矣, 固不可容於虞舜周公之世矣."

27 《山堂集》卷1〈讀小學敬身篇文〉, "夫人之生也, 稟陰陽五行之氣, 爲仁義禮智信之性, 則是人之有是心有是性者, 受之於天地, 而天地爲吾之父母也. 有是性, 故有是形焉. 是形則受之於父母, 而父母亦爲吾之天地也. 心也性也爲形之主, 而形爲心性之軀殼, 而皆受之於父母者也. 以父母所賦之性行父母所遺之體, 敢不敬耶?"

그러면서도 최충성은 몸과 마음에 경중과 선후의 차이를 두었다. 이에 대한 근거로 "대체(大體)를 따르면 대인이 되고 소체(小體)를 따르면 소인이 된다.", "굶주림과 목마름의 해로움으로 마음의 해로움을 삼지 않아야 한다.", "손가락이 남과 같지 않으면 싫어할 줄 알되 마음이 남과 같지 않으면 싫어할 줄 모른다."라는 《맹자》의 구절을 인용하였다.[28] 몸가짐을 공경히 한다는 말은 모든 행동을 공경히 한다는 의미이고, 마음가짐을 공경히 한다는 말은 마음에 있는 생각을 모두 공경히 한다는 의미이다. 그런데 행동을 공경히 할 수 있는 이유는 마음이 공경스럽기 때문이다. 그러므로 마음가짐을 가장 우선해야 한다는 것이다.[29]

5. 결론

최충성은 김굉필의 제자로서 《소학》을 중시하였는데 문집에 이와 관련한 저작이 4편이나 된다. 그는 《소학》이 학문하는 사람의 길잡이 역할을 한다고 여겼다. 인륜과 기강을 바로 세우는 것을 치국의 가장 핵심적인 가치로 보았으며, 몸가짐과 마음가짐을 공경히 하는 것을

28 《山堂集》 卷1 〈讀小學敬身篇文〉, "身與心性均受於父母, 而固當皆敬. 然自有大小輕重之分焉, 何以分其輕重? 孟軻氏曰: '從其大體爲大人, 從其小體爲小人.' 又曰: '毋以飢渴之害爲心害.' 又曰: '指不若人則知惡之, 心不若人則不知惡.'"

29 《山堂集》 卷1 〈讀小學敬身篇文〉, "敬身者, 欲其身之所行無不敬也; 敬心者, 欲其心之所存無不敬也. 身無不敬, 而無邪僻之行者, 由於心所存者敬故也. 然則欲敬其身者, 敢不先敬其心乎?"

중시하였다. 최충성은 과거에 여러 번 낙방하여 관운은 없었다. 그러나 서문을 지은 송환기와 남효온의 평가, 사후(死後)에 전라도 유생들이 존양사에 모시기를 청하는 운동을 벌였던 것 등을 보면 최충성의 학덕은 어느 정도 높은 수준에 도달했을 것이라 추정된다.

최충성은 널리 알려진 인물이 아니고 《산당집》은 분량이 적어서 현재까지 이루어진 연구는 그다지 많지 않다. 그나마도 문집 전체에 주안점을 두는 연구는 아니었다. 본서를 통하여 후일 최충성을 연구하는 데에 약간이나마 일조할 수 있을 것이다.

참고문헌

《승정원일기(承政院日記)》, 승정원 편, 규장각 소장본(奎 12788).

《한국문집총간 해제》 1, 민족문화추진회, 1991.

김창협, 《농암집(農巖集)》, 《한국문집총간》 161집, 민족문화추진회, 1996.

남효온, 《추강집(秋江集)》, 《한국문집총간》 16집, 민족문화추진회, 1988.

박상영 · 권오민 · 안상영 · 한창현 · 오준호, 〈〈蒸室記〉 硏究〉, 《대한한의학원전학회지》 제24권 5호, 대한한의학원전학회, 2011, 119～129쪽.

윤승준, 〈중국 우언의 수용과 재창조 - 柳宗元을 중심으로-〉, 《古典文學硏究》 제26집, 한국고전문학회, 2004, 101～133쪽.

이우진 · 이권재, 〈조선시대 사림(士林)의 스승담론 연구 - 사설류(師說類) 분석을 통해-〉, 《한국교육사학》 제36권 1호, 한국교육사학회, 2014, 33～50쪽.

이종묵, 〈불면의 밤을 위해 만든 시계〉, 《문헌과 해석》 제66호, 태학사, 2014, 138～147쪽.

이종범, 〈15세기 말～16세기 중반 전라도 유배인의 활동과 교유양상〉, 《역사학연구》 제41집, 호남사학회, 2011, 61～91쪽.

정경주, 〈한훤당 김굉필 도학의 전승 양상〉, 《嶺南學》 제22호, 경북대학교 영남문화연구원, 2012, 7～34쪽.

산당집 서문 山堂集序

연촌(烟村)[1] 최 선생(崔先生)은 순후한 덕과 높은 절조와 바른 학문을 가진 선비로서 한 시대에 명성이 빛나더니 지금까지 수백 년 동안 훌륭한 업적이 사라지지 않았다. 손자 산당공(山堂公)이 연촌의 아름다움을 계승하였으니, 한훤당(寒暄堂) 김 문경공(金文敬公)[2]의 문인이다. 산당공은 일찍이 산당(山堂)에서 독서하는 것을 좋아하였으니, 공의 자전(自傳)을 보면 그 지기(志氣)와 운치(韻致)를 대략 상상해 볼 수 있다. 일찍 사장(詞章)에 종사해서 글을 지으면 표현이 풍부하고 문사(文思)가 민첩하였으며, 아울러 과거 공부에도 힘썼다. 현사(賢師)의 문하에 유학하면서 비로소 학문하는 큰 요점을 듣고서 심성(心性)과 이기(理氣)의 깊은 이치를 탐색하고 인륜을 밝히고 이단을 물리치는 데 더욱 뜻을 다하였다. 《소학(小學)》을 읽고 쓴 여러 편과 〈점필재 선생에게 올리는 편지〔上佔畢齋先生書〕〉와 같은 것은 실로 평소의 바르고 밝은 식견에서 나온 것이다. 타고난 자질이 매우 뛰어나고 가정에서 배운 것이 훌륭하였을 뿐만이 아니었다. 성품이 담박함을 좋아하여

1 연촌(烟村) : 최덕지(崔德之, 1384~1455)로, 본관은 전주(全州), 자는 가구(可久), 호는 연촌·존양(存養), 시호는 문숙(文肅)이다.

2 한훤당(寒暄堂) 김 문경공(金文敬公) : 김굉필(金宏弼, 1454~1504)로, 본관은 서흥(瑞興), 자는 대유(大猷), 호는 한훤당·사옹(蓑翁), 시호는 문경(文敬)이다.

마음의 부화(浮華)함을 끊고 고시(古詩)를 즐겨 읊어 뜻 가는 대로 자적하였다. 공이 명산과 승지(勝地)를 두루 유람한 이유가 어쩌면 초연히 세속을 벗어난 의표가 있어서가 아니겠는가.

유고가 편찬된 지는 오래되었으나 오랫동안 세상에 간행되지 못하여 후학들이 매우 개탄하고 한스러워하였다. 지금 판각에 부친 것은 장차 무궁한 시대까지 광채를 전하려는 것이니, 어찌 편질이 적다 하여 한스러워하겠는가. 내가 《연촌유사(烟村遺事)》와 공의 유문(遺文)에 깊은 감회가 있어서 이처럼 아울러 서문을 쓴다. 멀리서 찾아와 나에게 서문을 지어 달라고 부탁한 이는 공의 9대손 최혁(崔爀)이다.

숭정(崇禎) 후 세 번째 을축년(1805, 순조5) 맹동(孟冬)에 덕은(德殷) 송환기(宋煥箕)[3]가 서문을 쓰다.

3 송환기(宋煥箕) : 1728～1807. 본관은 은진(恩津), 자는 자동(子東), 호는 심재(心齋)·성담(性潭), 시호는 문경(文敬)이다. 송시열(宋時烈)의 5대손이다.

산당집

제1권

잡저 雜著

잡저 雜著

속 〈원인〉
續原人

천하 만물은 모두 하늘이 낸 존재이다. 나는 것은 자신이 날짐승인 줄을 알고 달리는 것은 자신이 들짐승인 줄을 알고 어룡(魚龍)과 곤충은 자신이 어룡과 곤충인 줄을 안다. 이것들은 모두 지각하고 운동할 뿐이다. 그러나 사람이라고 하는 존재는 어찌 지각하고 운동할 뿐이겠는가. 사람에게는 반드시 사람이 되는 도리가 있다. 사람의 도리를 다한 자라야 사람이라고 할 수 있으니 사람이라는 이름이 중대하다고 이를 만하다. 어째서 이렇게 말하는가?

모든 존재는 천지의 기(氣)를 받아서 생겨난다. 편중되고 막힌 기를 타고난 것이 동물이 되고 온전하고 통하는 기를 타고난 것이 사람이 된다. 사람이 이러한 기를 받아서 태어날 때 인의예지의 성(性)이 함께 생겨난다. 이것이 사람이 가장 신령하게 되는 까닭이다. 봉황과 기린이 신령하기는 하지만 이 또한 물(物)에 불과할 뿐이다. 유독 사람을 물이라 하지 않고 사람이라 하는 까닭이 어찌 우연이겠는가. 하늘이 만물을 낼 적에 오직 사람이 가장 신령하고 사람이 네 가지 덕을 가졌기에 오직 사람만이 큰 존재가 되는 것이다. 그러므로 맹씨(孟氏)가 "인(仁)

은 사람이라는 뜻이다."라고 하였는데, 이 말을 풀이한 사람[1]이 "인은 사람이 사람 된 도리이다."라고 하였다. 나는 다음과 같이 생각한다.

인은 천지가 만물을 내는 이치로서, 사람이 이것을 얻어서 태어나 마음으로 삼는 것이니, 사람이 사람이 되는 이유를 찾아보면 또한 여기에 근원할 것이다. 상제(上帝)가 충(衷)을 내린 것도 이것을 내린 것이고, 자연스러운 이치를 따라 떳떳한 성(性)을 소유한 것도 이것을 소유한 것이고,[2] 성인이 진심지성(盡心知性)[3] 하는 것도 이것을 다하여 안 것이고, 군자가 존양성찰(存養省察)[4]하는 것도 이것을 존양성찰하는 것이다. 사람의 도리는 하늘에 근원하여 나에게서 다하는 것이니, 내가 사람이 되는 도리를 몰라서는 안 된다. 인은 사심(私心)이 없어 천리(天理)에 합하는 것을 말한다. 그렇게 되면 마음이 편안하고 지기(志氣)가 드넓어서 나의 마음이 천지의 마음에 합하고 나의 기가 천지의

1 풀이한 사람 : 주희(朱熹)를 가리킨다.

2 상제(上帝)가……것이고 : 《서경》 〈탕고(湯誥)〉에 "훌륭한 상제가 하민에게 충을 내려 주시어 그 자연스러운 이치를 따라 떳떳한 성을 소유하였다.〔惟皇上帝降衷于下民, 若有恒性.〕"라고 하였는데, 충과 떳떳한 성이 바로 인(仁)이라고 말한 것이다.

3 진심지성(盡心知性) : 《맹자》 〈진심 상(盡心上)〉에 "자신의 마음을 다하는 자는 자신의 본성을 아는 것이니, 본성을 알면 곧 하늘을 아는 것이다."라고 하였다.

4 존양성찰(存養省察) : 존양은 마음을 보존하여 성을 기르는 것을 이르며, 성찰은 자신의 사욕을 살펴 이를 막는 것을 이른다. 《중용장구》 제1장에 "군자는 보지 못하는 데에서도 삼가며, 듣지 못하는 데에서도 두려워한다.〔君子戒愼乎其所不睹, 恐懼乎其所不聞.〕"라고 하였는데, 이것은 정(靜)할 때의 존양 공부를 말한 것이며, 이어 "숨기는 것보다 드러나는 것이 없으며 미미한 것보다 나타나는 것이 없다. 그러므로 군자는 혼자만 아는 부분을 삼가는 것이다.〔莫見乎隱, 莫顯乎微, 故君子愼其獨也.〕"라고 하였는데, 이것은 동(動)할 때의 성찰 공부를 말한 것이다.

기에 합하여 하늘의 높고 밝음과 나란하고 땅의 넓고 두터움과 짝하여 인이 간절하고 지극하며 하늘처럼 넓고 넓어진다. 그런 뒤에 사람의 실질을 얻었다고 말할 수 있다. 비록 이 경지에는 미치지 못하더라도 여기에 뜻을 둔다면 이 또한 사람의 무리이다. 아, 이것을 버리면 어떻게 사람이 될 수 있겠는가. 사람의 형체를 지니고서 그 형체를 제대로 실천하지 못하며 사람이라는 이름은 얻었는데 그 실질을 실천하지 못한다면 금수와 다를 바 없다. 금수에게 또 무엇을 따지겠는가.

한당(漢唐) 이후로 천하에 훌륭한 사람이 없었으니, 동중서(董仲舒)와 한유(韓愈) 등 몇몇이 사람에 거의 가까웠지만 이들 또한 과연 사람의 실질을 얻었는지는 모르겠다. 송(宋)나라 때에는 훌륭한 사람이 많았지만 당시의 어리석은 무리가 이들을 사람으로 여기지 않았으니, 애석함을 이루 다 말할 수 있겠는가.

아, 또한 삼가야 할 것이다. 뿌리를 북돋우지 않으면 열매를 먹을 수 없고 물의 근원을 맑게 하지 않으면 물줄기를 맑게 할 수 없다. 사람이 되는 근원이 저 멀리에 있지 않으니, 근원을 맑게 하는 공부가 어찌 다른 일이겠는가.

《소학》을 읽고

讀小學文

내가 일찍이 성현의 글을 읽고서 성현이 사람을 가르치는 뜻이 깊은 줄을 알았다. 그러나 성현의 말이 고상하고 뜻이 심오하기 때문에 초학자가 덕에 들어갈 때 오히려 착수할 곳이 없어서 어렸을 때 미리 기르지 못하는 것이 한스러웠다. 그런데 자주자(子朱子 주희(朱熹))의 《소학(小學)》을 읽고 난 뒤에 마침내 성인이 사람을 가르치는 뜻이 이 책에 구비되어 있음을 알았다. 더구나 책 안의 말들이 전부 일상생활에 요긴하여 어린이들이 익힐 만함에 있어서이겠는가. 어린아이일 때에는 혈기가 안정되지 않고 심지(心志)가 확고하지 않으니, 항상 이 책을 익혀 덕성을 함양한다면 아마도 도에 들어가는 발판이 될 것이다.

자정자(子程子 정이(程頤))가 말하기를 "성현의 말씀은 부득이해서 하신 것이다."[5] 하고, 또 말하기를 "성(性)은 천(天)에서 나오고 재(才)는 기(氣)에서 나온다."[6] 하였으니, 지극하도다, 말씀이여. 사람이 태어날 적에 천지의 이(理)를 받아 성으로 삼고 천지의 기를 받아 재로 삼는데, 성에는 불선함이 없지만 재에는 미추(美醜)와 현우(賢愚)의 구별이 있다. 이는 재의 미추가 기의 청탁에 근원하는 것이 아니겠는가. 옛날 상고 시대에는 기가 맑아 재가 아름다웠고 재가 아름다워 지(智)가 뛰어났으니, 이르바 '성정(性情)의 이(理)와 인의(仁義)의

5 성현의……것이다 : 《근사록(近思錄)》 권2 〈위학(爲學)〉에 보인다.

6 성(性)은……나온다 : 《근사록》 권1 〈도체(道體)〉에 보인다.

덕과 부자 군신의 도리'라는 것을 가르치지 않아도 알고 말하지 않아도 믿었다. 이러한 때에 군사(君師)의 직임을 맡은 자가 무슨 말을 할 필요가 있었겠는가. 그런데 이 이후로 기화(氣化)가 일정하지 않아서 사람의 재질(才質)이 매우 어리석어졌으니, 비록 본연의 성을 가지고 있지만 스스로 알지 못하는 자가 대부분이었다. 이러한 때에 군사의 직임을 맡은 자가 비록 말하지 않고자 한들 그렇게 될 수 있었겠는가. 이것이 《시경》, 《서경》, 《주역》, 《춘추》가 지어진 이유이다.

성인의 도는 대로처럼 평탄하게 펼쳐져 있는데, 학자들의 병통은 그 문을 찾지 못하는 것이다. 그러나 사람이 불선하게 되는 것은 재질에 구애되어서이니, 재질을 변화시키는 데에는 반드시 방도가 있다. 그러므로 《소학》의 법도가 있는 것이니, 《소학》의 법도를 어렸을 때 가르쳐 어린아이들로 하여금 덕성을 함양하여 도의 문에 나아가게 하지 않을 수 있겠는가. 선각자가 아직 깨닫지 못한 자를 깨우치고자 하는 것이, 법도가 자세하지 않은 것도 아니고 말이 극진하지 않은 것도 아닌데 어찌하여 후학들은 스스로 나아가지 못하는가.

아, 성현이 학설을 세우고 책을 저술한 것은 후학들로 하여금 덕을 진전시키고 학업을 닦게 하고자 한 것인데, 후진들이 성현의 말을 외우고 성현의 책을 읽는 것은 장차 이를 통해 녹을 구하고 벼슬자리를 얻고자 해서이다. 군사가 된 자는 이런 목적으로 인도하고 부형이 된 자는 이런 목적으로 가르치고 자제가 된 자는 이런 목적으로 배우니, 누가 《소학》의 가르침에 힘쓰고자 하겠는가. 선생이 이 책을 짓지 않았더라도 괜찮았을 것이다. 비록 그렇지만 지난날 이 책이 없었다면 후세에 도에 뜻을 둔 자가 천 명에 한 명이 나오더라도 어찌 의지할 곳이 있겠는가. 이 책을 본받을 것 없다고 여긴다면 그만이지만, 만일 이 책에 힘을 다하는 자가 이로부터 《대학》에 나아가 마침내 지행(知行) 공부를 완성한다면 이 책이 어찌 사서(四書)를 오서(五書)로 만들고 육경(六經)을 칠경(七經)으로 만들지 않겠는가.

《소학》〈입교〉 편을 읽고

讀小學立教篇

내가 일찍이 공씨(孔氏 자사(子思))의 글을 읽다가 생지(生知), 학지(學知), 곤지(困知)의 설[7]에 이르러, 사람의 등급이 같지 않아서 학문하는 데에 어렵고 쉬움이 있음을 절실히 탄식하였다. 그런데 《소학(小學)》을 읽다가 소자(邵子 소옹(邵雍))의 "상등의 사람은 가르치지 않아도 선하고, 중등의 사람은 가르친 뒤에 선하고, 하등의 사람은 가르쳐도 불선하다."라는 말에 이르러서야 내가 사람에게는 가르침이 없어서는 안 됨을 알았다.

사람이 태어날 적에 모두가 이(理)와 성(性)을 가지고 있는데, 기질의 청탁(淸濁)이 다르기 때문에 쉽게 알고 어렵게 아는 차이가 있다. 가령 사람들 모두가 태어날 때부터 알 수 있다면 사람을 가르치는 법을 만들지 않아도 되고, 사람들 모두가 변할 수 없을 정도로 어리석다면 사람을 가르치는 법을 또한 베풀 것도 없다. 그러나 지극히 지혜로운 사람은 세상에 좀처럼 나오지 않고 지극히 어리석은 무리도 적지만, 그 사이에 중등의 선비로서 기품(氣禀)에 구애되고 물욕에 가려져서 본성에 갖추어져 있는 인의예지를 알아서 온전히 하지 못하는 자들이 세상의 대부분이다. 선각자가 어찌 측은한 마음으로 그들을 일신시키

7 생지(生知)……설 : 《중용장구》 제20장에 "혹은 태어나면서 알고, 혹은 배워서 알고, 혹은 곤란을 겪은 뒤에 아니, 그 앎에 미쳐서는 마찬가지이다.〔或生而知之, 或學而知之, 或困而知之, 及其知之一也.〕"라고 하였다.

키고자 하지 않겠는가. 이것이 선생의 〈입교(立敎)〉 편이 지어진 이유이다.

혹자가 말하기를 "남산의 대나무는 바로잡지 않아도 절로 곧다.[8] 본래 선한 자라면 가르침을 세우지 않더라도 어찌 성인이 되는 데 해가 되겠는가. 또 뱀이 죽통에 들어가더라도 구불구불한 성질은 그대로이다.[9] 본래 악한 자라면 부지런히 가르치더라도 무슨 보탬이 있겠는가."라고 하는데, 나는 이 사람이 말의 깊은 의미를 모르는 자라고 생각한다.

대나무가 곧은 것도 대나무의 본성이고 뱀이 구불구불한 것도 뱀의 본성이고 사람이 선한 것도 사람의 본성이다. 천하의 만물은 각각 자기의 본성을 따를 뿐이니, 대나무는 굽게 만들어서는 안 되고 뱀은 곧게 만들어서는 안 되고 사람은 악하게 만들어서는 안 된다. 만일 본성을 어긴다면 이것이 어찌 성의 본연이겠는가. 이 때문에 요(堯) 임금과 걸(桀)은 이치가 하나이고 순(舜) 임금과 도척(盜跖)은 근원이 같으니, 그들이 서로 차이가 많이 나게 된 까닭은 재질이 같지 않아서일 뿐이다. 따라서 재질을 변화시켜 훙기한다면 사람들 모두가 요순이 될 수 있다. 맹모(孟母)가 자식을 위해 세 번 거처를 옮기지 않았다면[10] 맹씨(孟氏)는 끝내 장사 지내거나 물건 파는 일만 하다가 죽었을 것이고, 공자(孔子)가 화살 머리에 깃을 붙이고 화살촉을 간다는 비유[11]를

8 남산의……곧다 : 《공자가어(孔子家語)》 권5 〈자로초견(子路初見)〉에 보인다.

9 뱀이……그대로이다 : 《사림광기신집(事林廣記辛集)》 〈풍월소림(風月笑林) 골계소담(滑稽笑談)〉에 보인다.

10 맹모(孟母)가……않았다면 : 《소학》 〈계고(稽古)〉에 보인다.

하지 않았다면 자유(子由)는 장검이나 좋아하고 말았을 것이다. 어찌 인(仁)에 머무르고 의(義)를 행하여 사도(斯道)에 큰 공을 세웠겠는가. 이는 가르침의 분명한 징험이니, 〈입교〉 편을 어찌 소홀히 할 수 있겠는가.

혹자가 말하기를 "요 임금이 아버지인데도 단주(丹朱)가 있었고 순 임금이 아버지인데도 상균(商均)이 있었으니, 어찌 요순이 가르치지 않아서 자식이 불초자(不肖子)가 되었겠는가. 순 임금은 고수(瞽瞍)의 자식이었고 우(禹) 임금은 숭백(崇伯)의 자식이었으니, 어찌 아버지가 잘 가르쳐서 자식이 성인이 되었겠는가. 선을 행하는 것도 스스로 선을 행하는 것이고 악을 행하는 것도 스스로 악을 행하는 것임을 알겠으니, 어찌 가르침과 관계가 있겠는가."라고 하였다.

아, 이것이 내가 소자의 말에 감동한 이유이다. 순 임금과 우 임금은 태어날 때부터 안 자들이니 어찌 가르침을 통해 선해졌겠는가. 단주와 상균은 지극히 어리석은 자들이니 성인을 아버지로 두었더라도 교화되어 선한 경지에 들어갈 수 없었다. 그러므로 사람들이 모두 순 임금이나 우 임금과 같다면 어찌 〈입교〉 편을 지을 필요가 있겠으며, 사람들이 모두 단주나 상균과 같다면 〈입교〉 편은 한갓 쓸데없는 글이 될

11 공자가……비유 : 공자가 자유를 처음 만났을 때 자유가 학문의 필요성을 부정하자, 이 비유를 들어 일깨워 주었다. 《공자가어》 권5 〈자로초견〉에 "자로가 말하기를 '남산의 대나무는 바로잡지 않아도 절로 곧습니다. 베어서 화살로 쓰면 무소 가죽도 뚫습니다. 이것을 가지고 말해 보면 어찌 배울 것이 있겠습니까.'라고 하자, 공자가 말하기를 '화살 머리에 깃을 붙이고 화살촉을 간다면 깊게 들어가지 않겠는가.'라고 하였다.〔子路曰: "南山有竹, 不柔自直. 斬而用之, 達于犀革. 以此言之, 何學之有?" 孔子曰: "括而羽之, 鏃而礪之, 其入之不亦深乎?"〕" 하였다.

뿐이라고 말한 것이다. 선생이 〈입교〉 편을 만든 것은 후세 사람들 중에 자유나 맹가(孟軻)와 같은 사람들이 위로는 현명한 스승의 지도가 없고 아래로는 좋은 벗의 인도가 없으면 이 〈입교〉 편을 통해 게을리하지 않고 부지런히 힘써 지극한 경지에 이르기를 기약하게 하고자 한 것이다. 선생이 사람을 성취시키는 데 지극하다고 이를 만하다.

아, 후세에 더 이상 순 임금과 우 임금이 나오지 않으리라는 것을 내가 실로 알지만, 만일 뜻을 가진 자가 있어 〈입교〉 편의 가르침으로 배운다면 순 임금과 우 임금 뒤에 어찌 성인이 없겠는가. 맹가가 죽은 뒤에도 도의 전수가 끊어지지 않을 것이다. 만약 〈입교〉 편의 가르침을 본받을 것이 없다거나 도달할 수 없다고 여긴다면, 이는 선생이 가르침을 세운 뜻이 아니다. 이 가르침을 따르게 하는 것도 하늘이고 등지게 하는 것도 하늘이니, 따르게 하고 등지게 하는 것은 실로 선생과 아무런 상관이 없다. 그러나 똑같이 천성을 받은 사람으로서 현우(賢愚)의 차이가 있음이 한스럽다.

《소학》 〈명륜〉 편을 읽고

讀小學明倫篇文

내가 일찍이 《소학(小學)》을 읽으면서 의혹이 없을 수 없었는데, 선생이 〈명륜(明倫)〉 편에서 반복하여 자세히 설명한 것은 어째서인가? 《서경》에서 말하기를 "하늘이 차례로 펴서 법을 두시니, 우리 오전(五典)을 바로잡아 다섯 가지를 돈후하게 하소서."라고 하였다. 하늘이 낸 만물이 많지 않은 것은 아닌데 사람이 유독 금수와 다른 이유는 오륜(五倫)을 밝히기 때문이다. 만약 오륜을 밝히지 못한다면 나는 가장 신령한 존재가 신령하지 않게 되어 금수와 이적(夷狄)에 빠져들어 가게 될까 염려된다. 하늘이 이 때문에 두려워하여 총명하고 지혜로워 자기 본성을 다한 자를 임금과 스승으로 삼아 사람들을 인도하게 하였다. 이것이 삼대(三代) 시대에 상(庠), 서(序), 학(學), 교(校)[12]가 설치된 이유로, 모두 인륜을 밝히기 위한 것이다.

세상이 쇠퇴하고 도가 미약해져 경전은 잔결되고 가르침은 해이해지자, 부자 관계가 있는 줄은 알지만 부자간에 친함이 있어야 하는 줄은 모르고, 군신 관계가 있는 줄은 알지만 군신간에 의리가 있어야 하는 줄은 모르고, 부부 관계가 있는 줄은 알지만 부부간에 구별이

12 상(庠)……교(校) : 중국 고대의 교육기관이다. 《맹자》 〈등문공 상(滕文公上)〉에 "'상'은 봉양한다는 뜻이요, '교'는 가르친다는 뜻이요, '서'는 활쏘기를 익힌다는 뜻이다. 하나라는 '교', 은나라는 '서', 주나라는 '상'이라고 불렀으며 '학'은 삼대가 이름을 함께하였다.〔庠者, 養也; 校者, 敎也; 序者, 射也. 夏曰校, 殷曰序, 周曰庠, 學則三代共之.〕"라고 하였다.

있어야 하는 줄은 몰랐다. 그리하여 어지러웠던 한(漢)나라와 당(唐)나라 때에 유방(劉邦)은 국 한 그릇 나눠 달라는 말을 하였으며,[13] 역기(酈寄)는 친구를 팔아먹었다는 비난을 받았으며,[14] 이세민(李世民)은 형을 죽이고 동생의 부인을 아내로 들였으며,[15] 당나라 중종(中宗)은 황후 곁에서 산대를 잡고 숫자를 계산하였다.[16] 슬프다, 이런 무리는 참으로 논할 것도 없다.

선생은 송(宋)나라 말엽에 태어나 개연히 삼대의 정치에 뜻을 두었으나 도가 당시에 행해지지 않았다. 이 때문에 물러나 오륜을 밝혀 〈명륜〉 편을 지어서 만세의 강상(綱常)의 도리를 정하였으니, 삼대의

13 유방(劉邦)은……하였으며 : 유방이 항우(項羽)와 천하를 다툴 적에 항우가 유방의 부친인 태공(太公)을 도마 위에 올려놓고 삶아 죽이려고 하면서 항복하라고 다그치자, 유방이 회왕(懷王) 앞에서 명을 받을 적에 형제가 되기로 약속한 일을 상기시키면서 "나의 부친은 바로 너의 부친이다. 기필코 너의 부친을 삶으려고 한다면 나에게도 고깃국 한 그릇을 나눠 주면 좋겠다."라고 하였다.《史記 項羽本紀》

14 역기(酈寄)는……받았으며 : 역기가 친구 여록(呂祿)을 팔아먹은 일을 말한다. 한나라 때 여후(呂后)가 죽자 주발(周勃)이 여씨(呂氏) 일족을 주살하려고 하였는데, 여록의 북군(北軍)에 막히게 되었다. 그러자 주발이 역기의 부친 역상(酈商)을 협박해 역기로 하여금 여록을 유인하게 하고서 여씨 일족을 주살하였다. 그 후 천하에서 역기가 친구를 팔아먹었다고 비난하였다고 한다.《漢書 酈商傳》

15 이세민(李世民)은……들였으며 : 당나라 고조(高祖) 이연(李淵)의 태자 이건성(李建成)과 넷째 이원길(李元吉)이 협력하여 둘째 이세민을 살해하려 하자, 이세민이 선제공격하여 이들을 죽이고, 동생 이원길의 아내인 소씨(巢氏)를 비(妃)로 맞이하였다.《通鑑節要 卷38 唐紀 太宗皇帝下》

16 당나라……계산하였다 : 당나라 중종이 무삼사(武三思)를 궁중에 데려와 어상(御牀)에 올리고는, 황후인 위후(韋后)로 하여금 그와 쌍륙(雙陸)을 두게 하고 자신은 옆에서 그들을 위하여 산대를 잡아 숫자를 계산해 주었다고 한다.《通鑑節要 卷39 唐紀 高宗》《舊唐書 后妃列傳上 中宗韋庶人》

학교와 어찌 의의가 같지 않겠는가. 만약 세상의 임금과 스승 된 자가 이 편으로 자기 몸에 인륜을 밝히고 또 백성들에게 가르친다면 이제(二帝)[17]와 삼왕(三王)의 정치를 어찌 부러워할 필요가 있겠는가.

더구나 《소학》 내편과 외편에 모두 순(舜) 임금의 일을 인용한 것이 어찌 공연히 그런 것이겠는가. 순 임금도 사람이고 나도 사람이니 순 임금처럼 훌륭한 일을 하면 나 또한 순 임금과 같아진다. 그러므로 선생께서 세상 사람들이 순 임금처럼 되려고 하길 바랐을 뿐이다. 섬기기 어려운 부모를 만나면 순 임금이 고수(瞽瞍)를 섬겼던 것[18]을 생각하고, 우애하기 어려운 아우를 만나면 순 임금이 상(象)에게 대처하였던 것[19]을 생각하며, 순이 요(堯) 임금을 섬긴 방법으로 임금을 섬기지 않으면 임금을 공경하지 않는 것이고, 순이 두 왕비를 대한 방법으로 부부 사이에 처하지 않으면 부부의 분별을 어지럽히는 것이다. 더구나 순이 백규(百揆)의 자리에 들여졌을 때와 사문(四門)에서 손님을 맞았을 때,[20] 붕우에게 신임을 받지 못하였다면 어찌 윗사람에게 신임을 받았겠는가.[21] 인륜을 잘 밝혀 본받을 만한 것이 대순(大舜)의 한 몸에

17 이제(二帝) : 요(堯) 임금과 순(舜) 임금이다.

18 순 임금이……것 : 고수는 순 임금의 아버지이다. 고수가 성격이 완악하여 순 임금을 몇 차례나 죽이려고 하였는데, 순 임금이 어버이 모시는 도리를 깍듯이 행하자 고수도 기뻐하게 되었다고 한다. 《孟子 離婁上, 萬章上》

19 순 임금이 상(象)에게……것 : 상은 순 임금의 이복동생이다. 상이 평소에 순 임금을 죽이려 갖은 모략을 일삼았으나, 순 임금은 동생을 너그럽게 대하였고, 나중에 유비(有庳) 땅에 봉해 주기까지 하였다. 《孟子 萬章上》

20 순이 백규(百揆)의……때 : 백규는 여러 정사를 처리하는 관원이다. 《서경》 〈순전(舜典)〉에 "백규에 앉히자 백규의 일이 제때에 행해졌으며, 사문에서 손님을 맞이하게 하자 사문이 화목하였다.〔納于百揆, 百揆時敍; 賓于四門, 四門穆穆.〕"라고 하였다.

갖추어져 있다. 어떤 사람이 그를 스승으로 삼는다면 이 사람 또한 순 임금일 따름이다.

아, 이 정도면 충분하다. 만약 내 말을 극진히 할 수 있는 자가 있다면 선생이 책을 쓴 뜻을 안다고 이를 만하다. 선생이 책을 쓴 뜻을 안다면 인륜을 밝히는 데 무슨 어려움이 있겠는가. 어려운 일이 아닌데 스스로 어렵다고 여기니 매우 애통할 만하다. 부모님을 모실 적에 한갓 육체만을 봉양하고, 죽어서 장사 지낼 적에 불교의 예를 섞어 쓴다면 효성스럽다고 할 수 있겠는가. 공적인 마음은 잊고 사사로운 마음이나 가지며, 임금의 녹을 훔쳐 자기를 살찌운다면 충성스럽다고 할 수 있겠는가. 부부간에는 마음이 잘 맞는 화합이 없고 형제간에는 다투는 근심이 있으며 붕우간의 경우에도 얼굴을 돌리고 뒤에서 비웃는다면, 부부간에 분별이 있고 형제간에 차례가 있으며 게다가 붕우 간에 신의가 있다고 할 수 있겠는가. 만약 선생의 책이 이 세상에 전파된다면 어찌 이런 일이 있겠는가. 애석하다. 책이 전파되지 못함이여. 나는 누구를 의지해야 하는가.

21 붕우에게……받았겠는가 : 붕우에게 신임을 받았기 때문에 임금에게도 신임을 받아서 백규의 자리에 올라 사문에서 손님 맞는 임무를 맡을 수 있었다는 말이다. 《맹자》 〈이루 상(離婁上)〉에 "윗사람에게 신임을 얻는 방법이 있으니, 벗에게 신임을 얻지 못하면 윗사람에게도 신임을 얻지 못한다.〔獲於上有道, 不信於友, 弗獲於上矣.〕"라고 하였다.

《소학》〈경신〉 편을 읽고

讀小學敬身篇文

《주역》에서 말하기를 "천지의 기운이 얽히고설키매 만물이 화순(化醇)한다."라고 하니 기화(氣化)라는 것이고, 또 "남녀가 정(精)을 맺음에 만물이 화생한다."라고 하니 형화(形化)라는 것이다.[22] 이로써 보면, 사람이 태어날 적에 음양오행의 기(氣)를 부여받아 인의예지신의 성(性)으로 삼는다. 그렇다면 사람이 가지고 있는 이 마음과 이 성은 천지에서 받은 것이니 천지는 나의 부모이다. 또 이 성이 있기 때문에 이 형체가 있는데, 이 형체는 부모에게 받은 것이니 부모 또한 나의 천지이다. 마음과 성은 형체의 주인이고 형체는 마음과 성의 몸체인데, 모두 부모에게 받은 것이다. 부모가 부여해 준 성으로 부모가 준 몸을 행하니, 감히 공경히 하지 않을 수 있겠는가. 이것이 〈경신(敬身)〉 편을 지은 이유이다.

그러나 이 편을 읽으면서 몸가짐만 공경히 할 줄 알고 마음가짐은 공경히 할 줄 모르니, 어찌 애석하지 않겠는가. 공 부자(孔夫子)가 말하기를 "신체발부는 부모에게 받은 것이니 감히 훼상하지 않는 것이 효의 시작이다."[23]라고 하였으니, 신체발부도 훼상할 수 없는데 하물며

22 주역에서……것이다 : 《주역》〈계사전 하(繫辭傳下)〉에 "천지의 기운이 얽히고설키매 만물이 화순하고, 남녀가 정을 맺으매 만물이 화생한다.〔天地絪縕, 萬物化醇; 男女構精, 萬物化生.〕"라고 하였는데, 이에 대한 주희(朱熹)의 본의(本義)에 "화순은 기화를 말하고 화생은 형화를 말한다."라고 하였다.

23 신체발부는……시작이다 : 《효경(孝經)》〈개종명의장(開宗明義章)〉에 보인다.

신체를 주관하는 마음과 성이겠는가. 몸과 마음과 성은 똑같이 부모에게 받은 것이니 실로 모두 공경해야 한다. 그러나 그 사이에 본디 대소와 경중의 구분이 있으니, 어떻게 경중을 구분하는가?

맹가(孟軻) 씨가 말하기를 "대체(大體)를 따르면 대인이 되고 소체(小體)를 따르면 소인이 된다."[24]라고 하였고, 또 말하기를 "굶주림과 목마름의 해로움으로 마음의 해로움을 삼지 않아야 한다."라고 하였으며, 또 말하기를 "손가락이 남과 같지 않으면 싫어할 줄 알되 마음이 남과 같지 않으면 싫어할 줄 모른다."라고 하였다. 이로써 보면 몸과 마음이 어찌 경중과 대소의 구분이 없겠는가. 작고 가벼운 것도 감히 훼상할 수 없는데, 하물며 크고 중한 것이겠는가. 내가 이를 통해 부자(夫子)의 말이 신체뿐만이 아니라 마음 또한 훼상해서는 안 된다는 뜻인 줄을 알겠으니, 훼상하지 않고자 하는 것이 지극한 공경이 아니고 무엇이겠는가.

몸가짐을 공경히 한다는 것은 몸으로 행동하는 것이 공경스럽지 않음이 없고자 하는 것이고, 마음가짐을 공경히 한다는 것은 마음에 가지고 있는 생각이 공경스럽지 않음이 없고자 하는 것이다. 그런데 몸이 모든 행동을 공경히 하여 사벽(邪僻)한 행실이 없는 것은 마음에 가지고 있는 생각이 공경스럽기 때문이니, 그렇다면 몸가짐을 공경히 하고자 하는 자가 감히 먼저 마음가짐을 공경히 하지 않을 수 있겠는가. 이 때문에 악정(樂正)이 발을 다쳤을 때 근심한 것[25]은 발을 다친 것을

24 대체(大體)를……된다 : 《맹자》 〈고자 상(告子上)〉에 보인다. 대체와 소체에 대해 주희는 "대체는 마음을 가리키고 소체는 이목(耳目) 등의 기관을 가리킨다."라고 하였다.

슬퍼하였을 뿐만이 아니라 마음의 덕을 다치게 한 것을 슬퍼한 것이고, 증자(曾子)가 제자들에게 이불을 걷어 자기 손을 보게 한 것[26]은 자기 수족을 온전히 한 것을 기뻐하였을 뿐만이 아니라 마음의 덕을 온전히 한 것을 기뻐한 것이다. 효를 행한 옛사람들이 모두 몸가짐을 공경히 하는 것으로 근본을 삼았는데, 몸가짐을 공경히 하는 것은 마음가짐을 공경히 한 공효이니, 부모를 섬기는 것이 바로 하늘을 섬기는 근본일 것이다.

아, 몸가짐을 공경히 할 줄만 알지 마음가짐을 공경히 할 줄은 모르고, 부모가 부모인 줄만 알지 천지가 큰 부모인 줄은 모르니, 어찌 애석하지 않겠는가. 한 자나 한 치의 살갗도 모두 기르고 한 자나 한 치의 살갗도 모두 아끼는 것은 부모를 섬기는 것이고, 마음을 보존하여 성을 기르는 것은 하늘을 섬기는 것이니, 합하여 말하면 부모에게 받은 것을 체행(體行)하여 온전히 돌아가는 것[27]이 모두 부모를 섬기는 도리

25 악정(樂正)이……것 : 악정은 증자(曾子)의 문인 악정자춘(樂正子春)이다. 《예기(禮記)》 〈제의(祭義)〉에 "악정자춘이 당을 내려가다가 발을 다쳐서 몇 달 동안 외출하지 않고도 여전히 근심하는 낯빛이 있었다. 문하의 제자가 말하기를 '부자의 발이 나으셨는데 몇 달 동안 나가시지도 않고 여전히 근심하는 낯빛이 있는 것은 무슨 까닭입니까?'라고 하자, 악정자춘이 말하기를 '……군자는 반걸음을 뗄 때에도 감히 효도를 잊지 않는 것이다. 그런데 이제 나는 효도의 도리를 잊었다. 내가 이러므로 근심하는 낯빛이 있는 것이다.'라고 하였다." 하였다.

26 증자(曾子)가……것 : 《논어》 〈태백(泰伯)〉에 증자가 죽음에 임해 제자들에게 "이불을 걷어 내 발과 손을 보아라. 《시경》에 이르기를 '전전긍긍하여 깊은 못에 임하듯 얇은 얼음을 밟듯 하라.'라고 하였으니, 이제야 나는 이 근심을 면한 것을 알겠노라. 제자들아."라고 하였다.

27 부모에게……것 : 장재(張載)의 〈서명(西銘)〉에 "부모에게 받은 것을 체행하여

이다. 부모를 섬기는 도리는 몸가짐을 공경히 하는 것보다 우선인 것이 없고 몸가짐을 공경히 하는 요점은 마음가짐을 공경히 하는 것보다 절실한 것이 없다. 그렇다면 마음가짐을 공경히 하는 이유가 있는가? 《시경》에서 "조심하고 공경한다."라고 하였고, 전(傳)에서 "얇은 얼음을 밟듯 깊은 못에 임하듯 한다."[28]라고 하였으니, 두려워하기 때문에 행실을 공경히 할 수 있는 것이다.

온전히 돌아간 자는 증삼이다.〔體其受而歸全者, 參乎.〕"라고 하였는데, 이에 대한 주희의 주(註)에 "부모가 온전히 자식을 낳아 주셨으니, 자식이 온전히 보전하여 돌아가기를 증자가 임종할 적에 이불을 걷어 수족을 보여준 것처럼 한다면 어버이에게서 받은 것을 체행하여 온전히 돌아가는 것이다. 더구나 하늘이 나에게 주신 것은 한 가지 선도 갖추어지지 않음이 없으니, 이 또한 온전히 낳아 주신 것이다. 그러므로 하늘을 섬기는 자가 하늘에게서 받은 것을 체행하여 온전히 돌아간다면 이 또한 하늘의 증자인 것이다.〔父母全而生之, 子全而歸之, 若曾子之啓手啓足, 則體其所受乎親者而歸其全也. 況天之所以與我者, 無一善之不備, 亦全而生之也. 故事天者, 能體其所受於天者而全歸之, 則亦天之曾子矣.〕"라고 하여 부모의 개념을 하늘에까지 확장하여 일체로 보았다. 《近思錄 卷2 爲學》

28 얇은……한다 : 늘 삼가고 조심하는 마음 자세를 가졌다는 뜻이다. 《詩經 小雅 小旻》

속 〈진학해〉

續進學解

대인 선생(大人先生)이 개연(慨然)히 삼대(三代)의 정치에 뜻을 두어 일찍이 스스로 말하기를,

"삼대가 삼대가 되는 이유는 상(庠), 서(序), 학(學), 교(校)[29]의 교육이 있었기 때문이다. 학교의 정책이 우왕(禹王), 탕왕(湯王), 문왕(文王), 무왕(武王)에 의해 밝아져 지극한 덕이 널리 미치고 학교의 정책이 걸왕(桀王), 주왕(紂王), 유왕(幽王), 여왕(厲王)에 의해 폐해져 국가가 망하였다. 하늘이 내려 준 재질이 그렇게 다른 것이 아니라 가르치는 것이 그렇게 만든 것이다. 후세에 삼대의 정치를 본받고자 하면서 학교의 정책을 쓰지 않으니, 이는 네모와 동그라미를 만들고자 하면서 그림쇠와 곱자를 버리는 것과 같다. 내가 지금 세상에 뜻을 얻지 못하여 비록 학교의 정책을 국가에 시행할 수 없지만 감히 우리 고을의 선비들에게도 시행하지 않겠는가."

하였다.

내가 이에 선생에게 가르침을 받다가 묻기를,

"이른바 배우는 방도라는 것은 어떻게 하는 것입니까?"

하니, 선생이 다음과 같이 해설하였다.

"학자가 학문하는 이유는 무슨 일을 배우려는 것인가? 반드시 성인(聖人)에 이르는 방도를 배우려는 것이다. 그대는 배우는 방도를

29 상(庠)……교(校) : 43쪽 주12 참조.

아는가? 순(舜) 임금과 도척(盜跖)은 근원이 같고 물(物)과 나는 이치가 하나이니, 그대가 어찌 이것을 다 알겠는가. 내가 다 말해 주겠다.

하늘이 낸 존재가 많지 않은 것이 아니니, 날개로 나는 것도 있고 굽으로 달리는 것도 있고 비늘로 물에 잠겨 사는 것도 있고 사람의 모습으로 짐승처럼 행동하는 듯한 자도 있고 하늘에 참여하여 나란히 서 있는 듯한 자[30]도 있다. 이것은 모두 하늘이 낸 존재들인데 유독 사람이 가장 신령하다고 말하는 것은 어쩌면 배움이 있어서가 아니겠는가. 그렇다면 사람이면서 배우지 않은 자는 금수(禽獸)나 이적(夷狄)의 부류와 같지 않겠는가. 똑같이 하늘이 낸 존재들이지만 기품(氣稟)이 편중되고 막힌 것은 물(物)이 된다. 기품이 순수하고 온전한 사람으로서 도리어 편중되고 막힌 물과 비슷하게 되니 이것이 내가 부끄러워하는 것이다.

비록 그렇지만 편중되고 막힌 물은 논할 것 없고, 사람을 가지고 말해 보면, 천지의 이(理)를 받아 성(性)으로 삼고 천지의 기(氣)를 받아 재(才)로 삼는데, 성에는 불선(不善)이 있지 않으나 재에는

30 하늘에……자 : 만물의 화육을 도와 천지와 나란한 존재가 되는 성인을 가리킨다. 《중용장구》 제22장에 "오직 천하에 지극히 성실한 분이어야 능히 그 성을 다할 수 있으니, 그 성을 다하면 능히 사람의 성을 다할 것이요, 사람의 성을 다하면 능히 물의 성을 다할 것이요, 물의 성을 다하면 천지의 화육을 도울 것이요, 천지의 화육을 도우면 천지와 더불어 참여하게 될 것이다.〔唯天下至誠, 爲能盡其性, 能盡其性, 則能盡人之性; 能盡人之性, 則能盡物之性; 能盡物之性, 則可以贊天地之化育; 可以贊天地之化育, 則可以與天地參矣.〕"라고 하였는데, 이에 대한 주희(朱熹)의 주(註)에 "천지와 더불어 참여한다는 것은 천지와 함께 서서 셋이 됨을 이른다."라고 하였다.

미추(美醜)의 차이가 있다. 이것이 사람에게 생지(生知), 학지(學知), 곤지(困知)의 세 등급[31]이 있는 이유이다. 재에는 비록 세 등급이 있으나 성에는 불선이 있지 않기 때문에 진실로 자포자기(自暴自棄)[32]하지 않고 재질을 변화시킨다면 누구인들 요순(堯舜)이 될 수 없겠는가. 재질을 변화시키는 것이 배움에 달려 있지 않겠는가. 머리는 곧게 세우고 시선은 단정하게 하는 것[33]은 몸을 변화시키는 것이고, 곧으면서도 온화하고 너그러우면서도 위엄 있게 하는 것[34]은 기운을 변화시키는 것이다. 똑같이 성을 부여받았으나 성인에 이르지 못하는 것은 기품에 구애받아서 그러한 것이니, 지금 이미 기질을 변화시켰다면 성인의 도를 어찌 먼 데서 구하겠는가. 이것이 내가 말한 '순 임금과 도척은 근원이 같다.'라는 것이고, '배워서 성인에 이르는 방도'라는 것이다."

말이 끝나기 전에 또 묻는 자가 있어 말하기를 "똑같이 가지고 있는 이 성이 무슨 성인지 모르겠습니다."라고 하니, 선생이 다음과 같이 해설하였다.

"하늘이 음양오행으로 만물을 화생하는데, 사람이 이 기를 받아 태어나면 인의예지신의 성이 된다. 그것을 체(體)로 삼는 것을 성이라 이르고 그것을 용(用)으로 삼는 것을 정(情)이라 이르고 중(中)에

31 생지(生知)……등급 : 39쪽 주7 참조.

32 자포자기(自暴自棄) : '자포'는 스스로 해친다는 뜻으로, 예의(禮義)를 비난하는 것을 말하고, '자기'는 스스로 버린다는 뜻으로, 자신은 인의(仁義)를 행할 수 없다고 생각하는 것을 말한다. 《孟子 離婁上》

33 머리는……것 : 《소학》 〈경신(敬身)〉에 보인다.

34 곧으면서도……것 : 《소학》 〈입교(立教)〉에 보인다.

이르러 그 성정을 통솔하는 것을 심(心)이라 이르니, 발하기 전을 중(中)이라 이르고 발한 뒤를 화(和)라고 이른다. 이것을 믿는 것을 신(信)이라 이르고 이것을 공경히 하는 것을 경(敬)이라 이르고 이것을 지켜 끊어지지 않게 하는 것을 성(誠)이라 이른다. 상제(上帝)가 충(衷)을 내린 것[35]도 이것을 내린 것이고 성인이 만민을 가르친 것[36]도 이것을 가르친 것이고 생민이 떳떳함을 잡고 있는 것[37]도 이것을 잡고 있는 것이고 배우고 수시로 익히는 것[38]도 이것을 익히는 것인데, 배우는 방도는 오직 성과 경이 귀할 것이다.

아, 사람이 태어나면서 고요해서 담박하여 욕심이 없으니, 이것이 성인이 고요함을 주장한 이유이다.[39] 형체가 생겨난 뒤에 외물이 형체와 접촉하여 그 중을 동요시키니, 중이 동요되면 칠정(七情)이 나오고 칠정이 이미 방탕해져서 그 성이 깎이면 물욕이 앞에서 유인하고 혼매함이 안에서 가려서 망연히 알지 못하고 막연히 깨닫지 못하니, 슬프다. 그러나 천리(天理)는 일찍이 사라진 적이 없으니, 어린아이가 우물에 들어가려는 것에 깜짝 놀라는 것은 이 마음의 본연의 밝음이 발하는 것이다. 그 발하는 것을 통해 확충한다면 이는 꿈꾸며 자고 있던 자가 깨는 것과 같다. 어지러운 가운데에 정을

35 상제(上帝)가……것 : 《서경》 〈탕고(湯誥)〉에 보인다.

36 성인이……것 : 《주례(周禮)》 〈지관(地官) 대사도(大司徒)〉에 보인다.

37 생민이……것 : 《시경》 〈대아(大雅) 증민(烝民)〉에 보인다.

38 배우고……것 : 《논어》 〈학이(學而)〉에 보인다.

39 이것이……이유이다 : 주돈이(周敦頤)의 《태극도설(太極圖說)》에 "성인은 중, 정, 인, 의로 정하되 고요함을 주장하여 사람의 준칙을 세웠다.〔聖人定之以中正仁義而主靜, 立人極焉.〕"라고 하였다.

단속하여 중도(中道)에 합하게 하고 분산된 뒤에 마음을 수습하여 고요함을 주장하게 하고 도끼질당한 뒤에 성을 길러서 싹을 자라나게 하여[40] 담박하게 욕심을 줄이고, 줄이고 또 줄여서 욕심이 없는 데에 이르면 존양(存養)[41]의 도가 거의 극진하게 될 것이다. 그리하여 잊지 않고 계속 생각하고 게을리하지 않고 계속 부지런히 하여 여기에 앉고 여기에 서서 앞에 참여하고 멍에에 기대어 있는 듯하게 해서[42] 낮에는 공부하고 밤에는 깨달아 날마다 세 가지로 자신을 살펴[43] 부지런히 힘쓰고 골몰하여 성인의 경지에 이르기를 기약한다면 이는 희문(羲文)이 말한 '복(復)'이라는 것[44]이고 부자(夫子)가

40 도끼질당한……하여 : 도끼질은 본성을 해치는 행위를 비유하고, 싹은 본성이 조금 회복되는 것을 비유하는 말이다. 《맹자》 〈고자 상(告子上)〉에 "우산의 나무가 일찍이 아름다웠는데, 대도시의 교외에 위치해 있어 사람들이 도끼와 자귀로 나무를 베어 가니, 아름다울 수 있겠는가. 밤낮으로 만물을 생성시키는 원기와 적셔 주는 우로가 있으므로 싹이 트지 않는 것은 아니지만, 소와 양이 들어 먹기 때문에 저와 같이 민둥산이다."라고 한 데서 차용한 것이다.

41 존양(存養) : 34쪽 주4 참조.

42 앞에……해서 : 늘 잊지 않고 생각하여 항상 눈앞에 보이는 듯하다는 말이다. 《논어》 〈위령공(衛靈公)〉에 "서 있을 때는 충신과 독경이 눈앞에 나란히 있는 것을 보고, 수레에 탔을 때는 그것이 멍에에 기대 있는 것을 보아야 한다. 이 정도는 되어야 행해질 수 있다.〔立則見其參於前也, 在輿則見其倚於衡也. 夫然後行.〕"라고 하였다.

43 날마다……살펴 : 《논어》 〈학이〉에 "증자가 말하였다. '나는 하루에 세 가지로 자신을 반성한다. 남을 위해 도모함에 충성스럽지 않았던가? 벗과 사귐에 신의가 있지 않았던가? 전수받은 것을 복습하지 않았던가?'〔曾子曰: "吾日三省吾身: 爲人謀而不忠乎? 與朋友交而不信乎? 傳不習乎?"〕"라고 하였다.

44 희문(羲文)이……것 : 희문은 복희씨(伏羲氏)와 문왕(文王)을 가리키고, 복은 《주역》 〈복괘(復卦)〉를 가리킨다. 복이란 음(陰)이 지극한 가운데 양(陽)이 회복되는 것을 나타내는데, 여기서는 사람의 본성이 회복되는 것을 가리킨다.

말한 '공을 이루면 똑같다.'라는 것[45]이며, 탕왕과 무왕이 본성을 회복한 것[46]이고 안자(顔子)와 증자(曾子)가 회복한 것[47]이니, 이것이 학자들에게 존중받는 까닭이다. 저 사람도 장부이고 나도 장부인지라 그렇게 되기를 바라면 그렇게 된다. 어찌 성인은 본래 나면서부터 아신 분이어서 배워서 이를 수 있는 것이 아니라고 여겨서야 되겠는가. 한스럽게도, 자포한 자는 예의를 막아서 믿지 않고 자기한 자는 인의를 끊어서 하지 않기에 사람의 형체만 얻고 사람의 실질은 없는데, 금수의 행위를 보고서 모두 더러운 줄은 알면서 남들이 자기를 볼 때에도 자기가 금수를 볼 때처럼 하는 줄은 스스로 알지 못하니, 매우 슬프다.

비록 그렇지만 이와 같은 사람도 모두 나의 형제 가운데 어려우면서도 깨닫지 못한 자들이니, 내가 형제들의 어려움을 보고서 구제하지 않을 수 있겠는가. 사람만 그러한 것이 아니라, 앞에서 말하였던 나는 것과 달리는 것과 잠겨 있는 것들도 모두 하늘이 낸 존재들이니, 이 또한 나와 더불어 지내는 것들이다. 어찌 그들로 하여금 모두

45 부자(夫子)가……것 : 《중용장구》 제20장에 "어떤 사람은 편안하게 행하며, 어떤 사람은 이롭게 여겨서 행하며, 어떤 사람은 애써 노력하여 행하지만, 이루고 난 뒤에는 똑같다.〔或安而行之, 或利而行之, 或勉强而行之, 及其成功, 一也.〕"라고 하였다.

46 탕왕과……것 : 《맹자》 〈진심 하(盡心下)〉에 "요순은 본성대로 행하셨고, 탕무는 본성을 회복하셨다.〔堯舜性者也, 湯武反之也.〕"라고 하였다.

47 안자(顔子)와……것 : 안자가 회복한 것은 극기복례(克己復禮)를 가리킨다. 《논어》 〈안연(顔淵)〉에 "사욕을 극복하고 예를 회복하는 것이 인이다. 하루라도 사욕을 극복하고 예를 회복한다면 천하 사람들이 그 인을 허여할 것이다. 인을 하는 것은 자신에게 달려 있으니, 남에게 달려 있는 것이겠는가.〔克己復禮爲仁. 一日克己復禮, 天下歸仁焉. 爲仁由己, 而由人乎哉?〕"라고 하였다.

천성대로 살게 하지 않을 수 있겠는가. 이것이 군자의 학문이 처음에는 반드시 자신을 이루는 데에서 시작하고 끝에는 반드시 만물을 이루어 주는 데로 귀결되며,[48] 격물치지(格物致知)로부터 성의정심(誠意正心)에 이르고 수신(修身)으로부터 치국평천하(治國平天下)에 이르며, 알면 반드시 행하고 행하면 반드시 선정을 펼친 이유이다. 또 이것이 삼대 시대에 선각자가 이것으로 가르치고 후진(後進)이 이것으로 배워서 술(術)에는 상(庠)이 있고 국(國)에는 학(學)이 있어서[49] 집집마다 봉할 만한 풍속[50]이 있었던 이유이다. 그런데 성인이 멀어지고 말씀이 인멸되며 경전이 잔결되고 가르침이 해이해짐에 따라 근본은 힘쓰지 않고 말예(末藝)만을 일삼아서 갑을도 모르면서 오언시(五言詩)를 먼저 배우고 《대학》의 도(道)는 듣지 않고 훈고학(訓詁學)만을 받아들여서 성현의 말씀을 사장(詞章)에 쓰되 그 뜻은 연구하지 않고 경전(經傳)의 글을 구이(口耳)에 익히되

48 처음에는……귀결되며 : 《중용장구》 제25장에 "성은 저절로 자신을 이룰 뿐만 아니라 남도 이루어 준다. 자신을 이루는 것은 인이며, 남을 이루어 주는 것은 지이다.〔誠者, 非自成己而已也, 所以成物也. 成己, 仁也; 成物, 知也.〕"라고 하였다.

49 술(術)에는……있어서 : 《예기(禮記)》 〈학기(學記)〉에 "옛날에 교육기관으로 가에는 숙을 두고, 당에는 상을 두고, 술에는 서를 두고, 국도에는 학을 두었다.〔古之教者, 家有塾, 黨有庠, 術有序, 國有學.〕"라고 하였다.

50 집집마다……풍속 : 교화가 사해에 두루 미쳐 집집마다 모두 봉작(封爵)을 받을 만큼 덕행이 뛰어난 인물이 많았다는 말이다. 《한서(漢書)》 〈왕망전(王莽傳)〉에 "요순 시대는 집집마다 다 봉하여도 되었다.〔唐虞之時, 可比屋而封.〕"라고 하였고, 《논형(論衡)》 권2 〈솔성(率性)〉에 "요순의 백성들은 집집마다 다 봉하여도 되었고, 걸주의 백성은 집집마다 다 죽여도 되었다.〔堯舜之民, 可比屋而封; 桀紂之民, 可比屋而誅.〕"라고 하였다.

마음으로는 체득하지 않으니, 어째서인가? 이는 궤만 사고 구슬은 돌려주는 것[51]과 같으니, 나는 이것이 옳은지 모르겠다.

아, 유자(儒者)의 학문이 마침내 이 지경에 이르렀으니, 공자와 맹자가 이 세상에 태어났다면 그 부지런함이 어찌 세상에 연연하고 변론하기를 좋아하는 것[52]에 그쳤겠는가. 말이 여기에 이르렀으니, 불행한[53] 일이다. 지금의 학자들은 배우는 방도를 아는가? 배우되 배우는 방도를 모르니, 그들이 배우는 것이 무슨 학문인지 나는 모르겠다. 만약 후진의 선비들 중에 나의 말을 극진히 할 수 있는 자가 있다면 성인이 되는 것이라도 어렵지 않을 것이고, 극진히 하지 못하는 바가 있더라도 허물이 적은 군자가 될 수 있을 것이니, 학문을 진전시키는 데 무슨 어려움이 있겠는가."

선생의 말이 여기에 그쳤다. 이에 제자가 듣고서 글로 적어 마침내 학문을 진전시키는 것에 대한 해설로 삼았다.

51 궤만……것 : 근본을 버리고 지엽만을 추구하여 본말이 전도됨을 비유한 말이다. 춘추 시대 초(楚)나라 사람이 옥으로 꾸미고 향기를 쐰 목란(木蘭) 궤에 보배 구슬을 담아서 정(鄭)나라에 가서 팔자 어떤 정나라 사람이 궤만 사고 구슬을 돌려주었다는 고사에서 유래하였다. 《韓非子 外儲》

52 세상에 연연하고……것 : 공자가 천하에 도(道)를 실현하기 위하여 세상에 연연한 것과 맹자가 천하에 가득한 양주(楊朱)와 묵적(墨翟)의 말을 근심하여 그들의 학설을 물리치려고 변론한 것을 말한다.

53 불행한 : 대본에는 '幸'으로 되어 있다. 문맥에 근거하여 앞에 '不'을 보충하여 번역하였다.

정명에 대한 논
正名論

위대하도다, 사람의 도리여. 군신과 부자의 이름〔名〕을 정하고 상하와 존비의 분수〔分〕를 바루어서, 명분이 밝게 드러나 어지럽힐 수 없음이 마치 하늘은 높고 땅은 낮아서[54] 바꿀 수 없는 것과 같으니, 어찌 중하지 않겠는가. 하늘이 만물을 냄에 날짐승, 들짐승, 곤충, 초목부터 이적(夷狄)에 이르기까지 천지 사이에서 살지 않는 것이 없는데, 사람이 홀로 가장 신령함을 얻은 까닭은 어찌 명분이 있기 때문에 그러한 것이 아니겠는가. 이 명분이 있어 감히 바루지 않을 수 없는 것이니, 그것을 어지럽혀서야 되겠는가.

당(唐)나라, 우(虞)나라의 풍동(風動)과 하(夏)나라, 상(商)나라의 문명(文明)이 모두 이 명분을 보존하여 그러한 것이다. 춘추 시대로 내려와 인륜이 무너지자, 괴외(蒯聵)는 남자(南子)의 아들인데 그녀를 해치려 하였고, 위첩(衛輒)은 괴외의 아들인데 그를 막았으니,[55] 이것

54 하늘은……낮아서 : 《주역》 〈계사전 상(繫辭傳上)〉에 "하늘은 높고 땅은 낮으니 건괘와 곤괘가 정해지고, 낮고 높은 것이 베풀어지니 귀하고 천한 것이 자리를 잡게 된다.〔天尊地卑, 乾坤定矣; 卑高以陳, 貴賤位矣.〕"라고 하였다.

55 괴외(蒯聵)는……막았으니 : 위(衛)나라 영공(靈公)의 아내 남자가 음행이 있자, 세자 괴외가 계모인 남자를 죽이려다가 뜻을 이루지 못하고 진(晉)나라로 도망가 있었다. 영공이 죽자 괴외의 아들인 첩(輒)이 즉위하니 이 사람이 위나라 출공(出公)이다. 그 뒤 괴외가 위나라로 들어가려 하자 출공이 군대를 출동시켜 저지하였다. 《史記 衛康叔世家》

이 부자의 명분을 바루었다고 이를 수 있는 것인가. 어찌 이른바 아버지를 무시하는 것[56]이 아니겠는가. 나는 감히 알지 못하겠다. 불인(不仁)하면서 나라를 얻은 자는 있지만, 아버지를 무시하면서 나라를 잘 다스린 자도 있는가. 나는 또 알지 못하겠다. 옛날에 명왕(明王)은 효(孝)로 천하를 다스렸는데, 지금 괴외 또한 효로 다스린 것인가. 부자의 명분이 이보다 심하게 어지러워진 적이 없으니, 위(衛)나라에서 벼슬하는 자가 어찌 월(越)나라 사람이 진(秦)나라 사람의 살찌고 여윈 것을 보는 것[57]처럼 하여 바로잡지 않을 수 있겠는가. 이것이 부자(夫子 공자(孔子))가 깊이 뜻을 다한 이유이다.

또 부자가 일찍이 스스로 말하기를 "임금은 임금 노릇 하고 신하는 신하 노릇 하며, 아버지는 아버지 노릇 하고 자식은 자식 노릇 해야 한다."라고 하였는데, 그 뜻은 진실로 임금이 임금 노릇을 못 하고 신하가 신하 노릇을 못 하며 아버지가 아버지 노릇을 못 하고 자식이 자식 노릇을 못 하여 한번 명분을 어지럽혀서 해가 백성들이 손발을 둘 곳이 없는 지경에 이른다면 비록 곡식이 있은들 자신이 그것을 먹을 수 있겠냐는 것이다. 이것으로 부자의 뜻을 헤아리자면, 부자가 위나라에서

56 아버지를 무시하는 것 : 《논어집주(論語集註)》 〈자로(子路)〉 정명장(正名章)에, 호인(胡寅)이 "괴외는 어머니를 죽이려고 하여 아버지에게 죄를 얻었고 첩은 나라를 차지하고서 아버지를 막았으니, 모두 아버지를 무시한 사람들이다."라고 하였다.

57 월(越)나라……것 : 나라의 정치를 나와 무관한 것으로 보아 신경 쓰지 않는 태도를 말한다. 한유(韓愈)가 간의대부 양성(陽城)을 비판하면서 "일찍이 정치에 대해서 한마디 말도 한 적이 없어서, 정치의 잘잘못을 보기를 마치 월나라 사람이 진나라 사람의 살찌고 여윈 것을 보는 것처럼 하여, 기쁘거나 슬픈 감정을 조금도 마음에 두지 않았다.〔未嘗一言及於政, 視政之得失, 若越人視秦人之肥瘠, 忽焉不加喜戚於其心.〕"라고 하였다. 《古文眞寶 後集 卷3 爭臣論》

정명(正名)하고자 한 것이 위나라 임금으로 하여금 아버지를 아버지로 여기는 뜻을 알게 하고자 한 것이 아니겠는가. 그렇다면 어떻게 해야 하는가? 나는 다음과 같이 생각한다.

옛날에 태갑(太甲)이 탕왕(湯王)의 전형(典刑)을 전복하자 이윤(伊尹)이 그를 동(桐) 땅에 유폐하였고, 태갑이 어질어지자 다시 돌아오게 하였다.[58] 맹자(孟子)가 또 부자의 도로써 마침내 말하기를 "임금이 큰 잘못이 있으면 간하고, 반복하여도 듣지 않으면 임금의 자리를 바꾼다."라고 하였다. 그렇다면 현자가 신하인 경우에 자기 임금이 어질지 않으면 진실로 유폐할 수 있고 진실로 자리를 바꿀 수 있는데, 더구나 즉위하지 말아야 하는 임금이 즉위하여 아버지를 막았다면 신하 된 자가 바로잡지 않을 수 있겠는가. 만약 부자가 위나라에서 정사를 했다면 반드시 아버지를 무시한 죄를 밝혀 위로는 천자에게 고하고 아래로는 방백에게 고하여 임금의 자리를 바꿔 두어 그 죄를 징벌했을 것이다. 그렇게 하였다면 부자(父子)의 명분이 바루어지고 삼강오상(三綱五常)의 인륜이 정해져서 마침내 말이 도리에 맞고 일이 이루어져 예악이 크게 일어나게 되었을 것이다.[59] 이것이 어찌 부자(夫子)의 뜻이 아니겠는가. 성인이 다시 일어나더라도 나의 말을 바꾸지 않을 것이다.

부자의 뜻을 모르는 자는 마침내 말하기를 "부자가 정명하고자 한 때는 괴첩(蒯輒)이 즉위한 지 12년이었으니, 오래되면 바꾸기가 어렵

58 옛날에……하였다 : 《맹자》 〈만장 상(萬章上)〉, 《서경》 〈태갑 상(太甲上)〉에 관련 내용이 보인다.

59 부자(父子)의……것이다 : 《논어》 〈자로(子路)〉에 "명분이 바르지 못하면 말이 도리에 맞지 않고, 말이 도리에 맞지 않으면 일이 되지 않고, 일이 되지 않으면 예악이 흥하지 못한다.〔名不正, 則言不順; 言不順, 則事不成; 事不成, 則禮樂不興.〕"라고 하였다.

다. 부자가 정명하고자 한 것이 우활하지 않은가."라고 하니, 이는 성인을 모르는 자이고 정사하는 방도를 모르는 자이다. 정사하는 방도는 자신이 바르면 명령하지 않아도 백성들이 행하고, 자신이 바르지 않으면 비록 명령하더라도 백성들이 따르지 않는 법이다. 자신이 바르지 않으면 백성들도 따르지 않는데 더구나 부자(父子)의 명분을 어지럽혀 바루지 않는다면 그 누가 따르겠는가. 명분이 바르지 않으면 비록 흠명(欽明)한 요(堯) 임금[60], 준철(濬哲)한 순(舜) 임금[61], 밥 먹을 겨를도 없이 노력했던 문왕(文王)[62]일지라도 어찌할 수 없는데 하물며 위나라 임금이야 말해 무엇 하겠는가. 이것이 명분을 바루지 않을 수 없는 이유이다. 군자가 임금을 섬길 적에 마음이 합하면 머물고 합하지 않으면 떠난다. 이 때문에 부자(夫子)가 정명의 일을 위나라에 행하되 자신의 일이 행해지지 않는다면 진실로 떠났을 것이니, 어찌 임금의 욕심을 따라서 명분을 바루지 않고 아버지를 무시한 임금을 섬길 수 있겠는가.

아, 춘추 시대는 명분이 이미 훼손되어 명분을 지킬 수 있는 국가나 사람이 하나도 없었으니, 매우 슬프다. 천왕의 존귀함으로 제후의 첩에게 봉(賵)을 내렸으니,[63] 존비의 명분이 도리어 어디에 있는가. 주우

60 흠명(欽明)한 요(堯) 임금 : 《서경》 〈요전(堯典)〉에서 요 임금의 덕을 "공경하고 밝고 빛나고 사려가 깊은 것이 자연스럽게 우러나왔다.〔欽明文思安安〕"라고 하였다.

61 준철(濬哲)한 순(舜) 임금 : 《서경》 〈순전(舜典)〉에서 순 임금의 덕을 "깊고 명철하고 문채 나고 밝으며, 온화하고 공손하고 미덥고 진실하였다.〔濬哲文明, 溫恭允塞.〕"라고 하였다.

62 밥……문왕(文王) : 《서경》 〈무일(無逸)〉에서 주공(周公)이 문왕에 대해 "해가 중천에 떠서 질 때까지 한가하게 식사할 겨를도 없이 노력하여 만백성을 모두 화합하게 하였다.〔日中昃, 不遑暇食, 用咸和萬民.〕"라고 하였다.

(州吁)는 위나라에서 벼슬하면서 위나라 임금을 시해하였고,[64] 최자(崔子)는 제(齊)나라에서 녹을 먹으면서 제나라 임금을 시해하였으니,[65] 군신의 분수가 또 어디에 있는가. 은공(隱公)을 이은 자도 환공(桓公)이고 은공을 시해한 자도 환공이었으며,[66] 도공(悼公)을 이은 자도 지(止)이고 도공을 시해한 자도 지였으니,[67] 군신 부자(父子)의 명분이 땅을 쓴 듯 사라졌다. 부자(夫子)가 목욕하고서 토벌을 청하고,[68] 정명을 우선으로 삼은 것이 마땅하다.

63 천왕(天王)의……내렸으니 : 제후의 첩은 노(魯)나라 혜공(惠公)의 부인 중자(仲子)이고, 봉(賵)은 상가(喪家)에 주는 거마(車馬) 등의 물품을 이른다. 《춘추좌씨전(春秋左氏傳)》 은공(隱公) 1년에 "7월에 천왕이 재훤을 보내어 혜공과 중자의 봉을 주었다.〔秋七月, 天王使宰咺來歸惠公仲子之賵.〕"라고 하였다. 왕실이 아래로 제후와 교통한 시초가 되는 사건이기 때문에 존비의 명분이 사라졌다고 말한 것이다.

64 주우(州吁)는……시해하였고 : 주우는 위나라 장공(莊公)의 아들이고, 환공(桓公)의 동생이다. 장공이 죽은 뒤 환공이 즉위하자, 주우가 대부 석작(昔碏)의 아들 석후(昔厚)와 함께 모의하여 환공을 시해한 후 제후의 자리에 올랐다. 《春秋左氏傳 隱公3年, 4年》

65 최자(崔子)는……시해하였으니 : 최자는 제나라 대부 최저(崔杼)로, 제나라 장공(莊公)이 자신의 아내와 사통하자 그를 시해하였다. 《春秋左氏傳 襄公25年》

66 은공(隱公)을……환공이었으며 : 노나라 우보(羽父)가 이복동생인 환공을 죽일 것을 청하였는데 은공이 거절하자, 이에 겁을 먹어서 도리어 환공에게 은공을 참소하여 시해하였다. 《春秋左氏傳 隱公11年》

67 도공(悼公)을……지였으니 : 허(許)나라 도공이 학질을 앓다가 세자 지(止)가 주는 약을 먹고 죽었는데, 공자는 세자가 그 약을 미리 맛보지 않았다 하여 지가 시해하였다고 하였다. 《春秋左氏傳 昭公19年》

68 부자(夫子)가……청하고 : 《논어》 〈헌문(憲問)〉에 제나라 대부 진성자(陳成子)가 제나라 간공(簡公)을 시해하자, 공자가 목욕하고서 노나라 애공(哀公)에게 고하기를 "진항(陳恒)이 자기 임금을 시해하였으니, 토벌하소서."라고 하였다는 내용이 나온다.

아, 당시에 지위를 얻은 신하가 임금을 매양 이처럼 섬겼다면 어찌 자기 임금을 요순(堯舜) 같은 성군(聖君)으로 만들지 못했겠는가. 부자의 말은 빈말이 되었을 뿐 시행되지 못하였으니, 비록 말이 간절한들 무슨 보탬이 되겠는가. 그러나 그 말에 힘입어 만세 후인 지금에 이르러서도 마치 하늘은 높고 땅은 낮다는 불가역 원칙처럼 군신과 부자(父子)의 명분을 범해서는 안 되는 줄을 아니, 어찌 보탬이 되는 바가 없겠는가. 만약 '정명'이라는 말이 없었다면 사람들이 짐승이나 곤충, 초목, 이적의 부류에 빠져들면서도 스스로 깨닫지 못했을 것이다. 아, 애석하구나.

성인은 백세의 스승이라는 것에 대한 논[69]

聖人百世師論

무릇 하늘이 대도(大道)를 내매 도가 천지 사방에 가득 차고 일상생활 하는 사이에 유행하여 옛날부터 지금까지 진실로 잠깐이라도 끊어져 그친 적이 없었다. 그러나 사람을 통하지 않으면 도는 헛되이 행해지지 않으니, 하늘이 성인(聖人)을 낸 것이 어찌 우연이겠는가. 성인으로 하여금 이 도의 체(體)를 밝히고 이 도의 용(用)을 맡아 당대에 법을 세우고 백세 뒤에 모범을 전하게 하였다. 그렇다면 성인은 백세의 스승이다.

비록 그렇지만 성인이 백세 전에 떨쳐 일어났어도 백세 뒤에는 성인의 시대도 멀어지고 성인의 말씀도 없어졌으니, 인의(仁義)와 도덕(道德)에 대한 말을 듣고자 하더라도 그 누구에게 듣겠는가. 그렇다면 성인을 귀하게 여길 것이 아니라 성인의 도를 귀하게 여겨야 한다. 성인을 스승이라 이르는 것은 그 사람을 스승으로 삼는다는 말이 아니라 성인의 도가 바로 나의 스승인 것이다. 도가 그 사람에게 있기 때문에 그를 성인이라 이르고 내가 스승으로 삼고자 하는 것이니, 이것이 이른바 도가 있는 곳이 스승이 있는 곳[70]이라는 것이다. 성인의 시대는 멀어졌으나 도는 가까운 곳에 있고, 성인은 죽었으나 도는 사라지지

69 성인은……논 : 《맹자》 〈진심 하(盡心下)〉에 "성인은 백세의 스승이다."라고 한 말을 토대로 한 글이다.

70 도가 있는……곳 : 한유(韓愈)의 〈사설(師說)〉에 보인다.

않았다. 성인이 백세 전에 도를 행했으나 내가 백세 뒤에 도를 듣고서 스승으로 삼고 배우기를 게을리하지 않으면 또한 성인의 경지에 들어갈 수 있으니, 성인이 어찌 백세의 스승이 아니겠는가.

스승으로 삼기를 어떻게 해야 하는가? 순(舜) 임금처럼 하면 된다. 옛사람 중에 요(堯) 임금과 순 임금은 그 사람됨이 정밀하게 하고 전일하게 하여 중도(中道)를 잡았다[71]는 말을 들으면 중도를 잡는 방도를 구해서 정성스럽게 마음에 간직하여 잃어버리지 말고, 옛사람 중에 우왕(禹王)과 탕왕(湯王), 문왕(文王)과 무왕(武王)은 그 사람됨이 부지런하고 검소하며[72] 너그럽고 인자하여[73] 도를 열망하기를 한 번도 보지 못한 듯이 하였다[74]는 말을 들으면 부지런하고 검소하며 너그럽고 인자하게 되는 방도를 구해서 도를 열망하기를 한 번도 보지 못한 듯이 해야 한다.

공씨(孔氏)가 3000명의 제자[75]에게 가르침을 전수한 것은 3000명의

71 정밀하게……잡았다 : 요 임금이 순에게 나라를 선양할 때 "진실로 그 중도를 잡을지어다.〔允執其中〕"라고 하고, 순 임금이 우에게 나라를 선양할 때 "인심은 위태롭고 도심은 은미하니, 오직 정밀하게 하고 전일하게 하여야 진실로 그 중도를 잡을 것이다.〔人心惟危, 道心惟微, 惟精惟一, 允執厥中.〕"라고 하였다.《論語 堯曰》《書經 大禹謨》

72 부지런하고 검소하며 : 순 임금이 우의 덕을 칭송하면서 "국사에 부지런하고 집안에서 검소하다.〔克勤于邦, 克儉于家.〕"라고 하였다.《書經 大禹謨》

73 너그럽고 인자하여 : 중훼(仲虺)가 탕왕의 덕을 칭송하면서 "너그럽고 인자하여 그 덕이 밝게 드러나 만백성에게 믿음을 얻으셨습니다.〔克寬克仁, 彰信兆民.〕"라고 하였다.《書經 仲虺之誥》

74 도를……하였다 :《맹자》〈이루 하(離婁下)〉에 "문왕은 백성을 보기를 다친 사람 보살피는 듯하였고, 도를 열망하기를 한 번도 보지 못한 듯이 하였다.〔文王視民如傷, 望道而未之見.〕"라고 하였다.

제자를 가르친 것일 뿐만이 아니다. 만세의 사람도 육경(六經) 속에서 공씨의 말을 구할 수 있고 백세 뒤에도 공씨의 자취를 찾을 수 있으니, 차분히 도에 나아간다면 직접 배운 것과 무엇이 다르겠는가. 공명의(公明儀)는 "주공(周公)께서 '문왕은 나의 스승이다.'라고 하셨으니, 주공께서 어찌 나를 속였겠는가."라고 하였다.[76] 저 공명의는 문왕보다 백세 뒤에 태어났는데도 문왕을 반드시 스승으로 삼을 수 있다고 여겼기 때문에 이렇게 말한 것이다. 그러나 성인이 백세의 스승으로서 후세 사람으로 하여금 흥기하게 한 증거일 줄 어찌 알았겠는가. 자포자기(自暴自棄)[77]하는 사람이 아니라면 누가 성인의 도를 듣고서 흥기할 마음이 생기지 않겠는가.

흥기한 사람은 필시 "순 임금도 사람이고 나도 사람인데, 순 임금은 천하에 모범이 되어 후세에 전해질 수 있었거늘 나는 아직도 시골 사람을 면하지 못하고 있으니, 이것이 근심이다."[78]라고 하면서 성인과 다른 점을 제거하고 성인이 되는 방도를 구하여 자신을 다그치기를 "저 성인도 장부(丈夫)이고 나도 장부이니, 내가 어찌 성인을 두려워하겠는가. 도를 행하는 사람은 순 임금처럼 될 수 있다."[79]라고 할 것이다. 이런 사람이 어찌 백세 뒤에 흥기한 자가 아니겠는가.

75 3000명의 제자 : 공자(孔子)가 시서예악(詩書禮樂)을 교재로 가르쳤는데, 제자가 3000명에 이르렀다고 한다. 《史記 孔子世家》

76 공명의(公明儀)는……하였다 : 《맹자》 〈등문공 상(滕文公上)〉에 보인다. 공명의는 춘추 시대 노(魯)나라의 현인(賢人)이다.

77 자포자기(自暴自棄) : 53쪽 주32 참조.

78 순 임금도……근심이다 : 《맹자》 〈이루 하〉에 보인다.

79 저……있다 : 《맹자》 〈등문공 하(滕文公下)〉에 보인다.

이 때문에 대순(大舜)이 부자 사이의 변고(變故)에 잘 대처하여 고수(瞽瞍)가 기뻐하기에 이르니[80] 백세토록 부자 사이의 도리가 정해지고, 주공이 형제 사이의 변고에 잘 대처하여 법도를 잃지 않으니[81] 백세토록 형제 사이가 화목해졌다. 공자가 《춘추(春秋)》를 완성하자, 백세의 난신적자(亂臣賊子)가 두려워하여 마음대로 악행을 저지르지 못하고 도리어 충성하고 효도하려는 마음을 품게 되었다. 성인이 아니면 어찌 백세의 사람들로 하여금 이와 같이 흥기하게 할 수 있겠는가. 게다가 요순에서 탕왕에 이르기까지, 탕왕에서 문왕에 이르기까지, 문왕에서 공자에 이르기까지 500여 년 사이에 직접 보고 안 사람이 있었고, 듣고 안 사람이 있었다. 이른바 듣고 알았다는 것은 성인의 도를 듣고서 스승으로 삼는다는 것이다. 스승으로 삼았다면 또한 그 도를 알았을 것이다. 내가 이 때문에 성인이 백세의 스승이라는 것을 안 것이다.

비록 그렇지만 성인이 어찌 백세의 스승이 되려는 데에 마음을 두었겠는가. 도가 나에게 있는데 후세 사람이 나를 본받으면 스스로 스승이 되려 하지 않아도 저절로 스승이 되지 않을 수 없는 것이고, 후세 사람도 굳이 옛날의 성인을 스승으로 삼으려 한 적이 없었다. 그러나 도가

80 대순(大舜)이……이르니 : 45쪽 주18 참조.

81 주공이……않으니 : 형제는 이른바 삼숙(三叔)으로, 주공의 형제 관숙(管叔)·채숙(蔡叔)·곽숙(霍叔)을 가리킨다. 주(周)나라 무왕이 죽은 뒤에 성왕(成王)이 즉위하였는데, 성왕이 어렸기 때문에 숙부 주공이 섭정을 하였다. 이때 삼숙이 유언비어를 퍼뜨려 주공을 모해하였으므로 주공이 그들을 붙잡아 관숙은 상(商)나라에서 죽이고, 채숙은 곽린(郭隣)에 가두었으며, 곽숙은 서인(庶人)으로 강등하여 3년 동안 벼슬할 수 없게 하였다. 《書經 金縢, 蔡仲之命》

이미 저 사람에게 있는데 내가 도를 구한다면 비록 저 사람을 스승으로 삼지 않았더라도 자신도 모르게 스승으로 삼은 것이다. 내가 이른바 스승으로 섬긴다는 것은 도를 스승으로 삼는 것이지 사람을 스승으로 삼는 것이 아니니, 도가 백세의 스승이라는 증거라고 말할 수 있다.

《안씨가훈(顔氏家訓)》에 말하기를 "어버이를 섬길 줄 모르는 자는 옛사람이 어버이의 뜻을 먼저 짐작해 부모의 안색을 잘 살펴서 받들며 목소리를 부드럽게 하고 기운을 낮췄던 것을 보고, 척연(愓然)히 부끄러워하고 두려워하여 흥기하여 행하고자 해야 한다. 임금을 섬길 줄 모르는 자는 옛사람이 직책을 받고서 다른 직책을 침해하지 않으며 위태로움을 보고 목숨을 바쳤던 것을 보고, 측연(惻然)히 스스로 생각하여 본받으려 해야 한다. 이로부터 시작해서 모든 행실이 다 그러하다."[82]라고 하였으니, 위대한 말씀이다. 모든 사람들이 이렇게 하여 성인을 스승으로 삼을 수 있다면 이들도 성인의 무리이니, 또한 백세의 스승이라고 말할 수 있다.

아, 이러한 뜻을 잘 아는 이가 드물다. 부자(夫子) 이후로 이를 안 이는 맹가(孟軻) 씨 한 사람뿐이었다. 그러므로 맹씨가 부자보다 100년 뒤에 태어나서 말하기를 "내가 원하는 것은 공자를 배우는 것이다."[83]라고 하였다. 성인을 배우려는 사람이 어찌 세대가 멀다는 핑계를 대겠는가. 저 백이(伯夷)와 유하혜(柳下惠)도 백세 뒤의 탐욕스러운 사내는 청렴하게 만들고 나약한 사내는 뜻을 세우게 만들었다.[84] 하물며 집대

82 어버이를……그러하다 : 《안씨가훈》 〈면학(勉學)〉에 보이는 내용으로, 《소학》 〈가언(嘉言)〉에도 실려 있다.

83 내가……것이다 : 《맹자》 〈공손추 상(公孫丑上)〉에 보인다.

성한 성인[85]이야 말할 나위가 있겠는가. 내가 이 때문에 성인의 도가 바로 백세의 스승이라고 하는 것이다.

84 백이(伯夷)와……만들었다 : 《맹자》〈만장 하(萬章下)〉에 "백이의 풍도(風度)를 들은 사람들은 지각이 없던 자들이 분별이 있게 되고, 나약한 자들이 뜻을 세우게 되었다.〔聞伯夷之風者, 頑夫廉, 懦夫有立志.〕"라고 하고, 또 "유하혜의 풍도를 들은 사람들은 속이 좁던 자들이 너그러워지고, 각박한 자들이 후덕해지게 되었다.〔聞柳下惠之風者, 鄙夫寬, 薄夫敦.〕"라고 한 말을 차용한 것이다.

85 집대성한 성인 : 공자를 가리킨다. 《맹자》〈만장 하〉에 "백이는 성인 가운데 맑은 분이고, 이윤은 성인 가운데 자임(自任)한 분이고, 유하혜는 성인 가운데 조화로운 분이고, 공자는 성인 가운데 때에 맞게 하신 분이다. 그래서 공자를 집대성한 분이라고 한다.〔伯夷, 聖之淸者也; 伊尹, 聖之任者也; 柳下惠, 聖之和者也; 孔子, 聖之時者也. 孔子之謂集大成.〕"라고 하였는데, 공자가 백이, 이윤, 유하혜의 특징을 모두 갖추었기 때문에 집대성이라고 한 것이다.

한마디 말로 나라를 일으키는 것에 대한 논[86]

一言興邦論

《주역》에 말하기를 "한 번 음(陰)이 되고 한 번 양(陽)이 되는 것을 도(道)라고 한다."라고 하였다. 이른바 도라는 것이 어찌 형체와 말이 있음을 이르는 것이겠는가. 나는 일찍이 다음과 같이 생각하였다.

음양이 나뉘지 않고 천지가 쪼개지지 않았을 때 조짐 없이 비어 있는 거기에 과연 무슨 형체가 있겠는가. 양의(兩儀)가 이루어진 뒤에 오행(五行)이 운행하여 만물이 이를 의지해 생겨나는 거기에 또 무슨 말이 있겠는가. 아직 시작되기 전에 용(用)이 갖추어져 있고 형체가 있은 뒤에 체(體)가 확립되어 온갖 일이 이루어지는 것은 또한 하나의 이(理)일 뿐이니, 어찌 징험할 수 있는 소리나 냄새가 있겠는가.

성인이 이를 본받아 하늘을 대신해서 만물을 다스리는 것이 또한 어찌 하늘과 차이가 있겠는가. 구중궁궐에 좌정하고 있으면서도[87] 교화가 두루 미치고 정사가 잘 다스려지며 풍속이 순박하고 아름다워지는 데에 임금의 힘이 무슨 소용인지 나는 알지 못하겠다. 이와 같다면 작위(作爲)가 없는 교화라고 할 수 있는데도 한마디 말로 나라를 일으킨다고 한 이유는 무엇인가?

86 한마디……논 : 《논어》 〈자로(子路)〉에 노(魯)나라 정공(定公)이 공자(孔子)에게 한마디 말로 나라를 일으킬 수 있느냐고 물은 것을 토대로 한 글이다.

87 깊숙이……있으면서도 : 위정자가 일부러 힘쓰지 않아도 나라가 잘 다스려지는 것을 말한다. 《서경》 〈무성(武成)〉에 "하는 일이 없어도 천하가 잘 다스려졌다.〔垂拱而天下治〕"라고 하였다.

천지는 작위가 없는데도 만물이 저절로 이루어지고 성인은 힘쓰지 않는데도 백성들이 저절로 교화되는 것은 요컨대 모두 이 도 밖으로 벗어나지 않는다. 도는 무엇인가? '중(中)'과 '화(和)'[88]일 따름이다. 이 도는 마음속에 물러나 숨어 있기도 하고 육합(六合) 안에 가득 차 있기도 하지만, 사람을 의지한 이후에 행해지고 말을 필요로 한 뒤에 나타난다. 그렇지 않으면 도는 헛되이 행해지지 않으니, 이것이 성인에게 말이 없을 수 없었던 이유이다.

선유(先儒)의 말에 "성인의 마음은 하나의 태극이고, 태극의 이(理)는 하나의 성인이다."라고 하였고, 자주자(子朱子)는 "하늘이 음양으로 만물을 화생함이 명령하는 것과 같다."[89]라고 하였다. 명령이라 하였고 보면 어찌 하늘이 말이 없다고 할 수 있겠는가. 이른바 명한다는 것은 거듭 타일러 명하는 것이 아니니, 그렇다면 어찌 하늘이 말이 있다고 할 수 있겠는가. 말이 있으면서도 말이 없고 조짐이 없으면서도 조짐이 있으며 은미하면서도 드러나고 광대하면서도 은미하니, 이 또한 천도(天道)의 체와 용이다. 성인의 도가 여기에 짝할 수 있는 것은 무엇 때문인가?

88 중(中)과 화(和) : 《중용장구》 제1장에 "희로애락의 감정이 아직 발하지 않아 치우침이 없는 상태를 '중'이라 하고, 그 감정이 발하여 모두 절도에 맞는 것을 '화'라 한다.〔喜怒哀樂之未發, 謂之中; 發而皆中節, 謂之和.〕"라고 하였다.

89 하늘이……같다 : 《중용장구》 제1장에 "하늘이 명한 것을 성이라고 한다.〔天命之謂性〕"라고 하였는데, 이에 대한 주희(朱熹)의 주에 "명은 영과 같고, 성은 바로 이이다. 하늘이 음양오행으로 만물을 화생함에 기로써 형체를 이루고 이 또한 부여하니, 명령함과 같다.〔命, 猶令也. 性, 卽理也. 天以陰陽五行化生萬物, 氣以成形, 而理亦賦焉, 猶命令也.〕"라고 하였다.

성인의 마음이 고요히 움직이지 않음은 바로 하늘에 조짐이 없어서 만물이 아직 생겨나지 않은 것이고, 성인의 마음이 감응하면 마침내 천하의 일에 두루 통함은 바로 하늘이 명을 부여하여 만물이 생겨나는 것이다. 이를 합해서 말하면 이른바 중과 화가 아니겠는가. 체가 없는 체와 용이 없는 용과 말이 없는 말은 오묘한 하나의 이치가 위아래로 통하는 것이지만 이런 말이 있으면 이런 도가 있고, 이런 말이 없으면 이런 도가 없는 것이다. 그러나 아직 말하지 않았어도 말은 말한 이후에 이미 갖추어져 있고, 이미 말을 했어도 말은 아직 말하기 전에 앞서서 있다. 한마디 말이 드러나 있으나 은연(隱然)한 오묘함을 떠나지 않고, 한마디 말이 간략하나 만물의 체를 포괄한다. 이것으로 자신을 다스리면 마음은 바르게 되고 몸은 닦이며, 이것으로 다른 사람을 다스리면 윗사람은 온화하고 아랫사람은 따르며, 이것으로 천하와 국가를 다스리면 대처하는 것마다 합당하지 않은 것이 없게 된다. 이것이 이른바 나라를 일으킨다는 것이다.

요(堯) 임금이 천하를 순(舜)에게 전해 주면서 "진실로 중도(中道)를 잡아야 한다."[90]라고 명하자, 순 임금이 이 말로 나라를 일으켰고, 순 임금도 천하를 우(禹)에게 전해 주면서 "인심(人心)은 위태롭고 도심(道心)은 은미하니, 정밀하게 하고 전일하게 하여야 진실로 중도를 잡아야 한다."[91]라고, 우왕(禹王)이 이 말로 나라를 일으켰다. 우왕이 이 말로 나라를 일으켜 탕왕(湯王)에게 전하고, 탕왕이 이 말로 나라를 일으켜 문왕(文王)과 무왕(武王)에게 전하고, 문왕과 무왕이 이 말로

90 진실로……한다 : 《논어》 〈요왈(堯曰)〉에 보인다.

91 인심(人心)은……것이다 : 《서경》 〈대우모(大禹謨)〉에 보인다.

나라를 일으켜 만세에 나라를 전하였다. 성군(聖君)이 서로 나라를 계승하여 대대로 천하가 잘 다스려져 국가와 백성이 편안했던 이유가 어찌 중도를 잡으라는 한마디 말에서 벗어나겠는가.

이 한마디 말로 인해 삼가고 두려워하면서 중도를 잡는 방도를 반드시 구했기 때문에 일이 오지 않았을 때에는 편벽되지 않고 치우치지 않은 이 마음이 천지의 중에 부합하였고, 일을 접한 뒤에는 어긋남이 없고 어그러짐이 없는 이 마음이 천지의 화에 맞았다. 이것이 이른바 중과 화의 경지를 이루면 천지가 이것으로 제 위치에 있고 만물이 이것으로 제대로 길러진다[92]는 것이니, 어찌 한 나라를 일으키는 데에 그칠 뿐이겠는가.

맹씨(孟氏)의 말에 "말은 평이하면서도 뜻은 심원(深遠)한 것이 좋은 말이다."라고 하고, 또 "군자의 말은 눈앞의 일상을 얘기하지만 거기에 도가 있다."라고 하였다.[93] 이른바 나라를 일으킨다는 것에 어찌 온갖 말을 할 필요가 있겠는가. 이 때문에 세상에서 제왕의 덕을 논하는 사람들은 "중도를 세우고 표준을 세워야 한다."[94]라고도 하고, "중용

92 중과……길러진다 : 《중용장구》 제1장에 "중과 화의 경지를 이루면 천지가 제 위치에 있고 만물이 제대로 길러진다.〔致中和, 天地位焉, 萬物育焉.〕"라고 하였다.

93 맹씨(孟氏)의……하였다 : 《맹자》 〈진심 하(盡心下)〉에 "말은 평이하면서도 뜻은 심원한 것이 좋은 말이고, 지키기는 간단해도 베풀어질 수 있는 것이 좋은 도이니, 군자의 말은 눈앞의 일상을 얘기하지만 거기에 도가 있다.〔言近而指遠者, 善言也; 守約而施博者, 善道也. 君子之言也, 不下帶而道存焉.〕"라고 하였는데, 이에 대한 주희의 주에 "옛사람들은 시선이 허리띠 아래로 내려가지 않았다. 그렇다면 허리띠 위는 바로 눈앞에서 항상 볼 수 있는 지극히 가까운 곳이다."라고 하였다. 이는 군자의 말은 눈앞에 보이는 일상적인 일을 말하지만 여기에는 항상 도가 존재한다는 의미이다.

94 중도를……한다 : 중훼(仲虺)가 탕왕에게 "왕께서는 힘써 대덕을 밝히시어 백성들

의 도를 지키고, 현인을 등용함에 있어 출신을 따지지 않았다."[95]라고도 하고, "백성에게 중도를 행하였다."[96]라고도 하였는데, 말은 비록 다르지만 뜻은 같다. 한마디 말로 인해 공경을 돈독히 하여 천하가 다스려졌으니, 이런 뒤에 천지와 덕이 합치하고, 이런 뒤에 하늘이 자연스럽게 만물을 이루는 것처럼 나라를 일으켰다. 그러니 또 어찌 자취가 있는 소리나 말이 있었겠는가. 사계절이 운행하고 만물이 생장하는 것으로 보여줄 뿐 하늘이 무슨 말을 하던가.[97] 나는 성인도 무슨 말을 하겠느냐고 생각한다. 삼공(三公)은 도를 논하고 백관(百官)은 직임을 분담해 수행할 뿐이니, 이것이 내가 성인을 하늘에 견준 이유이다.

아, 만민은 지극히 많고 한마디 말은 지극히 간략하니, 지극히 간략한 말로 지극히 많은 백성을 다스리는 일은 성인이 아니고서야 가능하겠는가. 만약 한마디 말로 나라를 일으키더라도 태만하고 방탕하여 전혀 하는 일이 없다면 이는 한마디 말 때문에 도리어 나라를 잃게 되는 셈이니, 무익할 뿐만이 아니라 해롭기까지 하다. 내가 이 때문에 오직 성인이어야만 한마디 말로 나라를 일으킬 수 있다고 하는 것이다.

에게 중도를 세우소서.〔王懋昭大德, 建中于民.〕"라고 하였고, 기자(箕子)가 무왕에게 말해 준 홍범구주(洪範九疇)의 내용에 "임금이 표준을 세운다.〔皇建其有極〕"라고 하였다.《書經 仲虺之誥, 洪範》

95 중용의……않았다 : 맹자(孟子)가 탕왕의 덕을 평하면서 한 말이다.《孟子 離婁下》

96 백성에게 중도를 행하였다 :《중용장구》 제6장에 공자가 순 임금의 덕을 평하면서 "양극단을 절충하여 그 중도를 백성에게 행하셨으니, 아마 이 때문에 순 임금이 되셨을 것이다.〔執其兩端, 用其中於民, 其斯以爲舜乎!〕"라고 하였다.

97 사계절이……하던가 :《논어》〈양화(陽貨)〉에 공자가 "하늘이 무슨 말을 하던가. 사계절이 운행하고 만물이 생장하는 것으로 보여줄 뿐 하늘이 무슨 말을 하던가.〔天何言哉? 四時行焉, 百物生焉, 天何言哉?〕"라고 하였다.

한나라 문제가 박소를 죽인 것에 대한 논[98]

漢文帝殺薄昭論

한(漢)나라 역사를 살펴보건대 박소(薄昭)가 한나라 사자(使者)를 죽이자 문제(文帝)가 백관으로 하여금 상복을 입고 곡하게 하니, 박소가 자살하였다. 나는 다음과 같이 생각한다.

법은 천하의 공정한 이치이고, 은혜는 일가의 친밀한 정의(情誼)이니, 법과 인정(人情)이 양립하여 상충되지 않는 것을 선정(善政)이라 할 수 있다. 법으로 은혜를 해치면 상(象)이 나라에 봉해지지 못하였을 것이고,[99] 은혜로 법을 무시하면 삼숙(三叔)이 정벌을 당하지 않았을 것이니,[100] 어째서인가?

상은 지극히 악했지만 해악이 천하에까지 미치지는 않았으니, 마땅히 부모가 자식을 기르는 애달픈 마음을 생각하여 상을 유비(有庳)에 봉해 준 것은 은혜를 법보다 우선했다고 말할 만하다. 그러나 상이

98 한(漢)나라……논 : 박소(薄昭)는 한 고조(漢高祖)의 후궁 박희(薄姬)의 동생이자 문제의 외삼촌이다. 문제를 황제에 즉위시킨 공으로 지후(軹侯)에 봉해졌다. 후에는 외척임을 믿고 교만 방자한 짓을 일삼다가 결국 사자를 죽이기까지 하였다. 문제가 박소를 죽인 일은 《한서(漢書)》 〈문제기(文帝紀)〉 10년 "장군 박소가 죽었다.〔將軍薄昭死〕"라고 한 기사의 주에 보이는데, 한나라 사자를 죽인 박소에게 문제가 공경(公卿)을 보내 술을 마시게 하고서 자결하게 하였으나 박소가 따르지 않으므로 신하들에게 상복을 입고 가서 통곡하게 하자 자살하였다.

99 상(象)이……것이고 : 45쪽 주19 참조.

100 삼숙(三叔)이……것이니 : 68쪽 주81 참조.

자신의 나라에서 정사를 할 수 없었으니,[101] 그렇다면 사은(私恩)으로 공법(公法)을 폐해서는 안 되는 것이 분명하다. 삼숙의 경우는 그 화(禍)가 뻗어 나가 종묘사직에까지 미쳤으니, 단호하게 죄를 내린 것은 법을 은혜보다 우선했다고 말할 만하다. 그러나 채중(蔡仲)에게 나라를 봉해 주어 제사를 끊어지게 하지 않았으니,[102] 그렇다면 법으로 은혜를 해쳐서는 안 되는 것도 분명하다. 이에 성인의 정사는 하나만을 고집하여 다른 한쪽을 버려서는 안 됨을 알 수 있다.

지금 박소는 문제의 외숙이니, 박소는 바로 태후(太后)의 아우이다. 박소가 죽음을 당한 것은 박소가 스스로 슬퍼할 일은 아니지만 태후는 슬퍼하였을 것이니, 비록 박소의 죄가 상과 같았더라도 은혜를 미루어 어루만져서 어머니의 마음을 위로했어야 한다. 하물며 죄가 상보다 심하지 않은 경우이겠는가. 비록 박소의 죄가 크고 악이 극심해서 용서할 수 없더라도 태후가 마음으로 진실로 슬퍼한다면 우선 은혜를 미루어 용서하고서 관직을 빼앗고 가두었어야 한다. 그렇게 하였다면 박소는 악행을 저지르지 못하게 되고 태후도 기뻐하여 법과 은혜 양쪽을 보전할 수 있었을 것이다. 이제 삼숙이 저지른 정도의 죄가 아닌데도 결연하게 죽음을 내려 태후가 슬퍼할 것을 생각하지 않았으니, 은혜가 법보다 우선하지 못한 것이다. 내가 보건대 문제가 집행한 법은 법

101 상이……없었으니 : 《맹자》 〈만장 상(萬章上)〉에 "상은 그 나라에서 정사를 행하지 못하였고, 천자가 관리를 시켜 그 나라를 다스리게 하고 상에게는 그 세금만 받게 하였다.〔象不得有爲於其國, 天子使吏治其國, 而納其貢稅焉.〕"라고 하였다.

102 채중(蔡仲)에게……않았으니 : 채중은 채숙(蔡叔)의 아들인데, 덕을 공경하였기 때문에 주공이 그를 경사(卿士)로 삼았다가 채숙이 죽은 뒤에 왕에게 청하여 채중이 채나라를 소유하게 하였다. 《書經 蔡仲之命》

하나만을 고집했을 뿐이다. 법 하나만을 고집했을 뿐만이 아니라 필시 어머니를 무시하는 마음이 있었을 것이니, 진실로 우순(虞舜)과 주공(周公)의 세상에서는 용납되지 못했을 것이다.

만약 문제가 공손하고 검소하며 충성스럽고 효성스러운 군주라면 태후가 상처를 입으리라는 것을 어찌 생각하지 못했겠는가. 그러나 문제는 속으로 '고제(高帝)께서 돌아가신 뒤에 여씨(呂氏)가 조정에 나와 국사를 처리하면서 외척들이 권력을 마음대로 휘둘렀으니, 진실로 주발(周勃)의 공이 아니었다면 천하의 일은 장담할 수 없었을 것이다.[103] 지금 박소는 외척의 권세를 빌려 군대와 국가를 통치할 권한을 쥐고서 사신을 죽인 죄를 저질렀으니, 변란이 장차 여록(呂祿), 여산(呂産)이 저지른 짓에 이를까 두렵다.'라고 여겼기 때문에 하루아침에 사사를 내리면서 단연코 의심하지 않은 것이다. 이것이 문제가 박소를 처리한 이유이다. 이러하다면 어찌하여 일찍 도모하지 않은 것인가. 그로 하여금 권력을 잡게 하고 교만과 사치가 드러난 뒤에 내몰아서 죽였으니, 이는 문제가 박소를 처리한 방법이 너무나 잘못된 것이다.

아, 만약 박소가 현명하지 않았다면 그로 하여금 권력을 잡게 해서는

103 고제(高帝)께서……것이다 : 주발은 유방을 도와 천하를 평정하고 한나라를 세운 개국 공신이다. 고조 유방이 죽고 제2대 황제 혜제(惠帝)가 즉위한 이후로 여후(呂后)가 점차 조정의 권력을 장악하였는데, 이때 여씨 일족을 조정에 불러들여 정사(政事)를 맡기고 왕과 후(侯)에 봉해 주어 여씨 세력을 키웠다. 여록과 여산에게는 각각 북군(北軍)과 남군(南軍)을 맡겨 자신이 죽은 뒤에 조정의 대신들이 여씨를 공격할 것을 대비하였는데, 여후가 죽고 나서 여록과 여산이 난을 일으키려고 하자, 주발이 진평(陳平)과 함께 이들을 죽이고 여씨를 모두 주살하여 황실을 안정시켰다. 《史記 呂太后本紀》

안 되는데, 알고도 권력을 맡겼다면 어질지 못한 것이고, 모른 채로 권력을 맡겼다면 지혜롭지 못한 것이다. 박소로 하여금 권력을 맡게 해 놓고는 다시 이를 빌미로 그를 죽였으니, 자신이 천자이면서 어머니의 마음을 위로하지 않은 것이다. 이 때문에 천리와 인정이 모두 끊어져 행해지지 않았으니, 이것이 나라를 다스리는 도리인지 모르겠다.

천당과 지옥에 대한 변론

天堂地獄辨

석씨(釋氏)가 천당과 지옥에 관한 설로 백성들을 꾀어 이익을 취하니, 아, 석씨가 사람을 미혹시키는 것이 심하고, 석씨가 도를 모르는 것은 더욱 심하다. 사람은 천지의 이(理)를 받아서 본성으로 삼고, 천지의 기(氣)를 받아서 재(才)로 삼는다. 그러므로 사람이 태어남에 나의 기가 바로 천지의 기이고, 천지의 마음이 바로 나의 마음이니, 선을 행하건 악을 행하건 하늘을 감동시킬 수 있으므로 선한 사람에게 복을 주고 악한 사람에게 화를 주는 이치는 분명하여 속일 수 없다.

사람이 죽은 뒤에는 육체는 썩어서 없어지고 정신도 날아가 흩어져서 혼(魂)은 하늘로 올라가고 백(魄)은 땅으로 내려가 다시 원기(元氣)의 진수와 합쳐지니, 어느 것이 천당으로 올라가고 어느 것이 지옥으로 들어가는지 알 수 없다. 만약 "성정(性情)을 칼로 베고 불로 태운다."라고 한다면 성정의 이는 이미 원기와 합쳐졌으니 어찌 원기를 칼로 베고 불로 태울 수 있겠는가. 만약 "형체를 방아로 찧고 맷돌로 간다."라고 한다면 형체는 이미 대지에서 썩어 버렸으니 어찌 대지를 방아로 찧고 맷돌로 갈 수 있겠는가. 진실로 이런 이치는 전혀 없는 것이다.

또 천당과 지옥은 어디에 세워져 있는가? 천당과 지옥은 형체가 없는 탓에 그 모습을 보지 못한다. 만약 형체가 없다고 한다면, 천당은 형체가 없으니 천당에 오른들 무엇이 즐겁겠으며, 지옥은 형체가 없으니 지옥에 들어간들 무엇이 괴롭겠는가. 아니면 비록 형상은 있지만 은미하고 고원하기 때문에 사람이 볼 수 있는 바가 아닌 것인가? 나무와 돌은 소리가 없지만 오히려 저만의 형체가 있고, 바람과 우레는 형체가 없지만 오히려 저만의 소리를 내며, 귀신은 소리도 없고 형체도 없지만 봄에는 만물을 내고 가을에는 만물을 죽이며 해와 달이 왕래하고 있다. 그렇다면 어찌 들을 수 있는 소리와 볼 수 있는 형체가 없다고 할 수 있겠는가.

천지 사이에는 성신(星辰)보다 높은 것이 없으니 성신 위에 더 이상 다른 사물이 없고, 강하(江河)보다 낮은 것이 없으니 강하 아래에 더 이상 다른 사물이 없으며, 동쪽은 부상(扶桑)에서 다하고 서쪽은 함지(咸池)에서 다하여 진실로 바깥이 없다. 만약 천당과 지옥이 있다면 필시 이곳들 사이에 있을 터인데, 어찌하여 그 모습을 아직 보지 못하였단 말인가. 아니면 또한 천지 바깥에 있는 것인가? 귀신과 일월이 환하게 비추어서 산천과 초목을 뚜렷하게 볼 수 있으니, 어찌 시왕(十王)[104]이 천지 음양을 벗어나 화복을 내리는 권세를 사사로이 부릴 수 있겠는가. 더구나 천지에 어찌 바깥이 있을 리가 있겠는가.

이치를 가지고 궁구하고 반복해서 미루어 보면 석씨의 설은 공박하지 않아도 저절로 변별될 것이다. 만약 진실로 천당과 지옥이 있더라도 저들이 "불공(佛供)을 드리는 자는 천당에 오르고, 그렇지 않으면 온갖 고초를 받을 것이다."라고 하는 설은 또 매우 어리석은 것이다. 만약 부처가 신령스럽다면 필시 공물(供物) 때문에 화복의 권세를 뒤바꾸어

104 시왕(十王) : 사후 세계에서 죽은 사람들의 죄의 경중을 가리는 10명의 왕으로, 진광왕(秦廣王), 초강왕(初江王), 송제왕(宋帝王), 오관왕(五官王), 염마왕(閻魔王), 변성왕(變成王), 태산왕(泰山王), 평등왕(平等王), 도시왕(都市王), 전륜왕(轉輪王)이다.

내리지 않을 것이고, 부처가 온갖 공양품을 받아들인다면 필시 소인(小人)의 귀신일 것이다. 어찌 소인이 화복의 권세를 마음대로 부리는 일이 있겠는가. 하물며 이른바 부처라는 것은 오히려 썩은 나무토막으로, 화복을 내리는 권한을 주관함이 없는 경우이겠는가.

만약 "거짓으로 무서운 명령을 만들어서 어리석은 백성들에게 보여주어 백성들로 하여금 명령을 두려워하여 선을 행하게 하는 것이다."라고 한다면 더욱 백성들을 가르치는 방도가 아닐 것이다. 만약 선을 행하는 자로 하여금 천당의 즐거움을 생각하여 선을 행하게 한다면 이 또한 이익을 위해서 선을 행하는 것이니, 이익을 위해서 선을 하면 그 선은 필시 참되지 않을 것이다. 게다가 세상 사람들은 모두 방탕하고 편벽되고 사치한 짓을 하는데 도리어 "불공을 올리고 반승(飯僧)을 하면 지옥을 피할 수 있고 천당에 오를 수 있을 것이다."라고 하면 그 누가 두려워하여 선으로 달려가고 악에서 떠나겠는가. 가령 두려워하여 선을 행한다면 이 또한 부정한 방법으로 선을 행하게 하는 술수이니, 사람이 감히 할 일이 아니다. 하물며 이런 이치가 전혀 없는 경우이겠는가.

아, 허무(虛無)의 설로 사람을 미혹시키고자 하여도 끝내 미혹시킬 수 없고, 권위와 거짓을 빙자한 명령으로 백성을 가르치고자 하여도 끝내 가르칠 수 없는 것이다. 그렇다면 이런 설을 말하는 자는 무엇이 이롭기에 근거 없는 말을 하기를 좋아한단 말인가? 요컨대 음식을 마련하기 위한 데 불과하니, 어찌하여 세상 사람들은 함부로 부정한 설에 이와 같이 심하게 빠진단 말인가. 마침 이런 일이 있는 백성을 만났으므로 이에 내가 석씨의 설을 변론하여 백성의 마음을 바로잡는다.

약계
薬戒

객 중에 오장육부에 병이 든 사람이 있었는데 평소에는 좋은 의원을 만나지 못한 것을 한스러워하다가 의원을 만나게 되면 반드시 병을 숨기고 의원을 꺼렸다. 내가 그 이유를 묻자, 대답하기를,

"독한 약을 두려워해서입니다."

하였다. 내가 묻기를,

"그렇다면 어찌하여 좋은 의원을 만나지 못한 것을 한스러워하였습니까?"

하니, 대답하기를,

"고통스러웠기 때문입니다."

하였다. 내가 말하기를,

"그대는 그 병이 고통스럽다는 것만 알지 죽음이 더욱 고통스럽다는 것을 모르는군요. 만일 그 고통을 안다면 어찌 독한 약을 두려워하겠습니까. 병이 깊어지면 깊어질수록 고통도 갈수록 더욱 심해지게 되니, 그렇게 되면 약이 더욱 독해진 뒤에야 병을 치료할 수 있습니다. 지금 그대가 병이 갈수록 깊어지는데 의원을 갈수록 멀리하면 평생토록 고통스러워하면서 언제 죽을지 모르게 될 것이니, 감히 경계하지 않을 수 있겠습니까. 비록 그렇지만 그대가 경계해야 할 것을 가지고도 나라를 다스리는 자들의 경계로 삼을 수 있습니다.

천하는 한 명의 사람과 같습니다. 사해(四海)는 사람의 몸이고 만민은 사람의 사체(四體)이며, 조정은 배와 심장이고 교령(敎令)

은 목구멍과 혀이고 기강은 명맥입니다. 재상은 사람의 팔과 다리로서 음양(陰陽)을 조화시켜 다스려 명맥을 조섭하는 자이고, 장사(將士)는 사람의 손과 발로서 외환을 막아 배와 심장을 지키는 자이고, 임금은 사람의 머리이자 귀와 눈으로서 위험하고 편안한 것을 보고 옳고 그름을 들어서 사체를 편안하게 하는 자입니다. 그렇다면 눈을 밝히고 귀를 열어 손발을 움직이고 팔다리를 부린 뒤에 몸이 편안해질 수 있는 것입니다. 만약 하나의 기운이라도 조화롭지 못해서 온갖 병이 생긴다면 질병이 생긴 것을 보고서 치료하고 약을 쓰는 자는 간관(諫官)입니다. 병이 생겨서 약을 쓰는데 당시 임금이 약을 싫어해서 구원할 수 없는 지경에 이르니, 감히 경계하지 않을 수 있겠습니까.

한창 병이 생길 때에는 귀와 눈이 흐릿하고, 팔다리와 손발이 저려 움직이기가 쉽지 않습니다. 이런 때에 사해는 비록 편안하더라도 배와 심장의 형세는 위태로워 아슬아슬합니다. 그러나 당시 임금은 안일함에 젖어 입에 쓴 좋은 약을 싫어하기만 할 뿐, 병이 생기리라는 것을 스스로 알지 못합니다. 이 때문에 의원을 꺼리고 병을 숨기니, 병을 숨기다가 날이 갈수록 더욱 심해져 배와 심장이 부풀어 오르고 목구멍과 혀가 막히고 명맥이 뭉쳐 몸이 거꾸러지는 지경까지 이릅니다. 이때에는 편작(扁鵲)이 있더라도 어떻게 할 수 없으니, 뒤늦게 후회한들 무슨 소용이 있겠습니까. 윗자리에서 나라를 다스릴 사람이 내 말을 이해하고 마음에 담아 두고서 병든 객이 경계해야 할 것을 경계할 만하다 여겨 경계한다면 그 나라는 잘 다스려질 수 있을 것입니다.

비록 그렇지만 어찌 나라만 이러하겠습니까. 사람들도 모두 치료

해야 하는 병이 있습니다. 무명지가 굽어 펴지지 않는 것이 고통스럽거나 일에 방해가 되는 것이 아니지만,[105] 손가락 하나만 치료하느라 어깨와 등을 잃어버리는 것을 경계하지 않아서야 되겠습니까. 비록 사지에 병이 없고 귀와 눈에 탈이 없더라도 마음이 편안하지 않아 밖으로 치달려 쉬지 않고 고생하면서 안정되지 않는다면 일신의 병으로 무엇이 이보다 더 크겠습니까. 세상 사람들이 이 병을 고통이라 여기지 않고 막연히 약을 쓸 줄 몰라 마침내 심신(心身)을 거꾸러지게 하여 사체를 보전하지 못하니, 경계하지 않아서야 되겠습니까. 그렇다면 무엇을 약으로 써야 하겠습니까? 오직 '성(誠)'과 '경(敬)' 뿐이라고 하겠습니다. 아, 경계하십시오."

하였다. 내가 병든 객으로 인해 세 가지 경계를 밝힌다.

105 무명지가……아니지만 : 《맹자》 〈고자 상(告子上)〉에 "지금 어떤 사람의 무명지가 굽어 펴지지 않는다고 하자. 그것이 고통스럽거나 일에 방해가 되는 것이 아니지만 만약 그 무명지를 펼 수 있는 사람이 있다면 진나라나 초나라까지 가는 길도 멀다고 여기지 않을 것이다.〔今有無名之指, 屈而不信, 非疾痛害事也, 如有能信之者, 則不遠秦楚之路.〕"라고 한 말을 차용하였다.

잡설
雜說

세상에 변화(卞和)[106]가 있은 뒤에 변화의 옥(玉)을 귀하게 여길 줄 알게 되었다. 옥이 형산(荊山)에서 생산되지만 사석(沙石)에 묻히는 일은 없는 시대가 없었으니, 모든 사람이 이것을 다 보았지만 누가 이 옥으로 보기(寶器)를 만들 수 있다는 것을 알았겠는가. 반드시 변화를 기다린 이후에야 옥을 티 없이 조탁(彫琢)할 수 있었으니, 이렇게 한 이후에야 보기를 이룰 수 있고, 이렇게 한 이후에야 옥의 가치를 높일 수 있었다. 그렇다면 옥은 스스로 귀해지지 못하나 옥을 귀하게 만드는 것은 변화이고, 변화도 이 옥 덕분에 후세에 이름을 전하였다. 그러나 옥이 변화에게 조탁되지 않았다면 어떻게 사석과 달라졌겠는가. 옥은 사람 덕분에 귀해지고 사람은 옥 덕분에 이름이 났으니, 어찌 서로를 의지하는 관계가 아니겠는가.

아, 옥은 조탁하지 않으면 보기를 이루지 못하고, 사람은 배우지 않으면 도를 알지 못하는 법이다. 지금 세상에 누가 변화처럼 옥을

106 변화(卞和) : 춘추 시대 초(楚)나라 사람이다. 화씨(和氏)라고도 부른다. 형산에서 박옥(璞玉)을 얻어 초나라 여왕(厲王)에게 바쳤는데, 옥을 감정하는 사람이 돌이라고 하자, 여왕은 거짓말을 했다는 이유로 변화의 왼쪽 발을 베어 버렸다. 변화가 무왕(武王)에게 다시 박옥을 바쳤으나 같은 이유로 오른쪽 발도 잘렸다. 문왕(文王)이 즉위하자 변화는 형산 아래에서 박옥을 안고 사흘 동안 울었는데 문왕이 옥공(玉工)을 시켜 박옥을 다듬게 하니, 직경이 한 자나 되고 티 한 점 없는 옥이 나왔다. 마침내 이를 '화씨벽(和氏璧)'이라고 불렀다. 《韓非子 和氏》

조탁하는 솜씨를 가지고 있는가. 보기가 될 수 있는 물건이 사석 속에 빠진 채 스스로 보기를 이루지 못하는 것을 보면 누군들 옥을 조탁하고 갈아서 보기를 이루게 하고자 하지 않겠는가. 옛사람이 "선달(先達)한 선비가 훌륭한 사람을 만나 의탁하면 도덕(道德)이 창성하고, 후진(後進)의 선비가 훌륭한 사람을 만나 의탁하면 사업이 드러난다.[107] 그렇지 않으면 높은 재능을 가진 사람은 대부분 근심과 비통 속에 곤궁하게 지내고, 높은 지위에 있는 사람은 혁혁한 빛을 세상에 전할 수 없다."[108] 라고 말하지 않았던가. 사람이 도리어 변화와 옥이 서로를 이루어 준 것만 못하다면 어찌 이를 지혜롭다고 할 수 있겠는가.

107 선달(先達)한……드러난다 : 한유(韓愈)의 〈송허영주서(送許郢州序)〉에 "선달한 선비가 훌륭한 사람을 만나 의탁하면 도덕이 드러나고 명예가 후세까지 전하며, 후진의 선비가 훌륭한 사람을 만나 의탁하면 사업이 드러나고 작위가 현달한다.〔先達之士得人而託之, 則道德彰而名聞流; 後進之士得人而託之, 則事業顯而爵位通.〕"라고 하였다. 《文章軌範 卷5》 선달은 보통 덕행과 학문이 높은 선배를 말하는데, 여기서는 먼저 영달한 선배의 의미로 쓰였다.

108 높은 재능을……없다 : 한유의 〈여우양양서(與于襄陽書)〉에 보인다. 《文章軌範 卷1》

산당집

제2권

書서 序서 記기

墓誌묘지 疏소 傳전

서書

점필재 선생에게 올리는 편지[1]

上佔畢齋先生書

제가 듣건대 "옛날에 후진(後進)의 선비가 선달(先達)을 스승으로 삼을 때는 같은 마을에 살면서 사모하는 부형(父兄)이 자신을 사랑한 뒤에 우러러 스승으로 삼을 뿐만이 아니라 소원하고 부귀한 사람이라도 높은 도의(道義)가 있는 자라면 부귀를 대단하다 여기지 않고 반드시 자신의 별 볼 일 없는 재주를 잊고서 선달의 제자가 되려고 하였다. 선달한 선비가 후진을 대우할 때는 같은 마을에 살면서 좋아하는 자제가 자신을 친애한 뒤에 굽어보아 가르칠 뿐만이 아니라 소원하고 별 볼 일 없는 사람이라도 이런 마음으로 찾아온 자라면 진실로 별 볼 일 없다는 이유로 거절하지 않고 반드시 부귀한 지위를 잊고서 자신의 문하에서 가르치고자 하였다."라고 하였습니다. 어째서 이렇게 하겠습니까? 지위는 차이가 크더라도 도(道)는 같기 때문입니다. 똑같은 사람이고 똑같은 도이니, 그렇다면 천하 사람들이 모두 도가 같을 터인

1 점필재(佔畢齋)……편지 : 1487년(성종18) 김종직(金宗直)이 전라도 관찰사로 있을 때 최충성이 보낸 편지이다. 점필재는 김종직의 호이다.

데, 이에 대해서만 유독 같다고 말하는 이유는 어째서입니까?

한유(韓愈) 씨가 말하기를 "옛날의 가르침은 한 가지였는데, 지금의 가르침은 세 가지이다."[2]라고 하였습니다. 저도 옛날의 학문은 하나로 관통하는 도로 나아갔는데 지금의 학문은 많은 갈림길 속으로 나아간다고 생각합니다. 이른바 많은 갈림길이란 바름을 해치는 이단(異端)을 가리킬 뿐만이 아닙니다. 유생들의 학술에도 훈고(訓詁)를 배우는 자가 있고 사장(詞章)을 배우는 자가 있어 근본을 등지고 지엽을 좇으며 이익을 꾀하고 도를 향하지 않으니, 온 세상 사람들이 대부분 이러합니다. 그렇다면 천하의 도가 어찌 하나뿐이라고 할 수 있겠습니까. 똑같은 사람인데 나아가는 것이 각기 다르고 똑같은 도인데 배우는 것이 각기 달라, 근본은 같은데 지엽이 다르고 이치는 하나인데 학업이 다릅니다. 이것이 인인 군자(仁人君子)가 도가 같은 사람을 귀하게 여기는 이유입니다.

여기에 어떤 사람이 있는데 인(仁)에 머무르고 의(義)를 행하며 도를 지키고 예(禮)를 실천하여, 이단을 물리치고 인심을 바로잡는 것을 자신의 임무로 삼으며, 먼저 깨달은 자로 하여금 뒤늦게 아는 자를 깨닫게 하는 것을 자신의 임무로 삼으며, 임금을 요순(堯舜) 같은 성군(聖君)으로 만들고 백성에게 은택을 내려 주는 것을 자신의 임무로 삼으며, 나쁜 풍속을 좋은 풍속으로 바꾸는 것을 자신의 임무로 삼습니다. 그리하여 아래로는 사방에 폐단을 묻고 위로는 조정에 폐단을 아뢰어 모든 지아비와 지어미 한 명 한 명이 모두 은택을 입게 한다면,

2 옛날의……있다 : 한유의 〈원도(原道)〉에 보인다. 한 가지는 유학(儒學)을 말하고, 세 가지는 유학, 불교, 노장을 말한다.

이런 사람이 어찌 이른바 선달한 선비로서 후진이 앙모하는 자가 아니겠습니까.

여기에 또 어떤 사람이 있는데 이윤(伊尹)의 뜻[3]을 자신의 뜻으로 삼았으나 실행하지 못하고 안자(顔子)의 학문[4]을 배웠으나 터득하지 못하며, 부정한 설을 물리치고자 하나 물리치지 못하고 성인의 경지에 들어가고자 하나 들어가지 못하며, 대현인(大賢人)을 얻어 출발점과 귀착점으로 삼고자 하나 얻지 못하여 맹인이나 귀머거리처럼 되어 한 번 눈을 뜨고 귀를 트고자 하는 자라면, 이런 사람이 어찌 이른바 후진의 선비로서 선달이 가엾게 여기는 자가 아니겠습니까.

이 두 사람은 훈고를 배우지 않고 사장을 익히지 않고서 다만 성현의 경지를 공부하여 미치지 못할까 염려하듯 할 줄만 아니, 어찌 다른 기예에 힘쓸 여력이 있겠습니까. 비록 그렇지만 명도(明道 정호(程顥)) 선생이 말하기를 "도가 행해지지 못하는 것은 이단이 해쳐서이니, 부정하고 허탄하고 요망한 설이 백성들의 귀와 눈을 막아 천하를 더럽고 흐린 곳에 빠뜨렸다. 이는 모두 정도(正道)의 우거진 잡초이며 성문(聖門)의 장벽이니, 이단을 물리친 뒤에야 도에 들어갈 수 있다."[5]라고 하였습니다. 그렇다면 선달이 후진을 가르치고 후진이 선달을 배울 때에

3 이윤(伊尹)의 뜻 : 임금을 요순 같은 성군으로 만드는 것, 요순의 도로 백성을 깨우치는 것, 모든 백성이 요순의 은택을 입도록 하는 것이다. 자세한 내용은 《맹자》 〈만장상(萬章上)〉에 보인다.

4 안자(顔子)의 학문 : 예(禮)가 아니면 보지 않고 듣지 않고 말하지 않고 행하지 않으며, 화를 남에게 옮기거나 잘못을 되풀이하지 않는 것이다. 자세한 내용은 《논어집주(論語集註)》 〈옹야(雍也)〉 호학장(好學章) 주에 보인다. 안자는 안연(顔淵)이다.

5 도가……있다 : 《소학》 〈가언(嘉言)〉에 보인다.

감히 우거진 잡초로 가려진 것을 먼저 제거하지 않을 수 있겠습니까.

저는 궁벽한 시골에서 지내며 배운 탓에 조롱박처럼 매달려 있고[6] 우물 안 개구리 같은 식견이라 나이가 스물이 넘어도 도를 이룰 수 없었습니다. 그리하여 이윤이 가진 뜻은 어떠한 뜻인지, 안자가 배운 학문은 어떠한 학문인지를 알지 못하니, 이단을 어떻게 물리치며 성인의 도를 어떻게 배우겠습니까. 어떻게 대현인을 얻어 출발점과 귀착점으로 삼아 보이지 않는 눈을 뜨고 들리지 않는 귀를 틔울 수 있겠습니까. 또 저는 나주(羅州)에서 태어나서 광주(光州)에서 살고 있으니, 전라도 백성들이 이단을 좋아하는 폐단에 대해 보고 들어서 익히 알고 있습니다. 그러나 위로는 제 말을 들어줄 사람이 없고, 아래로는 제 뜻을 같이할 사람이 없어 고단하게 지내면서 하는 말은 빈말이 되어 버릴 뿐 시행되지 못하고 있으니, 말이 간절한들 무슨 보탬이 되겠습니까.

그런데 올해 여름에 상공 합하(相公閤下)께서 호남 관찰사로 부임하셨다는 소식을 듣고는 제 마음에 감격하여 온종일 밥 먹기를 잊고 밤새도록 잠을 못 이루면서 오도(吾道)가 남쪽에서 행해질 수 있겠다고 기뻐하였습니다. 이윽고 사사로이 다른 사람에게 말하기를 "부정한 설을 물리치고 사람의 마음을 바로잡는 것이 상공의 뜻이니, 호남의 부정한 설은 거의 사라지고 호남의 백성은 거의 바르게 될 것이다. 아직 깨닫지 못한 자를 깨닫게 하고자 하는 것이 상공의 임무이니, 호남의

6 박처럼 매달려 있고 : 한곳에 얽매여서 세상에 쓰이지 못함을 비유하는 말이다. 공자(孔子)가 중모(中牟) 땅을 근거로 반란을 일으킨 필힐(佛肹)에게 가려고 하자, 자로(子路)가 이를 말렸다. 이에 공자가 대답하기를 "내가 어찌 조롱박이더냐. 어떻게 한곳에 매달린 채 먹지도 못한단 말인가.〔吾豈匏瓜也哉? 焉能繫而不食?〕"라고 하였다. 《論語 陽貨》

선비와 백성이 아마 거의 깨닫게 될 것이다. 나쁜 풍속을 좋은 풍속으로 바꾸는 것이 상공의 도리이니, 호남의 더러운 풍속이 아마 거의 새로워질 것이다. 그러니 또 어찌 지아비와 지어미 중에 누구 하나라도 상공의 은택을 입지 못하는 자가 있겠는가."라고 하였습니다.

비록 그렇지만 10리마다 풍기가 다르고 100리마다 습속이 다른 법인데 호남은 서울과의 거리가 300여 리이니, 호남의 풍속을 어찌 우리 상공께서 전부 알 수 있겠습니까. 그 땅에 사는 사람이 폐단을 익히 아는 법이니, 상공 앞에서 폐단을 아뢸 자가 호남의 백성이 아니고 누구이겠습니까. 게다가 저는 바른 도에 뜻을 두어 부정한 설을 종식하고자 한 지가 몇 년이 되었는데, 지금 상공의 백성이 되었으니 이런 좋은 기회를 놓칠 수 없습니다.

삼가 생각건대 호남 지역은 산악이 높지 않아 전야가 넓고 멀리 뻗어 있으며, 토질이 비옥하여 백성들의 재산이 넉넉한데 선비가 도를 알지 못해 이단이 일어났으니, 바른 도를 모르는 마음으로 저들의 부정한 설을 들으면 부정한 설이 먹혀들기 쉽고, 넉넉한 재산을 가지고 저들의 인연(因緣)에 대한 설[7]을 들으면 재산을 아낄 것 없다고 여깁니다. 이 때문에 백성을 꾀어 음식을 마련하는 이단이 반드시 여기에 모입니다. 부모의 죽음 때문에 설재(設齋)하고 불공(佛供)하는 것으로 말하면 지금 금지령이 있으므로 다시 논할 필요는 없으니, 청컨대 다른 일을

7 인연(因緣)에 대한 설 : '인(因)'은 어떤 결과를 만들어 내는 직접 원인이나 내적 원인을 의미하고, '연(緣)'은 인을 도와 결과를 만들어 내는 간접 원인이나 외적 원인 또는 조건을 의미한다. 선한 일을 하면 이것이 선한 인연이 되어 복을 받고, 악한 일을 하면 이것이 악한 인연이 되어 화를 받게 된다는 말이다.

가지고 아뢰겠습니다.

'수륙(水陸)'[8]과 '안거(安居)'라고 하는 것들로 말하면 행해지지 않는 곳이 없고 미혹하지 않는 사람이 없으니, 어리석은 백성들이 재산을 낭비하는 것을 어찌 헤아릴 수 있겠습니까. 백성을 꾀는 중을 '화주(化主)'라고 하는데 봄과 여름에 백성을 꾀어 권문(勸文)[9]에 이름을 적고 보시(布施)할 재산과 곡식의 수를 아울러 기록하였다가 가을과 겨울에 곡식을 실어 오되, 백성 가운데 권문에 적힌 수를 채우지 못하는 자가 있으면 어떤 이는 소와 말을 팔고, 어떤 이는 밭과 땅을 팔아 가산을 전부 쏟아서 그 수를 채웁니다. 그런 뒤에는 오히려 관(官)에 납부할 세금이 부족하여 다른 사람에게 돈을 꾸어 내고, 옷과 음식이 부족하여 추위에 떨고 굶주려도 의지할 곳이 없으니, 이는 어떤 풍속입니까.

지금 법에 "사찰은 창설을 허락하지 않는다. 다만 중건하는 경우는 반드시 해당 고을 수령에게 보고하고 해당 고을 수령이 예조에 보고하고 예조가 입계(入啓)한 뒤에 중건할 수 있다."라고 하였습니다. 그런데 지금의 사찰은 창설한 것도 많고 중건한 것도 많은데, 해당 고을 수령에게 보고하고 예조에 보고하는 것을 끝내 보지 못하였습니다. 백성과 중이 각각 자기 마음대로 지어 산천과 구릉이 모두 사사(寺社)[10]

8 수륙(水陸) : 수륙도량(水陸道場)의 준말이다. 불교에서 시행하는 법회의 일종으로, 승려가 불단(佛壇)을 설치하여 불경을 외우고 음식을 두루 베풀어 물과 뭍에 떠도는 망자의 혼령을 제도(濟度)하는 것을 말한다. 수륙재(水陸齋), 수륙법회(水陸法會), 수륙대회(水陸大會)라고도 한다.

9 권문(勸文) : 불교에서 사찰을 세우거나 불사(佛事)를 베풀기 위하여 뜻이 있는 사람에게 보시하기를 권하는 글이다. 권선문(勸善文)이라고도 한다.

10 사사(寺社) : 불교의 사원(寺院)과 신앙 결사(結社)를 합해서 이르는 말이다. 사

이니, 이는 어떤 풍속입니까.

또 절반은 중이고 절반은 속인이면서 거사(居士)라고 하는 자들이 있는데 가솔을 돌보지 않고 산사(山寺)를 제멋대로 다니면서 날마다 염불을 업으로 삼아 끝내 처자식들이 뿔뿔이 흩어지는데도 보호하지 않으니, 이는 어떤 풍속입니까. 또 왕자와 왕손의 대신(代身)[11]이라고 하는 자들이 있는데 여염을 제멋대로 다니면서 자기가 하고 싶은 짓을 마음대로 일삼되 뜻에 맞지 않는 사람이 있으면 구타할 수 있고 마음에 탐탁지 않은 사람이 있으면 해칠 수도 있습니다. 그러면서 스스로 "수령이 나에게 죄를 주고자 하더라도 어찌 투서기기(投鼠忌器)[12]의 마음이 없겠는가."라고 하여 진실로 두려워하고 꺼리는 기색 없이 하지 못하는 짓이 없으니, 이는 어떤 풍속입니까.

제가 듣건대 석씨(釋氏)의 법에 "너의 부자(父子)를 버리고, 너의 서로 살게 하고 서로 길러 주는 도를 금하고서 속세를 떠나 산에 들어가 불도를 닦으라."라고 하였으니, 그렇다면 중이 마을을 마음대로 돌아다니는 것은 또한 석씨의 법에 어긋나는 것이 아니겠습니까. 석씨의 법에 또 "봄에는 절을 옮기고 가을에는 산을 옮겨서 감히 한곳에 오랫동

(社)는 자발적인 민간의 후원과 승려 공동의 불교 모임 혹은 불교 모임이 있는 사찰이다.

11 대신(代身) : 대신승(代身僧)을 말하는데, 다른 사람을 위해 대신해서 불공을 올리는 승려이다.

12 투서기기(投鼠忌器) : 물건을 던져 쥐를 잡으려 하나 그릇을 깰까 꺼린다는 말로, 한(漢)나라 가의(賈誼)가 〈치안책(治安策)〉에서 인용한 속담이다. 《通鑑節要 卷7 漢紀 太宗孝文皇帝上》 일반적으로 간신(奸臣)을 제거하려 하나 임금에게 해가 미칠까 염려되어 하지 못한다는 뜻으로 쓰이는데, 여기서는 대신승에게 죄를 주려고 해도 왕자와 왕손에게 해가 미칠까 염려되어 죄를 주지 못할 것이라는 뜻이다.

안 머무르지 말라."라고 하였으니, 그렇다면 중이 한 절에 항상 머무르면서 산업을 널리 차지하는 것은 또한 석씨의 법에 어긋나는 것이 아니겠습니까.

저는 다음과 같이 하기를 바랍니다.

모든 중들은 민간에서 다니지 못하게 하되, 만약 민간에서 돌아다니는 자가 있으면 누구나 이를 고발할 수 있게 하고 고발하지 않는 자에게 죄를 내리면 불상과 불탑을 만들며 안거와 수륙을 행하는 해로움이 거의 사라지게 될 것입니다. 사찰은 새로 지은 것과 오래전에 지은 것을 따지지 말고 예조에 보고하지 않은 곳들을 모두 헐어 버리게 한다면 사찰을 짓는 해로움이 거의 사라지게 될 것입니다. 거사는 모두 통렬하게 금하고 징계하되, 이웃 마을 사람들로 하여금 고발하게 하고 고발하지 않는 자에게는 죄를 내리며, 대신은 전부 붙잡아 서울로 보내되, 각 절로 하여금 대접하지 못하게 하고 대접한 절에는 죄를 내리면 불씨가 백성을 속이는 짓이 점점 쇠미해지지 않겠습니까.

또 음사(淫祠)와 무당이 세속에 끼치는 해악이 불씨보다 심하니, 나주 금성산(錦城山)과 광주 무등산(無等山)은 백성들이 저자에 마실 가듯 다투어 달려가고 먼 곳에 사는 사람은 식량을 싸 들고서 한 해에 두 번씩 찾아갑니다. 나주에서 광주까지, 광주에서 나주까지 두 고을을 왕래하는 길에는 어깨가 서로 부딪히고 소매를 이으면 휘장이 될 정도로 사람이 많아 아이를 잃어버리는 자도 있고 처첩을 잃어버리는 자도 있으니, 저는 이것이 어떤 귀신이기에 백성들이 이처럼 흠모하는지 모르겠습니다. 이는 백성들이 흠모해서가 아니라 실제로는 화복에 대한 부정한 설을 두려워하기 때문이니, 인인 군자가 듣는다면 어찌 가엾게 여겨 바로잡고자 하지 않겠습니까.

지금 상공 합하께서 부임한 이후에 곧장 산 아래로 사우(祠宇)를 옮겼다는 말을 들었는데, 저는 여기에 의혹이 있습니다. 근원을 끊지 않고 거처하는 곳만 옮길 뿐이라면 백성들이 사우는 높은 곳에 있어서는 안 된다는 것만 알지 음사에 제사를 받들 것이 없음을 어찌 알겠습니까. 옛날에 적인걸(狄仁傑)이 하남 순무사(河南巡撫使)로 있을 때 음사를 전부 헐어 버리자[13] 인심이 바르게 되었고, 공도보(孔道輔)가 영주(寧州)의 좌막(佐幕)으로 있을 때 홀(笏)로 뱀을 쳐서 죽이자[14] 부정한 설이 종식되었으니, 지금 또한 사우를 헐어 버릴 수 없겠습니까. 끊어 버릴 수 있는데도 끊지 않는다면 부정한 설이 어디로 말미암아 종식되겠으며, 인심은 어디로부터 바르게 되겠습니까.

제가 듣건대 상공께서 해인사(海印寺)를 유람할 적에 경판(經板)을 보관한 상자에 "부디 귀신을 시켜 잘 보호하여 후대 왕이 다시 판각하지 않게 하라.〔須煩鬼呵護 免使後王勤〕"[15]라는 시를 지었는데, 이를 본 사

13 적인걸(狄仁傑)이……버리자 : 적인걸은 당(唐)나라 때의 명신(名臣)이다. 《통감절요(通鑑節要)》 〈자치통감총요통론(資治通鑑總要通論)〉에 적인걸이 하남 순무사로 있을 때 오(吳), 초(楚) 지방에 있는 음사 1700개소를 헐어 버렸다는 내용이 보인다. 《구당서(舊唐書)》 〈적인걸열전(狄仁傑列傳)〉에는 강남 순무사(江南巡撫使)로 있을 때 한 일로 되어 있다.

14 공도보(孔道輔)가……죽이자 : 공도보는 송(宋)나라 때 사람이다. 공도보가 영주의 좌막으로 있을 때 천경관(天慶觀)에 요사스러운 뱀이 나타났는데, 군(郡)의 자사(刺史)는 하루에 두 번 뱀을 찾아가 보았고, 온 고을 사람들은 용이라 생각하여 공손하게 뱀을 찾아가 보았다. 그러자 공도보가 요사스러운 뱀이 백성을 속이고 풍속을 어지럽힌다고 하면서 홀로 뱀을 때려 죽였다. 《古文眞寶 後集 卷6 擊蛇笏銘》

15 부디……하라 : 《점필재집(佔畢齋集)》 권14 〈해인화판상운(海印和板上韻)〉의 세 번째 수에 보이는데, 해인사의 팔만대장경(八萬大藏經)을 소재로 지은 시이다.

람들이 모두 "이 시를 지은 자는 아마 도를 알 것이다. 만약 근본을 끊지 않고 경판만을 부수면 후대 왕이 다시 백성들을 수고롭게 하여 경판을 만들게 할까 염려한 것이다."라고 하였다 합니다. 이는 상공께서 불씨의 근원을 끊고자 하였으나 힘으로는 끊어 버리지 못한 것이니, 백성을 사랑하는 체모는 마땅히 이와 같아야 합니다. 그런데 지금 음사는 그렇지 않습니다. 만약 음사를 끊고자 하신다면 한번 명령을 내리면 되지만 끊고자 하지 않으신다면 비록 산 아래로 쫓아 버려도 후세 사람을 수고롭게만 할 뿐이니, 어찌 후세 사람의 손발을 묶어 놓을 수 있겠습니까.

주공(周公)이 죽은 뒤에 성인의 도가 행해지지 않고, 맹자(孟子)가 죽은 뒤에 성인의 학문이 전해지지 않았습니다. 성인의 도가 행해지지 않고 학문이 전해지지 않았기 때문에 바름을 해치는 이단이 분분하게 그 사이에서 뒤섞여 나오게 되었습니다. 불씨의 도는 한나라 명제(明帝) 때에 시작되었고[16] 무당의 설은 무황(武皇) 때에 일어났으니, 이는 벼 싹에 가라지가 있고 곡식에 쭉정이가 있어서 잘라 낸 뒤에야 바르게 될 수 있는 것과 같습니다.

지금 세상에 스승의 부류는 세 가지가 있고 학문의 부류는 세 가지가 있으니, 여기에서 나오면 저기로 들어가 반신반의하면서 학업을 하나로 정하지 못하는 자들이 대부분입니다. 그러니 반드시 선달한 선비가 있어 이단을 물리치고 인심을 바로잡아 공맹(孔孟)의 도를 위에서 창

16 불씨의……시작되었고 : 명제가 서역(西域)에 부처가 있다는 말을 듣고 천축국(天竺國)에 사자를 보내어 불경과 승려를 얻어 오게 하였다.《通鑑節要 卷18 漢紀 顯宗孝明皇帝》

도한 뒤에야 후진으로 하여금 무엇을 높여야 하는가를 알게 할 수 있습니다. 후진의 선비도 반드시 이단을 물리치고 인심을 바로잡는 데에 뜻을 두어 공맹의 도를 아래에서 배운 뒤에야 선달로 하여금 무엇을 가르쳐야 하는가를 알게 할 수 있습니다. 어리석은 제가 상공을 위해 기꺼이 이를 말씀드리는 까닭은 진실로 이 때문입니다.

세상에서는 항상 맹씨(孟氏)가 변론하기를 좋아하여[17] 양주(楊朱)와 묵적(墨翟)이 종식되었다고 말하는데 저 맹씨는 덕은 있었으나 지위가 없어서 빈말만 하여 말을 낭비하였으니, 어찌 양주와 묵적을 깨끗하게 물리칠 수 있었겠습니까. 비록 그렇지만 맹씨는 당시 사람들이 공경하던 자였기 때문에 맹씨가 좋아하는 것을 사람들도 좋아하고 맹씨가 싫어하는 것을 사람들도 싫어하였습니다. 양주와 묵적은 맹씨가 물리쳤던 자들이니, 그렇다면 사람들도 필시 "맹씨는 대현(大賢)인데도 두 사람을 물리쳤으니, 두 사람이 매우 바르지 않음을 알겠다."라고 하였을 것입니다. 이 점이 맹씨가 사도(斯道)에 공을 세운 이유입니다.

지금 생각건대 상공께서는 맹씨의 도를 가지고 있으면서 맹씨에게 없던 지위도 있으니, 맹씨가 변론하기를 좋아했던 것을 따르신다면 사람들 중에 누가 경성(景星)과 위봉(威鳳)[18]처럼 상공을 우러러보지

17 맹씨(孟氏)가 변론하기를 좋아하여 : 맹자의 제자인 공도자(公都子)가 "사람들이 선생님이 변론하기를 좋아한다고 하는데, 이유가 무엇입니까?"라고 묻자, 맹자가 대답하기를 "나는 또한 인심을 바로잡아 부정한 설을 종식하고, 편벽된 행동을 막고, 방탕한 말을 내쳐서 우왕(禹王), 주공(周公), 공자를 계승하고자 하는 자이니, 어찌 변론하기를 좋아하겠는가. 나는 부득이해서 그렇게 하는 것이다.〔我亦欲正人心, 息邪說, 距詖行, 放淫辭, 以承三聖者, 豈好辯哉? 予不得已也.〕"라고 하였다. 《孟子 滕文公下》

18 경성(景星)과 위봉(威鳳) : 경성은 상서로운 별이고 위봉은 위의(威儀)가 있는

않겠습니까. 지금 이단의 해로움이 호남에 극심합니다. 상공께서 이런 때에 이단을 물리치신다면 한 사람이 사모하는 것을 온 지방이 사모하고, 온 지방이 사모하는 것을 온 나라가 사모할 것입니다. 그리하여 앞에서 이른바 여기에서 나오면 저기로 들어가 학업을 아직 정하지 못한 자들이 서로 말하기를 "상공은 대현인데도 오히려 이단을 물리치시니, 이단이 바르지 않음을 알 수 있다."라고 하여 인심이 이로부터 바르게 되고 부정한 설이 이로써 사라지게 되리라는 것을 저는 장담하니, 이렇게 된다면 어찌 위대하지 않겠습니까.

그렇지 않다면 사람들이 누군들 "상공은 대현인데, 이단을 물리칠 수 있는 권력을 잡고 있으면서도 끝내 물리치지 않으시니, 그렇다면 이단을 배워도 되는 것이 분명하다."라고 하지 않겠습니까. 백성들의 풍속은 이로부터 바르지 않게 되고 오도는 이 때문에 날로 쇠미해질 것이니, 소자(小子)와 후진이 어디에서 덕을 상고하고 학업을 묻겠습니까. 저는 우거진 잡초를 쓸어 없애서 정도(正道)에 도달하기를 기약하고자 하나 몹시 곤궁하고 애처로운 처지로 한곳에 속절없이 매여 있으니, 어찌 큰 덕과 지극한 도를 가진 군자를 구하여 출발점과 귀착점으로 삼을 수 있겠습니까.

일찍이 지리산에 올라갔을 때 물가와 숲속에서 사찰을 두루 보았는데, 대사(大社)와 소암(小菴)에서 모두 수륙을 시행하고 있었으니, 이에 이단이 폐단이 되는 이유를 알았습니다. 또 산 정상에 올라 사우 동량 위의 제명(題名)을 두루 살펴보고서 상공께서도 임진년(1472, 성종3)에 지리산을 유람하셨다는 것을 알았습니다. 상공께서 산을 유람

봉황인데, 모두 태평한 시절에 나타난다. 걸출한 인물을 비유한다.

하셨으므로 상공께서도 산속의 폐단을 필시 알고 계시리라 생각합니다.

매양 문하에서 직접 가르침을 받으면서 변변찮은 제 마음을 아뢰고자 한 지가 오래되었으나 땅은 막혀 있고 지위는 크게 차이가 나니, 어찌할 수 있었겠습니까. 다행히도 지금 상공의 백성이 되어 교화를 입게 된 것은 천운(天運)이고, 백성들의 실정을 위로 전달할 수 있게 된 것은 천리(天理)이고, 전달한 뒤에 그 실정이 슬퍼할 만한 것인가의 여부는 천명(天命)입니다. 제가 어찌 감히 그 실정을 윗사람이 슬퍼해 주지 않을 것이라 스스로 헤아려 묵묵하게 물러나 앉아 있을 수 있겠습니까.

혹자는 빈천한 선비로서 문하에 나아가기를 구하는 것은 아첨에 가깝다고 의심합니다. 후진의 선비가 진실로 도를 구하여 선생을 사모한다면 반드시 상대의 지위를 잊고서 용문(龍門)에 오르기를[19] 원한다는 것을 저 사람이 어찌 알겠습니까. 또 선달한 선비가 진실로 도를 즐거워하여 후진을 가르치려 하면 반드시 자신의 지위를 잊고서 아직 깨닫지 못한 자를 깨닫게 해 주고자 한다는 것을 어찌 알겠습니까. 윗사람이 자신의 지위를 잊을 수 있고 아랫사람이 상대의 지위를 잊을 수 있는 것은 도가 같고 천리를 즐거워하는 자가 아니면 어찌 이렇게 할 수 있겠습니까. 예전에 지은 글 몇 편을 삼가 올리고 이 편지도 올리니, 어리석은 저의 마음을 이를 보고서 알 수 있고, 어리석은 저의 뜻을 이를 통하여 볼 수 있을 것입니다.

19 용문(龍門)에 오르기를 : 명망이 높은 사람에게 인정을 받는 것을 말한다. 후한(後漢)의 이응(李膺)이 당대에 명망이 높았는데, 당시 사람들이 그에게 인정을 받는 것을 "용문에 올랐다.〔登龍門〕"라고 하였다. 《後漢書 黨錮列傳 李膺》

호남 방백에게 약을 구하기 위해 올리는 편지[20]

上湖南方伯求藥書

홍치(弘治) 경술년(1490, 성종21) 모월 모일에 아무개는 삼가 목욕재계하고 상공 합하(相公閤下)께 글을 올립니다. 제가 듣건대,

"우(禹)는 천하에 물에 빠진 자가 있으면 자신이 그를 물에 빠뜨린 것과 같이 생각하였으며, 직(稷)은 천하에 굶주린 자가 있으면 자신이 그를 굶주리게 한 것처럼 생각하였으며, 이윤(伊尹)은 천하의 백성 중에 필부(匹夫)와 필부(匹婦)라도 요순(堯舜)의 은택을 입지 못하는 자가 있으면 자신이 그를 골짜기 가운데로 밀어 넣은 것과 같이 생각하였다."

하니, 이러한 것은 무엇 때문이겠습니까?

사람이 태어날 때에 똑같이 천지의 이기(理氣)를 받아 천지 사이에서 함께 살아가니, 천하의 곤궁한 백성은 모두 내 형제 가운데 고통스러워하면서도 호소할 데 없는 사람들이기 때문입니다. 형제의 심정으로 저들의 곤궁함을 보면 은덕을 베풀려는 마음을 어찌 그만둘 수 있겠습니까. 비록 그렇지만 이러한 마음이 있으면서도 구제할 만한 형편이 안 되면 이 마음이 싹트더라도 어찌할 수가 없습니다. 이 때문에 옛날의 성현은 어려서는 널리 배우고 장성해서는 영달하여 도를 행해서

20 호남……편지 : 이 편지는 최충성이 죽기 한 해 전인 1490년 전라도 관찰사 박안성(朴安性)에게 약을 구하기 위해 올린 것이다. 《성종실록(成宗實錄)》 21년 6월 22일 기사에 근거하면 박안성은 1490년 6월 22일에 호남 관찰사로 부임하였다.

천하의 백성을 구제하였습니다. 예를 들어 공자(孔子)의 앉은 자리가 따스해질 틈이 없었던 것과 묵자(墨子)의 집 굴뚝이 검어질 틈이 없었던 것[21]과 맹자(孟子)가 변론하기를 좋아했던 것[22]은 이 때문입니다.

시대가 내려와 말세가 되면서부터 성왕(聖王)이 흥기하지 않고 폭군이 대대로 나왔습니다. 이에 신불해(申不害)와 한비자(韓非子)의 형명학(刑名學)이 변하여 나라를 경영하는 법도가 되었으니, 늙은 자와 병든 자가 신음하면서 자리보전하며 굶주리는 자와 추위에 떠는 자가 얼어 죽고 굶주려 죽어 골짜기를 메우더라도 누가 손을 뻗어 구원하는 어진 마음을 베풀겠습니까. 마치 월(越)나라 사람이 진(秦)나라 사람의 살찌고 수척함을 보듯[23] 일찍이 마음이 움직이지 않았습니다.

우리나라의 경우는 흥성한 이후로 도가 넉넉하고 은혜가 깊으며 백성이 편안하고 물자가 풍부하였습니다. 그래서 정치를 할 때에 반드시 홀아비, 과부, 고아, 자식 없는 늙은이를 먼저 돌보아 각자 편안하게

21 공자(孔子)의……것 : 천하를 구제하느라 바쁘게 돌아다니는 것을 말한다. 한유(韓愈)의 〈쟁신론(爭臣論)〉에 "우는 자기 집 문 앞을 지나가면서도 들어가지 않았고, 공자의 앉은 자리는 따스해질 틈이 없었고, 묵자의 집 굴뚝은 검어질 틈이 없었다.〔禹過家門不入, 孔席不暇暖, 而墨突不得黔.〕"라고 하였다. 《古文眞寶 後集 卷3》

22 맹자(孟子)가……것 : 맹자가 양주(楊朱)와 묵적(墨翟)의 말이 천하에 가득한 것을 근심하여 그들의 학설을 물리치려고 변론한 것을 말한다. 101쪽 주17 참조.

23 월(越)나라……보듯 : 나와 무관한 것으로 보아 신경 쓰지 않는 것을 말한다. 한유가 간의대부 양성(陽城)을 비판하면서 "일찍이 정치에 대해서 한마디 말도 한 적이 없어서, 정치의 잘잘못을 보기를 마치 월나라 사람이 진나라 사람의 살찌고 여윈 것을 보는 것처럼 하여, 기쁘거나 슬픈 감정을 조금도 마음에 두지 않았다.〔未嘗一言及於政, 視政之得失, 若越人視秦人之肥瘠, 忽焉不加喜戚於其心.〕"라고 하였다. 《古文眞寶 後集 卷3 爭臣論》

생업에 종사하도록 하였으니, 문왕(文王)의 세상이라도 이보다 더 나을 수는 없을 것입니다. 삼가 생각건대 저는 살아가는 것이 마치 수레바퀴 자국의 고인 물 속에 사는 붕어와 같습니다.[24] 일찍이 불행을 당하여 강보에 싸여 있을 때 갑자기 부모를 잃어서 초상집 개처럼 초라하게 지냈으니, 저처럼 곤궁한 백성은 천하에서 찾아보더라도 많지 않을 것입니다.

소학에 들어갈 7, 8세 무렵에 형을 따라 북쪽으로 서울에서 유학하였습니다. 그러다가 뒤늦게 글을 읽고 배울 줄을 알게 되었는데, 듣건대,

> "지금 세상에 점필재(佔畢齋 김종직(金宗直))와 상공 선생께서 함께 종유(從遊)하면서 의논을 주고받으니, 글을 논한 것은 과(輠)를 태우는 것[25]과 같고 이치를 담론한 것은 톱밥이 쏟아지는 것과 같으므로 당시 사람들은 이를 가리켜 담론의 숲과 이치의 굴이라고 하였다. 후인은 태산(泰山)과 북두(北斗)[26]처럼 우러르고 경성(景星)과 위봉(威鳳)[27]처럼 바라보면서 말채찍을 잡는 마부가 되어서라도 모시기를 원하는 사람들이 얼마나 많은지 알 수 없다."

24 수레바퀴……같습니다 : 몹시 곤란한 상황에 처한 것을 비유한 말이다. 《장자(莊子)》〈외물(外物)〉에, 장자가 길을 가는데 수레바퀴 자국의 고인 물 속에서 말라 들어가며 헐떡이던 붕어가 장자에게 약간의 물만 부어 주면 살 수 있겠다고 청하자, 장자가 서강(西江)의 물을 터 주겠다고 말한 고사에서 온 말이다.

25 과(輠)를 태우는 것 : '과'는 수레에 달린 기름통인데, 기름통을 태우면 기름이 줄줄 흘러나오기 때문에 말이 막힘없이 유창하게 나오는 것을 비유한다. 《史記 孟子荀卿列傳》

26 태산(泰山)과 북두(北斗) : 세상 사람 모두가 우러러 받드는 훌륭한 사람을 말한다.

27 경성(景星)과 위봉(威鳳) : 경성은 상서로운 별이고 위봉은 위의(威儀)가 있는 봉황인데, 모두 태평한 시절에 나타난다. 걸출한 인물을 비유한다.

하였습니다. 저 역시 선생님 문하에 나아가 가르침을 받고 싶었지만 한창 대우(對偶)와 성률(聲律)의 글을 짓는 것을 배우면서 적은 녹봉을 구하고 있는지라 선생님 앞에 나아가 뵐 수 없다고 스스로 생각하였습니다. 그러나 거마(車馬) 뒤를 따라가며 멀리서라도 바라보면서 직접 뵙고 공경을 표시하기를 원한 지가 오래되었습니다.

서울에서 객지 생활을 하며 고된 학업을 힘써 닦으면서 관원이 되는 운수를 만나기를 바라고 인재들이 많은 조정의 반열에 서기를 원하여 두 번 과거 시험에 응시하였으나 연이어 급제하지 못했으니, 사마(駟馬)를 타는 관원이 되겠다는 뜻은 이미 장경(長卿)에게 부끄럽게 되었습니다.[28] 고향으로 돌아오는 날에 또 도동(道東)과 역동(易東)[29]에 대한 말을 듣지 못하고 울울하게 궁벽한 시골에 물러나 지냈습니다.

그런데 마침 점필재가 호남으로 부임해 오자 호남 사람들이 기뻐하면서 서로 말하기를 "우리 관찰사가 부임하니 후학들은 모두 출발점과 귀착점으로 삼을 곳이 생겼으며 백성들은 은택을 받을 것이다."라고 하였습니다. 이윽고 관찰사가 정사를 시행하는 명령이 호산(湖山)의 1000리 바깥까지 행해지자 곤궁한 백성들이 과연 큰 산과 깊은 골짜기

28 사마(駟馬)를……부끄럽습니다 : 최충성이 사마상여(司馬相如)처럼 공명을 이루지 못한 것이 부끄럽다는 말이다. 사마상여가 고향인 성도(成都)를 떠나 장안(長安)으로 갈 때 승선교(升仙橋)를 지나면서 그 기둥에 "사마가 끄는 수레를 타지 않고는 다시 이 다리를 건너지 않겠다.〔不乘駟馬車, 不復過此橋.〕"라고 써서 기필코 공명을 이루겠다는 포부를 밝힌 고사가 전한다. 장경(長卿)은 사마상여의 자이다. 《蒙求集註 卷下》

29 도동(道東)과 역동(易東) : 도동은 김굉필(金宏弼)이 거처했던 곳으로, 김굉필은 학문적으로 정몽주(鄭夢周), 길재(吉再), 김숙자(金叔滋), 김종직을 계승하였다. 역동은 우탁(禹倬)의 호로, 우탁은 정주학(程朱學)을 깊이 연구하여 역학(易學)에 조예가 깊었다.

에서 편안히 살 수 있게 되었습니다. 저 역시 책을 가지고 스스로 재주를 뽐냈는데, 선생께서 후학을 권장하는 도리로 자리를 내주고 칭찬을 베풀어 주셨으니, 이것이 이른바 "한번 품평을 거치면 곧 훌륭한 선비가 된다."[30]라는 것입니다. 그 이후로는 기량의 재주를 모두 버리고 문장에 크게 힘을 쓰려고 했는데, 불행하게도 하늘의 버림을 받아 정신이 달아나 인간 세상과 상관없게 된 지가 거의 한 달이 되어 갑니다. 만에 하나 요행으로 소생할 수 있게 되더라도 정신이 흐릿하고 지기(志氣)가 손상되어 장난으로 쓰는 글조차도 문장을 이룰 수 없으니, 다시는 유술(儒術)에 뜻을 둘 수 없을 것입니다.

제 처지는 만경창파의 중류에서 노를 잃어버리고 천 리 노정의 중도에서 말을 잃어버린 것과 같으니, 어진 사람의 마음을 충분히 움직일 수 있습니다. 지금 상국 선생께서 부임하매 백성들이 칭찬하는 것이 마치 점필재가 처음 부임했을 때와 같았는데, 얼마 뒤에 과연 모두 그 소망과 진실로 합치하였으니, 제가 이 때문에 호남 백성의 헤아림이 뛰어남을 스스로 자랑으로 여겼습니다.

저는 한질 때문에 비바람이 두려워 한 번도 집 밖으로 나간 적이 없었기 때문에 파리하고 병든 백성이 길거리에서 춤추는 광경을 목도하지는 못했으나 오히려 귀가 있어서 파리하고 병든 백성이 화촌(花村)에서 노래 부르는 소리를 듣고서 저도 모르게 병든 팔이 덩달아

30 한번……된다 : 이백(李白)의 〈여한형주서(與韓荊州書)〉에 "지금 천하에서는 군후를 문장의 사명과 인물의 저울이라고 여겨, 한번 품평을 거치면 곧 훌륭한 선비가 됩니다. 그런데 이제 군후께서는 어찌하여 뜰 앞의 한 자 남짓한 땅을 아껴 저로 하여금 눈썹을 치켜올리고 기운을 토하여 청운의 뜻을 펴게 하지 않는단 말입니까."라고 하였다. 《古文眞寶 後集 卷2》

덩실거렸습니다. 우와 직과 이윤이 정사를 펼쳤던 때로부터 천년 뒤에 사람을 구제하는 큰 도를 다시 보게 될 줄은 생각지도 못했습니다. 다만 괴이하게 생각되는 것은, 제가 왼쪽 팔은 중풍에 걸려 마비되고 걸음걸이는 절름발이여서 바르지 못하여 추위를 두려워하고 바람을 겁내어 깊은 움막에 머리를 움츠리고 있어서 슬픈 용모와 수척한 모습이 상국의 눈에 보이지 않기 때문에 상국의 어진 마음을 움직일 수 없을 것이라는 점입니다. 그렇다면 골짜기에 버려져 죽을 것이 분명합니다.

사람이 태어나면 반드시 죽으니 남은 목숨은 아까울 것이 없습니다. 다만 살아서는 성스러운 시대를 만나고 스스로는 어진 상국을 만났는데, 유독 의원이 적고 약이 부족하여 태평한 세상에서 일찍 죽을 것이 걱정입니다. 또 병든 백성이 호남의 외진 곳에서 슬피 부르짖는 것이 행여나 상국의 어진 명성에 해를 끼칠까 걱정입니다. 이 때문에 두려워하면서 요절할까 걱정하는 것이지 삶을 탐내는 것은 아닙니다. 제가 상국께 슬피 부르짖지 않고 궁벽한 시골에서 달갑게 죽는다면 후세의 책망이 상국께 있지 않고 저에게 있을 것입니다. 그러므로 제가 지난번에 〈급암교제개창론(汲黯矯制開倉論)〉과 〈잡설(雜說)〉 편을 지어 삼가 막비(幕裨)를 통하여 올리면서 계단 아래에서 우러러 슬픈 호소를 아뢰었습니다. 몹시 애타게 명령을 기다렸으나 답변이 이르지 않았으니, 아마도 그 말이 상국의 어진 마음을 움직이기에 부족했던 모양입니다.

다시 번거롭게 하고 싶지 않아 그만둔 지가 오래되었는데 이윽고 반복해서 생각해 보니, 상국께서는 재주는 높고 품계는 낮으나 원망하거나 탓하는 기색을 드러내지 않고 비루하고 용렬한 사람과도 마치 그림자와 메아리처럼 호응하셨습니다. 반드시 도(道)를 즐거워함이 있는 것이니 어찌 저만 유독 미워하는 것이겠습니까. 필시 문서를 바쁘게 처리하시느라 살펴볼 겨를이 없었을 것입니다. 이 때문에 비루함을 잊고 감히 식견이 뛰어난 상국을 번거롭게 하면서 어진 마음을 베풀어 주실 것을 바라는 것입니다. 어진 마음을 베푸는 것도 명(命)이고 어진 마음을 베풀지 않는 것도 명입니다. 한 번 살고 한 번 죽는 것이 모두 명에 달려 있는데 제가 어찌 기필하겠습니까. 그렇지만 감히 이렇게 구구하게 부탁하는 것은 제가 곤궁한 백성으로 함부로 유술(儒術)을 공부하다가 잘못 병에 걸리고 만 것이 상국의 어진 마음을 움직이기에 충분할까 해서입니다.

저의 목숨은 실낱처럼 위태로운데 온갖 약재를 얻지 못하고 있습니다. 중국산은 도성에서 빚을 내야 구할 수 있고 지방산 약초는 흔하지만 얻기 어렵습니다. 상공께서 공물(貢物)을 바치고 남은 약재가 관부(官府)에 즐비하게 쌓여 있을 것입니다. 만약 어진 마음을 베풀어 주시고자 한다면 한번 명령하는 데 달려 있을 뿐입니다.

사해(四海)가 나의 집안이라는 마음가짐으로 바다 모퉁이에 사는 백성의 목숨도 구제하려고 하는데, 하물며 사문(斯文)에 종사하는 후진(後進)의 선비야 말할 나위가 있겠습니까. 만약 상공께서 "많은 선비들이 왕국에 수두룩하고 만백성이 태평성대한 세상에서 즐거워하고 있는데, 오직 너 한 백성의 죽음이 지극히 잘 다스려지는 정사에 무슨 해로움이 되겠느냐."라고 말씀하신다면 저는 감히 알지 못하겠거니와, 자신이 물에 빠뜨린 것처럼 생각한 우와 자신이 굶주리게 한 것처럼 생각한 직과 자신이 골짜기 가운데로 밀어 넣은 것처럼 생각한 이윤이 어찌 만백성이 근심하고 탄식하기를 기다린 뒤에 이러한 근심을 하였겠습니까.

한 지아비라도 굶주리거나 물에 빠졌으면 다급하게 스스로 어쩔 줄을 모르듯이 하는 것은 '-원문 1자 결락-[31] 한 손가락이 아프고 가려운 것이 진실로 -원문 2자 결락- 움직이기에 충분하다.'라고 생각해서입니다. 삼가 바라건대 상국 합하께서는 잘 헤아려 살펴서 우와 직과 이윤이 사람을 구제한 도가 한갓 옛날이야기가 되지 않도록 해 주십시오.

31 원문 1자 결락 : 대본에는 '□一身比人之全體康勝'으로 되어 있다. '一身比人之全體康勝'은 원문의 문제로 번역하지 않았다.

서 序

강동으로 돌아가는 장 사인을 전송하는 것을 상정하여 지은 서문[32]

擬送張舍人歸江東序

내가 평소 옛 시대로 올라가서 옛사람을 논하여 그 시를 외우며 그 글을 읽으면서[33] 옛사람의 행실을 상고해 보니 진실로 너무나도 서로 달랐다. 백이(伯夷)는 고상하게 행동하고 멀리 피하여 마치 자신이 더러워질 것처럼 여겼으며, 이윤(伊尹)은 마음을 바꾸고 일어나서 천하를 구제하는 것을 자신의 임무로 삼았으며, 유하혜(柳下惠)는 느긋하게 남들과 함께 있으면서도 스스로 올바름을 잃지 않았다.[34] 이 세

32 강동(江東)으로……서문 : 장 사인(張舍人)은 진(晉)나라 때 강동의 오중(吳中) 사람인 장한(張翰)으로, 자는 계응(季鷹)이다. 낙양(洛陽)에서 벼슬하다가 천하가 어지러운 것을 보고 고향의 순챗국과 농어회가 생각나서 벼슬을 그만두고 고향으로 돌아갔다고 한다. 《晉書 文苑列傳 張翰》

33 위로……읽으면서 : 《맹자》 〈만장 하(萬章下)〉에 "천하의 선사와 벗하는 것으로도 부족하여 또다시 위로 올라가서 옛사람을 논하게 되는데, 그 시를 외우며 그 글을 읽으면서도 그 사람을 알지 못한다면 되겠는가. 이 때문에 그 당세를 논하는 것이니, 이는 위로 올라가서 벗하는 것이다.〔以友天下之善士爲未足, 又尙論古之人. 頌其詩, 讀其書, 不知其人, 可乎? 是以論其世也, 是尙友也.〕"라고 하였다.

사람은 똑같이 성인인데 그 행실이 다른 것은 어째서인가? 그 행실이 다른 것은 각각 뜻이 편안하게 여긴 바에서 나왔기 때문이다. 뜻이 편안하게 여긴 바가 이미 다른데 똑같이 성인이라고 말할 수 있겠는가? 내가 이에 대해 의심이 들어서 한 마을의 훌륭한 선비로부터 천하의 훌륭한 선비에 이르기까지 이에 대해 의논을 주고받지 않은 이가 없었는데 한 사람도 옛사람의 행실을 제대로 아는 자가 없었다.

내 벗 장계응(張季鷹)이 조정에서 벼슬하여 관직이 사인(舍人)에 이르렀으나 하루아침에 농어를 먹고 싶은 생각을 이겨 내지 못해 사직을 청하여 벼슬을 내놓고 강동(江東)으로 돌아가려 하자, 조정의 사대부가 모두 나와서 전송하였다. 술이 거나해지자 선생이 돌아감을 애석히 여겨 만류하려는 사람이 있었다. 그가 말하기를,

"장군(張君)이여, 장군이여. 임금의 녹을 먹으면서 그 나라를 바르게 하지 않아서야 되겠습니까. 지금 한창 융적이 중화를 어지럽히고 간신이 권세를 빼앗고 도둑질하고 있습니다. 이러한 시기는 충신과 의사(義士)가 협력하여 함께 나라를 바로잡아 구제하기를 도모할 때입니다. 그런데 어찌 스스로 자신만을 아껴 이처럼 과감하게 물러나십니까."

하였다. 선생이 말하기를,

"아닙니다. 장부(丈夫)가 이 세상에 태어나 살아가는 데 사업이 동일

34 백이(伯夷)는……않았다 : 백이는 세상이 다스려지면 나아가고 어지러워지면 물러갔으며, 이윤은 세상이 잘 다스려져도 나아가고 혼란해도 나아갔으며, 유하혜는 더러운 군주를 섬기는 것을 부끄러워하지 않고 작은 벼슬을 사양하지 않으며 나아가면 어짊을 숨기지 아니하여 반드시 그 도리대로 하고 벼슬길에서 버림을 받아도 원망하지 않고 곤궁해져도 걱정하지 않았다. 《孟子 萬章下》

하지 않고 뜻이 같지 않은 것은 진실로 당연합니다. 공자(孔子)가 '은(殷)나라에 세 분의 인자(仁者)가 있었다.'[35]라고 하였습니다. 미자(微子)와 기자(箕子)와 비간(比干)은 모두 현인이지만 누구는 떠나고 누구는 죽고 누구는 미친 척하여 행실이 서로 달랐는데, 공자가 똑같이 그들을 인자라고 한 것은 세 분의 뜻이 똑같이 천리(天理)에서 나와 사심이 없었기 때문이 아니겠습니까. 이 때문에 명주(明主)를 좌우에서 돕고 백관을 진퇴시키면서 조정 위에서 호령하고 먼 바깥 지방까지 성대히 은택을 베풀었습니다. 그리하여 천하의 백성들 중에 한 지아비도 그 은택을 입지 않는 자가 없게 한 것이 성현이 즐거워한 바입니다. 그렇지 않으면 재능을 거두어 감추고 황야에 은둔하여 배불리 먹고 따스하게 입고 지내는 여가에 본성을 기르고 산림 속에서 도를 즐겼습니다. 그리하여 명예와 영달을 구하지 않고 자신만을 선하게 한 것이 또한 성현이 편안하게 여긴 바입니다. 하지만 저는 이 가운데 진실로 한 가지도 능한 것이 없습니다.

비록 그렇지만 《주역》에 이르기를 '쓰이면 나아가 도를 행하고, 버려지면 물러나 숨는다.'라고 하였습니다.[36] 천하에 도가 있어 조정이 청명하면 띠를 두르고 머리를 묶고서 원열(鵷列)에 오리처럼 나

35 은(殷)나라에……있었다 : 《논어》 〈미자(微子)〉에 "미자는 떠나가고, 기자는 종이 되고, 비간은 간하다가 죽었다. 공자가 말하기를 '은나라에 세 명의 어진 분이 있었다.'라고 하였다.〔微子去之, 箕子爲之奴, 比干諫而死. 孔子曰: "殷有三仁焉."〕" 하였다.

36 주역에……하였습니다 : 《주역》에는 이런 내용이 보이지 않고, 《논어》 〈술이(述而)〉에 공자가 안회에게 "등용되면 나가 행하고 버려지면 물러나 숨는 일을 오직 나와 그대만이 할 수 있다.〔用之則行, 舍之則藏, 唯我與爾有是夫!〕"라고 하였는데, 이를 차용한 듯하다.

아가며[37] 관을 높게 쓰고 홀을 바르게 들고서 조양(朝陽)에 봉황이 우는 듯이 하여[38] 우리 임금을 요순(堯舜) 같은 성군(聖君)으로 만들어 무궁한 후세에 훌륭한 이름을 빛나도록 하는 것[39]이 나의 뜻입니다. 벼슬을 버리고 돌아가는 것이 어찌 나의 뜻이겠습니까. 지금의 시대가 분명 나의 뜻과 맞지 않은데 자리만 차지하고 녹만 받아먹으면서 남의 조정에 벼슬하여 도가 행해지지 않는 것이 어찌 대장부의 수치가 아니겠습니까. 물러나는 것은 요행으로 이룰 수 없습니다.

가을바람이 쌀쌀하고 찬 기운이 서늘하여 만 리 푸른 하늘에 구름 한 점 없고 푸른 강 맑은 물결은 긴 하늘과 한 빛깔입니다. 새장 속의 백한(白鷴)을 부르고 강가에서 갈매기와 짝하며 송강(松江)의 농어를 그물로 잡고 채마밭의 고채(菰菜)를 뜯으며 백주(白酒)를 손에 들고서 풍월을 읊고 맑게 흐르는 물에 임하여 시를 읊으면서 세상의 속된 잡념을 씻어 버리고 호수 사이에 비친 흰 달빛 아래에 누워 유유자적하게 행동하면서 오직 뜻대로 하고 일상생활을 하는 데에 남과 상관하지 않을 것이니, 이와 같이 한다면 은하수를 능가하

37 원열(鵷列)에 오리처럼 나아가며 : 신하로서 조정의 반열에 나아가 부지런히 직무에 종사함을 비유한다. 《통감절요(通鑑節要)》 권30 〈진기(晉紀) 안황제(安皇帝)〉에 "여러 조의 사자를 일러 '부압'이라 하였으니, 부압은 나는 것이 신속한 뜻을 취한 것이다.〔謂諸曹之使爲鳧鴨, 取其飛之迅疾也.〕"라고 하였다. 원(鵷)은 새 이름인데, 날아갈 때 순서를 지키기 때문에 원열이 질서 있는 조정의 반열을 가리키게 되었다.

38 조양(朝陽)에……하여 : 어진 인재가 때를 만나 큰일을 하는 것을 비유한다. 《시경》 〈대아(大雅) 권아(卷阿)〉에 "봉황이 우네, 저 높은 산에서. 오동이 자라네, 저 해가 뜨는 동쪽에서.〔鳳皇鳴矣, 于彼高岡. 梧桐生矣, 于彼朝陽.〕"라고 한 데서 온 말이다.

39 우리……것 : 한유(韓愈)의 〈쟁신론(爭臣論)〉에 보인다.

여 우주의 위로 초탈할 수 있을 것입니다.[40] 그러니 어찌 조정에 떼 지어 나가고 떼 지어 물러나며 어떻게 하면 부귀를 얻을까 걱정하고 얻고 나서는 행여나 잃을까 걱정하여 파리처럼 달라붙고 개처럼 꼬리 치면서 마루 위의 제비[41]가 되겠습니까. 이것이 대장부가 세상에 살아갈 때에 사업이 동일하지 않고 지취(志趣)가 각각 다르지만 그 이치를 찾아보면 하나인 이유인데, 그대는 하나를 고집하여 논하니 그릇된 것이 아니겠습니까."

하였다.

이에 선생을 만류하고자 하던 자가 끝내 머물게 할 수 없음을 알고 술잔을 잡고 말하기를,

"장군이여, 장군이여. 그 누가 작록을 사양할 수 있겠습니까. 뇌물을 공공연히 행하고 구차하게 얻으면서 나아갈 줄은 알고 물러날 줄은 몰라서 돈에 눈이 멀었다는 비난을 받는 자가 대부분인데, 그대만은 훌쩍 돌아가니 어찌 진실로 대장부가 아니겠습니까."

하니, 선생이 말하기를,

"아닙니다. 감히 스스로 작록을 사양할 수 있다고 생각해서가 아니라 뜻에 맞는 것을 귀하게 여길 뿐입니다."

하였다.

40 이와……것입니다 : 중장통(仲長統)의 〈낙지론(樂志論)〉에 보인다.

41 마루 위의 제비 : 제비가 진흙을 물고 권세가의 처마에 집을 짓는 것처럼 권세가에게 아첨하는 것을 비유한 말이다. 두보(杜甫)의 〈거의행(去矣行)〉에 "그대는 팔찌 위의 매가 한번 배부르면 곧 날아가 버리는 것을 보지 못했는가? 어찌 마루 위의 제비와 같이 진흙 물고 권세가에 붙겠는가.〔君不見鞲上鷹, 一飽則飛掣? 焉能作堂上燕, 銜泥附炎熱?〕"라고 한 데서 온 말이다. 《古文眞寶 前集 卷11》

내가 이에 선생의 말을 듣고 선생의 뜻을 장하게 여겨 성인의 행동은 똑같지 않아서 혹은 멀리 떠나 은둔하기도 하고 혹은 벼슬하여 군주 가까이 있기도 하며, 혹은 떠나기도 하고 떠나지 않기도 하지만, 결론은 그 몸을 깨끗이 하는 것일 뿐이라고[42] 생각하였다. 앞에서 이른바 '성인 가운데 청(淸)한 자와 성인 가운데 화(和)한 자와 성인 가운데 자임한 자'[43]라는 것을 내가 선생의 말을 듣고서 이해하였다. 그렇다면 선생은 그 누구와 비슷한가? 거의 출처의 도리가 알맞았던 성현의 도에 가까울 것이다. 좌중의 사람들이 각각 짧은 편을 지어서 그 앞길을 축수하기에 나 또한 선생의 말을 기록하여 서문을 지었다.

42 성인의……뿐이라고 : 《맹자》 〈만장 상(萬章上)〉에 보인다.

43 성인 가운데 청(淸)한……자 : 《맹자》 〈만장 하(萬章下)〉에 보인다.

기 記

증실기
蒸室記

병들면 치료하는 것이 인지상정이고 치료하면 낫는 것이 이치이다. 병이 들었는데도 치료하지 않거나 치료하더라도 정성스럽게 하지 않는 자는 부모가 물려준 몸을 도로에 내버리는 자일 것이다. 부지런히 치료하는데도 도리어 병세가 위독해진다면 아마도 불행한 일일 것이다. 그렇다면 누가 그 책임을 져야 하는가? 지금 내가 바로 이러한 경우에 해당한다.

나는 태어났을 때부터 세상을 경영하는 데 뜻을 두어서 열두 살이 되기 전에 형을 따라 북쪽으로 가서 서울에서 유학하였다. 두세 명과 벗을 맺어 학궁(學宮)에서 독서하였는데 문방(文房)은 서늘하고 서재(書齋)는 차가워서 구멍과 틈 사이로 들어오는 바람과 냉기가 피부와 뼈 사이로 스며들었다.

장성한 뒤에는 성현의 글을 읽고 제자백가의 책을 이해하였는데, 옛사람은 뜻이 크고 국량이 원대하여 비록 한 줌 흙과 한 덩이 돌이라도 보고서 그 기상을 기르고자 하지 않음이 없음을 알았다. 이에 개연히 이러한 점을 본받고자 하였다. 계묘년(1483, 성종14)에는 월출산(月出

山)을 유람하고 갑진년(1484)에는 용암산(湧巖山)을 유람하였다. 을사년(1485)에는 서울의 삼각산(三角山)과 백악산(白嶽山), 송도의 천마산(天磨山)과 성거산(聖居山)을 유람하였다. 병오년(1486)에는 서석산(瑞石山)을 유람하고 정미년(1487)에는 두류산(頭流山)을 유람하였다. 스승을 찾아다니고 벗을 좇아 책을 가지고 이리저리 다니며 공부하였다. 나그네로 지내는 처지가 매우 열악하여 산기운은 상쾌하였지만 안개에 젖고 바람을 맞아 한기와 습기가 누적되었다.

무신년(1488) 봄에는 또 방장산(方丈山)에 있었는데 뒤늦게 김대유(金大猷 김굉필(金宏弼)) 선생이 부친상을 당했다는 부음을 들었다. 의리상 마땅히 허겁지겁 달려가야 했기에 지극히 다급한 마음에 말을 구할 겨를도 없이 도보로 영남에 가서 곡하였는데 돌아오니 발은 부르트고 기력은 쇠진하였다. 그해에 또다시 앵월(鶯月)에는 완산(完山)을 유람하고 계하(季夏)에는 옥천(玉川)을 유람하고 맹추(孟秋)에는 설산(雪山)을 유람하였다. 힘써 제생(諸生)의 뒤를 따라 오가기만 하여 중추(仲秋)에는 창평(昌平)에서 감시(監試)에 응시하고 국추(菊秋)에는 김제(金堤)에서 문과에 응시했다.

봄부터 가을까지 동서로 돌아다닐 때에 당나귀를 타고 다니고 길가에서 밥을 지어 먹느라 잠시도 쉴 겨를이 없었다. 이로 인해 기운이 피로해져서 몰골은 삐쩍 마르고 안색은 시커멓게 변하였다. 그런데도 스스로 그만두고 쉬면서 기식(氣息)을 보양할 줄을 모르고 도리어 우물 안 개구리처럼 좁은 식견으로 함부로 과제에 급제하고자 생각하였다. 이에 친한 벗인 김자허(金子虛), 유익지(兪翼之)와 월출산의 정사(精舍)에서 학업을 연마하였는데 신부인(愼富仁), 이가수(李可售), 성방옹(成放翁)이 광산(光山)에서 연이어서 이르렀고 조카 의숙(義叔)

이 이백원(李伯元)을 이끌고 봉성(鳳城)에서 마지막으로 이르렀다. 여러 벗이 모두 모이니 뜻이 무쇠 벼루를 뚫을 정도였다.[44]

그런데도 사마광(司馬光)의 베개[45]를 경계로 삼지 못하여 손강(孫康)의 졸음을 면하지 못하였다.[46] 나는 서늘한 곳에 거처하여 지기(志氣)가 상쾌해지면 정신이 절로 또렷해져서 졸음을 피할 수 있을 것이라고 생각하여 항상 스스로 찬 자리를 차지하고 앉아 아침 일찍부터 저녁 늦게까지 기거하였는데, 바람이 불고 한기가 엄습한 탓에 기운이 또 고르지 못하여 평소 쌓인 풍(風)이 갑자기 틈을 비집고 발작하였다.

처음에는 기침만 하다가 중간에는 천식이 심해지더니 증상이 반복해서 뒤따르다 끝내는 중풍이 들어 사지가 마비되고 감각 기관이 막히고 정신까지 달아나 인간 세상과 상관없게 된 지가 거의 5, 6일이 되었

44 뜻이……정도였다 : 학문을 철저히 닦아 성취하려는 뜻을 비유한다. 오대(五代) 시대 진(晉)나라의 상유한(桑維翰)에게 어떤 사람이 진사 급제가 아니라 다른 방법으로 벼슬을 구해 보라고 말하였는데, 상유한이 무쇠 벼루를 주조하여 남에게 보이면서 말하기를 "이 벼루가 다 닳거든 마음을 바꿔 다른 방법으로 벼슬을 구하겠다."라고 한 데서 온 말이다.《新五代史 晉臣列傳 桑維翰》

45 사마광(司馬光)의 베개 : 나무를 공처럼 둥글게 깎아 만든 베개를 경침(警枕)이라고 하는데, 조금이라도 잠이 들면 경침이 굴러 움직여 곧바로 깨도록 만든 것이다. 송(宋)나라 때 사마광이 서재에 이 경침을 만들어 놓고 독서하였다고 한다.《范太史集 卷36 司馬溫公布衾銘記》

46 손강(孫康)의……못하였다 : 손강은 오대 시대 진(晉)나라 사람으로 집이 가난하여 기름을 살 수 없는 형편이라 겨울에는 눈〔雪〕에 책을 비추어 보면서 공부한 인물이다. 작자는 여기에서 손강처럼 부지런히 공부하지 못하여 졸음이 오는 것을 막을 수 없었다는 의미로 손강의 고사를 차용한 듯하다. 참고로 졸음을 쫓는 것과 관련한 고사로는, 한(漢)나라 때 손경(孫敬)이라는 인물이 항상 문을 닫고 독서하면서 졸음이 오면 끈으로 머리를 묶어 들보 위에 매달았다는 내용이 전한다.《蒙求集註 卷上》

다. 그런데 다행히 우리 형이 달려와 간호해 준 덕분에 소생할 수 있었다. 다시 천지와 일월을 보게 되니 마치 만물이 겨울이었다가 다시 봄을 만난 듯하고 해와 달이 어두워졌다가 다시 밝아진 듯하였다.

세월이 쏜살같이 흘러 문득 봄에 되자 말은 점점 어눌하게나마 할 수 있었고 눈은 점점 희미하게나마 볼 수 있었고 걸음걸이는 비록 부평초 줄기처럼 흔들렸지만 지팡이를 짚으면 걸을 수 있었으니, 수레바퀴 자국의 고인 물속에서 헐떡이는 붕어가 서강(西江)의 터진 물을 만나[47] 처음에는 기운 없이 헤엄치더니 잠시 뒤에는 기운을 되찾아 유유히 가는 것과 같을 뿐만이 아니었다. 우리 형이 또 황량한 마을의 외딴 오두막집은 의원이 드물고 약이 부족하여 치료할 방도가 없다고 여겨서 부로(府路)의 관원에게 군인을 청하여 가마를 메고서 병든 나를 실어 오게 하여 형제와 심회를 모두 풀 수 있었으니, 마치 엎어 놓은 동이 아래에서 벗어나 푸른 하늘의 밝은 햇빛을 보는 것처럼 황홀하였다. 멀고 험한 곳을 두루 돌아다녔으나 그래도 몸은 건강하여 기뻤지만 한스러운 것은 날아다니는 새가 오른쪽 날개가 부러진 것 같은 신세라는 점이다.

온갖 처방과 약재로 온 힘을 다해 치료하였으나 병이 낫지 않았다. 그런데 어떤 사람이 한증(汗蒸)을 하면 곧바로 효과를 볼 수 있을 것이라고 말하기에 나는 참으로 그럴 수도 있겠다고 생각하였다. 이에 증실(蒸室) 두 칸을 만들어 하나는 쉬는 장소로 삼고 하나는 뜨끈뜨끈하게 데우는 방으로 삼았다. 방의 네 벽에 두껍게 흙을 발라서 송곳도 들어

47 수레바퀴……만나 : 극도의 곤경에 빠진 상황에서 다시 살아남을 비유한다. 106쪽 주24 참조.

갈 틈이 없게 하고 돌을 쌓아 굴뚝을 만들고 모래와 자갈로 틈을 메우니 서너 사람이 앉을 만하였다. 땔나무를 많이 때서 극도로 뜨겁게 하고 아궁이를 막아서 증기가 새어 나가지 않도록 하였다. 그리고 굴뚝 위에 창포(菖蒲), 창이(蒼耳), 길경(桔梗), 생쑥을 쌓은 다음 물을 한 동이 쏟아붓고는 알몸으로 증실 안으로 들어가 있으니, 수증기가 연기와 안개처럼 피어오르고 응결되어 이슬이 되었다. 땀까지 흘러 음료와 비처럼 턱 아래로 흘러내리는 것이 마치 갑자기 폭우가 내릴 때 낙숫물이 쏟아지는 듯하였다.

열기가 바깥으로 거세게 뿜어져 나올 때에는 숨을 쉬는 것조차도 마음대로 할 수 없었기에 반드시 수건으로 입을 가린 뒤에야 숨통을 틔울 수 있었다. 나와 함께 그 고통을 견디는 자가 여러 사람이었는데, 잘 버티는 자는 밥 한 그릇 먹을 시간을 견뎌 냈고 잘 버티지 못하는 자는 백 보를 걸어갈 시간을 견뎌 냈고 심한 자는 잠깐의 시각조차도 참아 내지 못하였다. 나는 고통을 견딜 때에 의지할 것이 없으면 더욱 어렵겠다고 생각하여 마음속으로 한유(韓愈)의 〈원도(原道)〉 한 편을 외우는 것으로 시한을 삼았다. 거의 다 외울 즈음에 심장이 뜨거워지고 창자가 타들어 가는 듯하면 곧장 서둘러 외우고 밖으로 나와서 끓인 소금물로 몸을 씻고 솜옷을 여러 겹 껴입고 입을 헹구고 죽을 마시고서는 한동안 쉬었다가 또다시 들어갔다. 이와 같이 하기를 날마다 네다섯 번 하였다. 9일을 연이어 찌는 열기 속에서 시달렸더니 이후로 병세가 갈수록 고질이 되면 될수록 기운은 갈수록 조화를 잃었다. 병을 낫게 하려다가 병이 더욱 도지도록 도운 꼴이 되었으니, 참으로 이른바 "한갓 무익할 뿐만 아니라 또 해치게 된다."[48]라는 것이다.

일찍이 의서(醫書)를 보니, 토하고 땀 내고 설사하는 세 가지 방법이 천하에 병을 치료하는 근원을 모두 갖춘 것이었다. 무릇 증(蒸)은 땀을 내게 하는 방법이다. 땀을 내서 치료할 수 있는 것은 갑작스레 풍한(風寒)에 몸이 상하여 피부 사이에 냉기가 스며들었으나 아직 깊이 침입하지 않은 경우이지 내 병 같은 경우를 말하는 것은 아니다.

아, 의원이 3대를 계승한 경우가 아니면 그가 처방한 약을 먹지 않았으며,[49] 계강자(季康子)가 약을 보내오자 공자(孔子)는 감히 맛보지 않았다.[50] 옛사람이 병을 삼간 것이 이와 같았는데, 지금 나는 처음부터 경계하고 삼가지 못했다가 이러한 병을 점차 키운 것이다. 곁에서는 큰형이 정성스럽게 간호해 주었고 멀리서는 둘째 형이 자상하게 약을 지어 주어 부형들이 모두 염려해 주셨는데도 지금 또 잘 알지도 못하는 주변 사람들의 말을 가벼이 믿고서 옛날 병이 재발하는 것을 자초하였으니, 우리 형들에게 꾸지람을 받았을 뿐만 아니라 선현의 죄인이 되었다. 뒤늦게 후회해도 소용없기에 적어서 기문으로 삼아 부족하나마 나와 같은 후인의 경계로 삼노라.

48 한갓……된다 : 《맹자》 〈공손추 상(公孫丑上)〉에 보인다.

49 의원이……않았으며 : 《예기》 〈곡례 하(曲禮下)〉에 보인다.

50 계강자(季康子)가……않았다 : 《논어》 〈향당(鄕黨)〉에 보인다.

경려분각기
警慮焚刻記

홍치(弘治) 기유년(1489, 성종20) 겨울에 나는 상로병(霜露病)으로 봉성(鳳城)에 누워 지냈다. 추위를 두려워하고 바람을 겁내어 집 밖을 나가지 않은 채 머리를 움츠리고 적막하게 지내니, 무료하고 불평스러운 생각이 아울러 마음에 생겨나기 시작하였다. 그렇지만 밝은 해가 뜬 아침에는 동자(童子)를 불러 둘러앉아 쓸데없는 얘기로 시끄럽게 떠들다 보면 하루를 보낼 만하여 잡념이 일어날 겨를이 없었다.

장대처럼 긴 밤이 되어 모든 움직임이 다 잠잠해지고 아이들이 줄지어 잠들고 나면 나는 세월의 허무함으로 홀로 잠 못 이루니 밀려드는 잡념을 어찌 견딜 수가 있겠는가. 마음에 들던 유람이나 잡념이 없던 은거 생활, 화려한 문장, 현묘한 이학(理學), 술에 취해 시를 읊는 호방함, 곤궁하고 굶주린 나그네의 근심, 가무(歌舞)와 전투, 빈부와 귀천, 예악(禮樂)과 산수(算數), 서화와 사냥, 노름과 잡극(雜劇), 백공기예(百工技藝) 가운데 평생 동안 이미 겪었거나 아직 겪지 않은 기쁨・놀라움・분노・슬픔 등 천백 가지 잡념이 번갈아 마음에 다투어 일어나서 애타고 두렵고 혼란스럽고 괴로웠는데 앞의 염려가 끝나기도 전에 뒤의 염려가 계속해서 이르렀다. 마음은 좁쌀처럼 작은데 괴롭히는 것은 많으니 마치 큰바람이 바위 골짜기에 휘몰아치는데 연약한 풀에 붙은 먼지가 어찌할 수 없는 상황과 같았다. 병은 이 때문에 더욱 심해지고 증세는 이 때문에 더욱 심각해졌으니, 이와 같은 것이 그치지 않으면 죽을 날이 얼마 남지 않았음을 알겠다. 옛날에 병을 조섭하는 사람들 가운데 잡념을 줄이는 것을 경계로 삼지 않은 이가 없었는데, 지금 나는 이와 같으니 장차 어떻게 기운을 길러야 하겠는가?

온갖 궁리를 다하여도 잡념을 없앨 방법이 없었는데, 마음을 가라앉히고 묵묵히 생각하고서야 좋은 방책을 얻었다. 분각(焚刻)을 제작하여 경(更)마다 알리면 거의 "밤이 얼마나 되었는가."라고 하는 탄식[51]이 없을 것이라고 생각하였다. 이에 두 개의 장대를 2장(丈)쯤 되는 높이의 벽 가운데에 가설(架設)하고 그 위에 작은 판(板)을 끼우니, 길이는 1자 남짓 되고 너비는 대략 6치가 조금 더 되었다. 이를 '각판(刻板)'이라고 이름하였다. 또 굵기가 엄지손가락쯤 되는 나무를 칼로 한 면을 깎아 그 속을 비우니 모양이 쪼갠 대롱과 같았다. 길이가 또한 1자 남짓하였는데 매우 반듯하고 매끄러웠다. 이를 '각승(刻升)'이라고 이름하였다. 상수리나무와 밤나무 껍질을 주워서 찧어 채로 걸러서 가루를 만들었다. 이를 '각말(刻末)'이라고 이름하였다. 몇 치쯤 되는 판을 가져다가 자루를 만들었는데, 뾰족하면서 끝부분은 조금 넓어 모양이 작은 숟가락 같았다. 이를 '각시(刻匙)'라고 이름하였다. 그 각시로 각말을 떠서 각승에 퍼 담았다. 그리고 각승의 양쪽 머리 부분을 끌어와 각판 위에 엎어 놓고 한쪽을 밀고 두드리며 치고 다져서 단단하게 한 뒤에 각승을 제거하였다. 나머지 세 면을 모두 이와 같이 하니 구불구불 이어진 사방이 위는 뾰족하고 아래는 반반하였다. 이를 '각성(刻城)'

51 밤이……탄식 : 원래는 주(周)나라 선왕(宣王)이 정사(政事)를 보는 수고를 찬미하는 말인데, 여기서는 밤이 너무 길어 괴롭다는 의미로 사용하였다. 《시경》 〈소아(小雅) 정료(庭燎)〉에 "밤이 얼마나 되었는가? 한밤중도 아니 되었으나, 정료가 환히 빛나도다.〔夜如何其? 夜未央, 庭燎之光.〕"라고 하였다.

이라고 이름하였다.

이에 오경(五更)으로 나누고 각각 경 머리의 안쪽에 대못을 1치쯤 박았다. 또 점토로 탄환 15개를 빚고 실로 탄환을 그물처럼 감싼 다음에 못의 머리에 씌워서 탄환을 각판 아래로 늘어뜨렸다. 초경(初更)에는 하나를 매달고 경마다 탄환 한 개씩 더하니 경과 탄환 수가 일치하였다.

초저녁에 각성에다 불을 붙이면 각성이 타들어 가 뾰족해져서 탄환의 끈과 이어져 맞닿는다. 그러므로 불타는 것이 초경에 이르면 끈이 타서 탄환이 떨어지니, 경마다 모두 이와 같을 뿐이다. 그 아래에 판 하나를 매다니 모양이 마치 됫박 같은데 한쪽 모서리를 비스듬하고 뾰족하게 하니 크기, 길이, 너비가 각판보다 1치가 더 되었다. 이를 '환두(丸斗)'라고 이름하였다. 환두 머리 부분을 조금 쳐들면 꼬리 부분은 점차 낮아지는데, 낮은 꼬리 끝부분에 구멍 하나를 뚫고 죽통(竹筒)을 연결하였다. 죽통의 크기는 한 아름이고 길이는 거의 6자였다. 꼬리 부분은 서쪽으로 -원문 1자 결락- 동쪽으로 갔다가 또 이리저리 돌아 꺾여 서쪽으로 돌아온다. 모두 세 번 꺾어 가로로 매달았는데 한 마디 사이가 □, □자이다. 이를 '환도(丸途)'라고 이름하였다.

탄환의 끈이 타면 끊어져 탄환이 환두에 떨어지고 튀어 오르면서 환도를 따라간다. 이리저리 돌다가 빠르게 굴러 내려가면서 쨍그랑, 땅땅 소리가 나는데 들을 만하였다. 마지막으로 떨어질 때에 놋그릇으로 받으면 쟁쟁 금옥 소리를 내면서 소리를 거두어들였다. 그 소리는 크고 멀리까지 울렸고 남은 소리는 맑고 길게 이어져 조화롭고 제소리를 내었으니, 마치 가을 매미가 울 때 처음에는 시끄럽다가 마지막에는 가늘어져서 구슬프게 실낱처럼 끊어지지 않고 다시 이어져 여운이 남는 것 같았다. 한밤중이 지나 새벽이 오려 할 때는 네 개의 탄환과 다섯 개의 탄환이 줄줄이 환도에 떨어지며 계속해서 놋그릇을 쳤는데, 쨍그랑거리는 소리가 귀에서 끊이지 않으니 깊은 수심을 깨뜨리고 온갖 잡념을 쫓아 버릴 만하였다. 생각과 염려가 없어지니 마음이 저절로 또렷해져서 병을 조섭할 수 있었다. 그렇다면 마땅히 이것들을 합하여 이름하기를 '경려분각(警慮焚刻)'이라고 해야 한다.

아, 이 경려분각은 병든 자와 떠도는 나그네가 근심하고 있는 곳에 가장 알맞을 것이고 독서하고 수련하는 선비에게도 합당할 것이다. 나 또한 글 읽는 서생으로서 전에는 생각이 여기에 미칠 겨를이 없었으니, 가령 내가 우환에 처하지 않았다면 이 경려분각을 제작하였을지를 또한 기필할 수 없다. 내가 이에 기문을 지어 기록하여 지금의 심한 곤궁을 드러내고 훗날 완쾌의 -원문이 빠진 듯하다.- 훗날 이 글을 보는 사람의 -원문이 빠진 듯하다.- 이것으로 갈음한다.

묘지 墓誌

제왕 전횡의 묘지를 상정하여 짓다[52]

擬齊王田横墓誌

공은 휘는 횡(横)이고, 성은 전씨(田氏)이다. 그 선조 전화(田和)가 제(齊)나라를 섬기면서 권력을 전횡하여 끝내 삼진(三晉)의 일[53]을 행하였는데, 다섯 세대째에 이르러 진(秦)나라에 병탄되었다. 호걸들이 봉기하여 사방 변방에서 전쟁을 일으키자 전담(田儋)과 전영(田榮)[54]이 제나라의 종족으로서 그 나라를 회복하고자 하였으나 성공하지 못하였다. 공 또한 제나라 전씨의 후손이기에 나라를 회복하는 데 뜻이

52 제왕(齊王)……짓다 : 한유(韓愈)의 〈제전횡묘문(祭田横墓文)〉을 본떠 지은 듯하다. 전횡(田横)은 제나라 왕 전영(田榮)의 아우이다. 전영이 항우(項羽)의 공격으로 죽자 패잔병들을 다시 모아 항우에 맞서는 한편 전영의 아들 전광(田廣)을 제왕으로 세웠다. 《史記 田儋列傳》

53 삼진(三晉)의 일 : 춘추 시대 진(晉)나라가 세 대부에 의해 위(魏), 한(韓), 조(趙)로 삼분(三分)된 것을 말한다. 여기서는 제나라가 전화에게 정권을 빼앗겨 전씨 집안의 제나라가 된 것을 가리킨다. 《史記 田敬仲完世家》

54 전담(田儋)과 전영(田榮) : 전담은 전횡의 종형으로 진(秦)나라 말기에 제나라를 재건하고 왕이 되었으나 진나라에 패하여 죽었다. 전영은 전담이 죽은 뒤에 전담의 아들 전시(田市)를 세워 제나라를 평정하였다. 《史記 田儋列傳》

없을 수 없어서 전담을 이어 왕이 되어 전장에서 여러 해 동안 어려움을 겪었다.

용이 패상(沛上)에서 일어나서 구름이 미앙궁(未央宮)에 드리우자[55] 천하의 백성들이 한(漢)나라에 통일되었다. 공은 제나라의 전씨인데 이미 나라를 회복하지 못하였고 또 그 허물이 자기에게 미칠 것을 걱정하였다. 그러므로 한나라 곡식을 먹지 않고 바닷가로 도망가니 천하의 선비들이 그 소식을 듣고 감동하여 말하기를 "공은 의로운 사람이니 놓쳐서는 안 된다."라고 하고 그를 따르는 자가 시장에 가득 많았으니, 의사(義士)가 실로 500명이었다.

천자가 그 행의(行誼)를 가상히 여겨 사자(使者)를 보내 부르며 말하기를 "공이 오면 크게는 왕을 시킬 것이고 작게는 후(侯)를 시킬 것이지만, 오지 않으면 장차 군사를 일으켜 죽이겠다."라고 하였다. 공은 힘이 넉넉하지 못하였기에 조서(詔書)에 응해 웅장한 중원(中原)에 와 보니, 옛날 제나라의 빈터는 피와 기장이 무성하고 지금 한나라의 도성은 문물이 찬란하였다. 공이 이에 검을 뽑아 땅을 찍으며 분연히 탄식하여 말하기를,

"제나라 자손이 그 수가 억(億)을 넘는데 제나라 땅을 회복하지 못하여 끝내 한나라 소유가 되었으니 애석하구나. 저 유방(劉邦)도 장부이며 나도 장부인데 그는 포의(布衣)의 신분으로 일어나 삼척(三尺)

55 용이……드리우자 : 용과 구름은 천자(天子)의 상징으로 한나라 고조(高祖)가 왕업을 일으킨 것을 비유한다. 한나라 고조는 패현(沛縣)에서 일어났으며 천자가 되기 전에 망산(芒山)과 탕산(碭山)에 숨어 있을 때 그가 가는 곳마다 구름이 떠 있었다고 한다. 미앙궁은 한나라 고조가 건립한 궁전이다. 《史記 高祖本紀》

의 검을 쥐고서[56] 진나라를 주벌하고 항우(項羽)를 베어 죽여 천하를 호령하고 있다. 그런데 나는 제나라 전씨의 후손으로 옛 나라를 회복하지 못하여 천하에 서 있을 면목이 없는데 도리어 그에게 겁박을 당하여 마음을 굽히고 뜻을 억누른다면 어찌 대장부의 절개이겠는가. 하물며 황제의 자리가 비었을 때에 그와 내가 함께 서서 황제의 자리를 다툰 것은 군신의 구분이 아직 정해지지 않아서였다. 그런데 지금 내가 절개를 굽혀 그를 따른다면 이익을 추구하는 자라는 혐의를 받지 않겠는가. 의로움을 잊고 이익을 추구하는 것을 나는 차마 하지 못하겠다."

하고, 마침내 스스로 목을 찔러 죽었다.

500명의 의사가 뒤따라오다가 공이 죽었다는 소식을 듣고 감개하고 비통해하면서 멀리 황성(皇城)을 바라보니, 예전에 전장에서 작전의 큰 틀을 계획하고 지휘하던 자는 땅을 나누어 받아 봉해졌고, 예전에 전장에서 말이 땀을 흘릴 정도로 애쓰고 고생하던 자는 인끈을 차고 후(侯)가 되었으며, 수많은 벼슬아치들이 모두 옛날에 전장에서 상처 입고 살아남은 병졸들이었다. 이에 500명의 의사가 서로 의논하거나 상의하지도 않고 한목소리로 탄식하며 말하기를,

"한나라의 삼걸(三傑)[57]도 오히려 그 임금을 도와 천하에 드러내어

56 포의(布衣)의……쥐고서 : 한나라 고조가 천하를 통일한 뒤에 "내가 포의의 신분으로 삼척의 검을 쥐고서 천하를 차지했으니, 이것이 천명이 아니겠는가.〔吾以布衣提三尺劍, 取天下, 此非天命乎?〕"라고 하였다. 《史記 高祖本紀》

57 한나라의 삼걸(三傑) : 고조가 천하를 통일하는 데 가장 큰 공을 세운 장량(張良), 한신(韓信), 소하(蕭何)를 가리킨다. 고조가 천하를 통일하고 나서 이들에 대해 "이 세 사람은 모두 걸출한 인물이다."라고 하였다. 《史記 高祖本紀》

후세에 전할 만하게 하였다. 또 그 자신들의 공로는 한 시대에 덮이게 하고 명성은 만세에 드리우게 해서 편안하고 풍요로우며 존귀하고 영화롭게 되었다. 하물며 우리 500명의 의사 중에는 삼걸처럼 뛰어난 인물이 많은데 그 주인을 천하의 임금으로 만들지 못하였다. 일을 이미 이루지도 못하고 도리어 그 주인으로 하여금 스스로 도랑에서 목매어 죽게 하였는데도 아무도 몰랐으니, 이것이 어찌 대장부의 의리이겠는가. 사람으로서 의리가 없으면 죽지 않고 무엇을 기다리겠는가. 공이 이미 돌아가셨으니 우리들이 산들 무엇이 영화롭겠는가."

하고 서로 마주 보며 목소리가 안 나올 만큼 통곡한 뒤에 모두 스스로 무덤 앞에서 자결하였다.

아, 공이 의사를 얻은 것이 이와 같고 의사가 공에게 복종한 것이 이와 같았다. 천하도 얻을 수 있고 사방 오랑캐도 평정할 수 있지만 필부(匹夫)와 필부(匹婦)의 마음을 얻을 수 없는데 하물며 500사람의 마음이겠는가. 의사가 공에게 복종한 것으로 공에게 높은 의리가 있음을 알 수 있으며, 공의 높은 의리로 의사가 공에게 복종한 이유를 알 수 있다. 그렇지 않다면 공은 후손이 없어서 의지할 만한 기세도 없고 의탁할 만한 자손도 없는데 죽음으로써 서로 따르기를 이와 같이 할 수 있겠는가. 천자가 그 소식을 듣고 감동하여 왕의 예로 그 언덕에 장사 지내 주었다. 내가 이에 비석에 새겨 기록하노라.

소 疏

무씨를 황후로 세우는 것에 대해 저수량이 간언하는 것을 상정하여 지은 소[58]

擬褚遂良諫立武氏爲后疏

신 아무개는 참으로 황공하고 두려워 절하고 머리를 조아립니다. 삼가 듣건대 폐하께서 황후를 폐하고 무씨(武氏)를 세우려 한다고 하니 신은 감개를 이기지 못하고 두려움을 감당할 수 없습니다. 신이 분수에 지나친 말로 용안(龍顔)을 함부로 범하니, 참으로 만번 죽어 마땅한 죄인 줄로 압니다. 그러나 일개 신하의 목숨은 아까울 것이 없지만 삼강(三綱)의 도는 바로잡지 않을 수 없으므로 감히 분수에 지나친 말을 올려 성상께서 마음을 돌리시기를 바랍니다.

신은 듣건대 《시경》에 "과처(寡妻)에게 모범이 되어 형제에까지 덕이 미쳐서 집안과 나라를 다스렸다."[59]라고 하고, 전(傳)에 "그 나라를

58 무씨(武氏)를……소(疏) : 당(唐)나라 고종(高宗)이 황후 왕씨(王氏)를 폐하고 소의(昭儀) 무씨를 황후로 세우려 하자 저수량(褚遂良)이 반대하면서 간언하는 내용을 상정하여 지은 것이다. 저수량은 태종(太宗) 때 간의대부(諫議大夫)를 지내면서 수십 차례 글을 올렸으며, 고종이 무씨를 황후로 삼는 것에 반대하다가 애주 자사(愛州刺史)로 폄직되었다. 《通鑑節要 卷39 唐紀 高宗》《舊唐書 褚遂良列傳》

다스리고자 하는 자는 먼저 그 집안을 가지런히 하고, 그 집안을 가지런히 하고자 하는 자는 먼저 그 몸을 닦는다."라고 하였습니다. 신은 천하의 근본은 나라에 있고 나라의 근본은 집안에 있고 집안의 근본은 몸에 있다고 생각합니다. 몸이 닦이지 않으면 도(道)가 처자식에게 행해지지 않으므로 "집안의 근본은 몸에 있다."라고 말하는 것입니다. 한 집안이 사모하는 바를 온 나라가 사모하고 온 나라가 사모하는 바를 천하가 사모하므로 "천하의 근본은 나라에 있고 나라의 근본은 집안에 있다."라고 말하는 것입니다.

대개 마음이 바르면 몸이 닦이고, 몸이 닦이면 집안이 가지런해지고, 집안이 가지런해지면 나라가 다스려지고, 나라가 다스려지면 먼 사이(四夷)와 수많은 백성을 손바닥에 놓고 움직일 수 있을 정도로 다스리기 쉬워집니다. 그렇지 않으면 비록 친척일지라도 배반하는 자가 있을 것이니, 요(堯) 임금이 순(舜)을 시험해 보고자 하여 먼저 두 딸을 시집보낸 것은 진실로 이 때문입니다.[60] 대개 요 임금은 마음으로 '부부는 기미(幾微)가 일어나는 때이고 백성의 시초이니, 만일 여기에서 도리를 이루지 못하면 그 나머지는 볼 것이 없다.'라고 생각하신 것입니다. 성인이 천하에 대해서 진실로 마음을 쓰지 않는 바가 없으나 반드시 부부를 우선시한 것은 부부의 도리가 바르게 된 뒤에 부자의 도리가 친근해지고 부자가 친근해진 뒤에 군신의 의리와 장유의 차례가 이로부터 바르게 되기 때문이니, 부부 사이가 어찌 우연이겠습니까.

59 과처(寡妻)에게……다스린다 : 《시경》 〈대아(大雅) 사재(思齊)〉에 보인다.

60 요(堯)……때문입니다 : 요 임금이 자신의 두 딸을 순에게 시집보내어 가장 가까운 부부 사이의 도리에서부터 집안을 다스리는 법도를 살펴보려고 한 것을 말한다.

옛날 수(隋)나라가 쇠약해지매 삼강이 이미 무너지고 구법(九法)이 또 무너져 천하가 어두워 갈 곳을 알지 못했습니다. 그런데 오직 우리 태조황제(太祖皇帝 이호(李虎))께서는 무용으로 천하를 씻어 내고 태종황제(太宗皇帝 이세민(李世民))께서는 문덕으로 천하를 안정시키셨으니, 하늘의 뜻에 순응하고 백성의 마음을 따르며 난리를 평정하고 바른 데로 돌린 공이 탕왕(湯王)과 무왕(武王)보다 현저히 빛나지 않겠습니까. 그렇지만 전쟁으로 다친 사람들이 아직 일어나지 못하여 예악을 행할 겨를이 없어서 사방이 보고서 교화되고 만민이 취하여 법칙으로 삼을 도를 폐하에게 남겨 주셨습니다. 이는 그야말로 마음을 바르게 하여 몸을 바르게 하고 몸을 바르게 하여 집안을 바르게 하고 집안을 바르게 하여 조정을 바르게 하고 조정을 바르게 하여 만민을 바르게 할 시기입니다. 그런데 폐하께서는 어찌 여기에 마음을 움직이지 않으십니까. 만민을 바르게 하고자 하면서 그 집안을 우선시하지 않으시니, 근원을 흐려 놓고 하류가 맑아지기를 바라는 것과 같습니다. 폐하께서는 어찌 〈소반(小弁)〉의 원망[61]을 생각하지 않으십니까.

황후에게 비록 내쫓을 만한 도리가 있어 진실로 내쫓아야 하더라도 무씨는 또한 세워서는 안 됩니다. 무씨가 선제(先帝)를 섬겼던 것은 여러 사람이 다 아는 것이라서 머리를 기르게[62] 해서는 안 되는데, 하물

61 소반(小弁)의 원망 : 〈소반〉은 《시경》 〈소아(小雅)〉의 편명으로, 주(周)나라 유왕(幽王)이 신후(申后)에게 장가들어 태자(太子) 의구(宜臼)를 낳고, 이후 다시 포사(褒姒)에게 장가들어 아들 백복(伯服)을 낳은 다음에는 정비(正妃)인 신후와 태자인 의구를 내쫓은 것을 의구가 원망하여 지은 시이다. 여기서는 고종이 왕씨를 내쫓고 무씨를 황후로 세우려는 것이 잘못임을 가리켜 말한 것이다.

62 머리를 기르게 : 당나라 태종(太宗) 때에 무씨가 재인으로 선발되었는데 태종이

며 후궁으로 들일 수 있겠습니까. 후궁으로 들여서도 안 되는데 하물며 황후로 삼을 수 있겠습니까. 공자(孔子)가 "두 성(姓)의 친함을 합하여 종묘(宗廟)를 받드니 또한 중요하지 않겠는가."[63]라고 하였고, 혼례(婚禮)에 또 "재계(齋戒)하여 귀신에게 고한다."[64]라고 하였으니, 여기서 귀신이란 종묘를 말합니다. 지금 폐하께서 무씨를 세우고자 하신다면 마땅히 종묘에 고해야 합니다. 선제의 영령이 성대하게 좌우에 계신 듯한데, 폐하께서는 무슨 면목으로 고할 것입니까. 선제의 재인(才人)을 폐하의 황후로 삼고서 선제의 영령에 고한다면 폐하께서는 비록 부끄러워하지 않더라도 구천에 계신 선제의 영령은 오히려 '아들다운 아들을 두었다.'라고 하겠습니까. 《예기(禮記)》에 "아버지가 돌아가신 뒤에 아버지가 읽던 책을 읽지 못하는 것은 수택(手澤)이 남아 있기 때문이다."[65]라고 하였으며, 증자(曾子)가 양조(羊棗)를 먹지 않았던 것[66]은 차마 먹지 못했기 때문입니다. 하물며 아버지가 데리고 살던

죽자 머리를 깎고 비구니가 되었다. 이후 고종이 무씨를 후궁으로 삼고자 하였기 때문에 다시 머리를 기르게 한다고 말한 것이다. 《舊唐書 則天皇后本紀》

63 두……않겠는가 : 《예기(禮記)》 〈혼의(昏義)〉에 "혼례란 장차 두 성의 우호(友好)를 합하여 위로는 종묘를 섬기고 아래로는 후세를 잇는 것이다. 그러므로 군자가 중히 여긴다.〔昏禮者, 將合二姓之好, 上以事宗廟而下以繼後世也. 故君子重之.〕"라고 하였다.

64 혼례(婚禮)에……고한다 : 《예기》 〈곡례 상(曲禮上)〉에 보인다.

65 아버지가 돌아가신……때문이다 : 《예기》 〈옥조(玉藻)〉에 "아버지가 돌아가신 뒤에 아버지가 읽던 책을 읽지 못하는 것은 수택이 남아 있기 때문이고, 어머니가 돌아가신 뒤에 어머니가 쓰던 그릇으로 마시지 못하는 것은 구택이 남아 있기 때문이다.〔父沒而不能讀父之書, 手澤存焉爾; 母沒而杯圈不能飮焉, 口澤之氣存焉爾.〕"라고 하였다.

66 증자(曾子)가……것 : 돌아가신 아버지를 그리워하는 것을 말한다. 증자의 아버지

사람을 데려다 자기의 잠자리를 시중들게 하는 것이겠습니까. 선제의 조정을 기준으로 보면 폐하의 입장에서 무씨는 서모(庶母)가 되고 무씨의 입장에서 폐하는 적자(嫡子)가 됩니다. 아들과 어머니 사이는 지극히 친하고 존귀한데 지금 선제께서 돌아가시자 무씨로 하여금 한 침상에서 모시게 한다면 서로 보는 것이 어떻겠습니까.

옛날 우리 태조께서 의병을 일으킬 때 수나라의 사녀(士女)가 대바구니에 밥을 담고 병에 음료를 담아서 왕의 군대를 맞이한 것이 어찌 다른 이유가 있었겠습니까. 삼강이 무너짐을 개탄하여 옛것을 고쳐서 다시 시작하는 교화를 보고 싶어서였는데, 지금 폐하의 삼강의 도가 이와 같으니 천하의 백성들이 의당 무엇을 본받아 지키겠습니까. 이적(李勣)이 말하기를 "이는 폐하의 집안일이니 어찌 외부 사람에게 다시 물을 필요가 있겠습니까."라고 하였습니다.[67] 아, 집안일을 조정에서 논할 필요가 없다면 무슨 일을 조정에서 논의할 만하겠습니까.

천자가 북쪽의 호(胡)부터 남쪽의 월(越)까지를 한집안으로 여기니, 천자는 천하의 아버지이고 황후는 천하의 어머니입니다. 천하는 곧 천자의 집이고 곧 조종(祖宗)의 귀중한 기물이며 황후를 세우는 것은 천하의 대사(大事)이고 부자와 부부 관계는 천하의 대도(大道)이니, 조종의 귀중한 기물을 차지하고 천하의 대사를 행함에 감히 천하의 대도를 돌아보지 않을 수 있겠습니까. 천하의 일이 이보다 중요한 것이

증석(曾晳)이 생전에 대추를 좋아했는데 증자는 증석이 죽은 뒤에 대추를 보면 증석이 생각나서 차마 먹지 못했다고 한다. 《孟子 盡心下》

67 이적(李勣)이……하였습니다 : 당나라 고종이 무씨를 황후로 세우려 하자 저수량이 반대하였다. 이에 고종이 이 일에 대해 이적에게 물었는데, 이적이 이와 같이 대답하였다. 《通鑑節要 卷39 唐紀 高宗》

없는데 "집안일이니 어찌 외부 사람에게 다시 물을 필요가 있겠습니까."라고 말한다면 신은 조정에 의논할 만한 일이 하나도 없을 것이라고 생각합니다.

이적이 불가함을 모르는 것은 아니었지만 폐하께 아부하고 싶었기 때문에 그 말이 이와 같았습니다. 선제께서 이적을 어린 아들을 맡길 만하다고 여겼기 때문에 그에게 폐하를 부탁한 것인데, 사람을 알기 어려우니 애석합니다. 선제께서 어찌 이적의 말이 이와 같은 데에 이를 줄 생각이나 했겠습니까. 폐하께서는 요순의 자질이 있으시고 이적은 유명(遺命)을 받은 대신(大臣)이니, 마땅히 임금의 마음을 바로잡아 임금을 요순 같은 성군으로 만들어야 하는데, 도리어 폐하를 인륜을 어지럽히는 길로 인도하였습니다.

신은 원하노니, 이적을 참수하여 위로는 종묘에 아뢰고 아래로는 군민(軍民)에게 보이소서. 그렇게 하신다면 삼강을 바로잡을 수 있고 사방의 오랑캐를 복종시킬 수 있을 것이니, 신은 아첨하려는 뜻이 없습니다. 그렇지 않으면 간신이 다투어 나아와 아첨할 것이니 폐하께서 누구와 지위를 함께하겠습니까. 간신을 징계하지 않으면 어진 선비가 나오지 않고, 어진 선비가 나오지 않으면 조정을 어떻게 바로잡을 수 있겠습니까. 반드시 강상이 전도되고 상하가 어그러져 명분이 문란해질 것입니다. 공자가 이것을 걱정하여 먼저 명분을 바로잡고자 하면서 말하기를 "명분이 바르지 못하면 말이 순조롭지 못하고 일이 이루어지지 못하니 백성들이 손발을 둘 곳이 없게 된다."라고 하였습니다. 신은 오늘날의 명분이 바르다고 할 수 있을지 모르겠습니다.

무씨는 폐하께 서모가 되는데 지금 장차 황후로 삼으시려고 합니다. 예(禮)에 서모에 대한 상례(喪禮)가 있는데 만약 무씨가 하루아침에 죽는다면 신은 모르겠습니다만, 폐하께서는 모상(母喪)으로 명명하시겠습니까, 후상(后喪)으로 명명하시겠습니까? 명분이 마침내 이러한 지경에 이른다면 백성들이 어디에 손발을 둘 수 있겠습니까. 공자가 오늘날 태어났다면 명분을 바로잡고자 하였을 것이니 어찌 우연이겠습니까.

폐하께서는 공자의 말을 기꺼이 쓰려고 하실지 모르겠습니다. 공자의 말을 쓰지 않는다면 그만이겠지만 만약 공자를 쓸 만한 사람이라고 여기신다면 신이 말한 것은 모두 공자의 책에서 나온 것입니다. 시서(詩書)와 경전은 모두 공자의 문도가 정한 것이기 때문에 신이 일찍이 그 책을 읽고 그 자취를 궁구하였는데, 하(夏)나라는 말희(妺喜) 때문에 망하였고[68] 상(商)나라는 달기(妲己) 때문에 기울었으며[69] 혁혁한 종주(宗周)를 포사(褒姒)가 멸망시켰습니다.[70] 무릇 전 시대의 왕 중에 여색 때문에 나라를 망친 자로 걸주(桀紂)와 유려(幽厲)[71]만 한 이들이 없었습니다만, 또한 명분이 오늘날 같은 경우가 있었다는 것은 듣지

68 하(夏)나라는……망하였고 : 하나라 걸왕(桀王)의 비(妃) 말희가 매우 미색이 뛰어나서 걸왕이 밤낮으로 그녀와 함께 음주하고 정사를 돌보지 않아 나라가 망하였다. 《十八史略 卷1 夏后氏》

69 상(商)나라는……기울었으며 : 상나라 주왕(紂王)이 달기를 총애하고 주색에 빠져 폭정을 일삼아 나라가 기울었다. 《十八史略 卷1 殷》

70 혁혁한……멸망시켰습니다 : 주나라 유왕이 포사를 총애하여 나라가 멸망하는 지경까지 이르게 된 것을 말한다. 《시경》 〈소아(小雅) 정월(正月)〉에 "혁혁한 종주를 포사가 멸망시키리로다.〔赫赫宗周, 褒姒烕之.〕"라고 하였다.

71 걸주(桀紂)와 유려(幽厲) : 걸(桀)은 중국 하(夏)나라의 마지막 왕이며, 주(紂)는 은(殷)나라의 마지막 왕이며, 유(幽)와 여(厲)는 주나라의 왕이다. 이들은 모두 포악하고 무도하여 나라를 망친 군주이다.

못하였습니다. 전(傳)에 이르기를 "삼대(三代)의 상(庠), 서(序), 학(學), 교(校)는 모두 인륜을 밝히기 위한 기관이다."[72]라고 하였습니다. 이 때문에 대순(大舜)의 덕을 찬미하는 자는 반드시 두 왕비(아황(娥皇)과 여영(女英))를 칭찬하고 문왕(文王)의 교화를 칭찬하는 자는 반드시 〈관저(關雎)〉[73]를 찬미하였습니다. 대순과 문왕의 정치가 지극하고 극진하였는데도 또한 반드시 집안의 법도를 바르게 하는 것에서 시작하였습니다.

아, 흥망치란(興亡治亂)의 자취를 분명하게 상고할 수 있으니, 흥성한 이유는 집안의 법도를 바르게 하였기 때문이고 패망한 이유 또한 집안의 법도를 잃었기 때문입니다. 이것이 어찌 나라의 근본이 집안에 있는 것이 아니겠습니까. 성현들이 경전에 굳이 이것을 실은 것은 후세 사람들로 하여금 선택할 바를 알아 따르게 하고자 해서입니다. 그런데 후세의 임금이 된 자가 독서를 하고서도 이러한 데에 이르니 어찌 한심하지 않겠습니까. 하나라와 상나라가 쇠하매 여융(女戎)[74]이 화를 일으켰으니 비록 명분을 간범(干犯)하는 데까지는 이르지 않았으나 그 나라를 망하게 하는 데에는 충분하였습니다. 하물며 명분이 문란한 경우

72 삼대(三代)……기관이다 : 《맹자》 〈등문공 상(滕文公上)〉에 "하나라에서는 '교'라고 하고 은나라에서는 '서'라고 하고 주나라에서는 '상'이라고 하였으며 '학'은 세 나라에 모두 있었는데, 이는 모두 인륜을 밝히기 위한 기관이었다.〔夏曰校, 殷曰序, 周曰庠, 學則三代共之, 皆所以明人倫也.〕"라고 하였다.

73 관저(關雎) : 《시경》 〈주남(周南)〉의 편명으로, 주나라 문왕(文王)의 후비(后妃)가 갖춘 성덕(盛德)을 노래한 것이다.

74 여융(女戎) : 여화(女禍)와 같은 말로 여자에 의해 빚어지는 환난이 군대가 일으키는 전쟁과 같다는 뜻이다.

이겠습니까.

조종(祖宗)이 몸소 갑옷을 입고 직접 화살과 돌을 무릅쓰면서 억만 년의 왕업을 창시하였습니다. 그런데 폐하에 이르러 선왕의 도로 지키지 않으니 이는 천하를 버리는 것입니다. 하늘에 계시는 조종의 영령이 기꺼이 “자손이 있으니 이 집을 짓고 당의 터도 만들려고 할 것이다.”라고 말하겠습니까. 사관(史官)이 정직함을 굳게 지켜 임금이 행한 일을 반드시 기록할 것입니다. 폐하께서는 대순과 문왕의 역사를 읽으실 적에 어떤 마음이 들었으며 걸왕과 주왕의 역사를 읽으실 적에 또 어떤 마음이 드셨습니까. 오늘날의 일 중에 기뻐할 만하고 놀랄 만한 것이 모두 후세에 전해져서 후세 사람들이 지금을 보는 것이 지금 우리가 옛날을 보는 것과 같을 것이니 두려워하지 않을 수 있겠습니까.

삼가 바라건대 폐하께서는 전대의 자취를 거울삼으시고 후세의 비난을 두려워하여 결연히 결단하소서. 그리하신다면 지난날의 허물이 마치 일식과 월식처럼 환히 드러나는지라 과실을 고침에 미쳐서는 백성들이 모두 우러러볼 것입니다. 삼강이 환하게 빛나고 예악이 질서정연하게 문채가 있으면 대순과 문왕의 정치가 아름다움을 독차지하지 못할 뿐만이 아닐 것이니, 앞의 성인과 뒤의 성인을 헤아려 보면 행한 도가 똑같습니다. 삼가 의견을 받아 주시기를 바랍니다. 신은 참으로 만번 죽어 마땅한 죄인 줄을 알지만 어찌 일신을 아껴 삼강이 무너지는 것을 좌시하겠습니까. 신 아무개는 절하고 머리를 조아립니다.

전 傳

산당서객전
山堂書客傳

서생(書生)은 어떤 사람인지 모른다. 성명을 알 수 없고, 본관을 알기 어렵고, 또 어디에서 왔는지도 알 수 없다. 그는 산당(山堂)에 있으면서 독서를 업(業)으로 삼고 봉액(縫掖)의 옷을 입고 장보(章甫)의 관을 써서[75] 거의 유자(儒者)의 기상이 있었다. 그러므로 산당서객(山堂書客)이라 자호(自號)하였다.

그 사람됨은 성품이 담박함을 좋아하여 부화함을 좋아하는 마음이 전혀 없었으니, 사람들이 자신을 칭찬하더라도 기뻐하지 않고 사람들이 자신을 비난하더라도 근심하지 않으며, 영욕으로 인해 기쁨과 노여움을 안색에 드러내지 않고 득실에 얽매여 마음에 근심하고 즐거워하지 않았으며, 남이 알아주기를 구하지도 않고 이름이 드러나기를 구하

75 봉액(縫掖)의……써서 : '봉액의 옷'은 소매 밑에서부터 봉합한 옷이고 '장보(章甫)의 관'은 은(殷)나라 이후로 쓰던 관의 종류로, 이는 선비의 의관(衣冠)을 의미한다. 《예기(禮記)》 〈유행(儒行)〉에 공자(孔子)가 "저는 어려서 노나라에 살 때에는 봉액의 옷을 입었고, 장성하여 송나라에 살 때에는 장보의 관을 썼습니다.〔丘少居魯, 衣縫掖之衣; 長居宋, 冠章甫之冠.〕"라고 한 데서 온 말이다.

지도 않았다. 그러므로 일찍이 고시(古詩)를 즐겨 읊기를 "나를 충분하다고 여기는 이 적음을 스스로 아니 참으로 가소로우나, 그래도 안자(顔子)의 단표(簞瓢)가 있어 일미가 유장하도다.〔自知寡足眞堪笑 賴有顔瓢一味長〕"[76]라고 하였다.

그가 양진(養眞)하는 것으로 말하면, 베옷은 온갖 군데 기운 것을 입고 명아줏국 한 사발을 먹으며, 한 대그릇의 밥과 한 표주박의 물을 얻으면 배불리 먹고 겨울에는 갖옷 한 벌과 여름에는 갈옷 한 벌을 얻으면 입어서, 굶주림과 갈증 때문에 구차하게 남에게 얻지를 않았고 곤궁하다고 해서 처음 먹었던 마음을 바꾸지도 않고 굶주림과 추위를 참으면서도 강독하기를 그만두지 않았다. 그러므로 일찍이 고시를 즐겨 읊기를 "다만 도를 즐기는 마음이 흉중에 있으면 궁하여도 즐거우니, 무엇 하러 평생토록 근심하고 걱정하리오.〔直在胸中窮亦樂 何須戚戚向平生〕"[77]라고 하였다.

그가 독서하는 것으로 말하면, 성경(聖經)을 끝까지 궁구하고 현전(賢傳)을 모두 열람해서 위로는 성인을 스승으로 삼고 아래로는 뭇 현인을 벗으로 삼아 제자의 질문을 자신의 질문으로 여기고 성인의 답을 자신이 직접 귀로 들은 것처럼 여겨서 언어 사이에서 그 의미를 구하고 문자 바깥에서 그 이치를 탐구하였으니, 어찌 견문을 넓히고

76 나를……유장하도다 : 송(宋)나라 도학자인 나종언(羅從彦)의 〈독락재(獨樂齋)〉 시에 나오는 구절이다. 원문의 '足'이 나종언의 시에는 '與'로 되어 있다.

77 다만……걱정하리오 : 앞 구절인 '다만……즐거우니'는 《성리군서구해(性理群書句解)》 권4 소옹(邵雍)의 〈수미음(首尾吟)〉에 보인다. 원문의 '窮'이 소옹의 시에는 '貧'으로 되어 있다. 뒤 구절인 '무엇……걱정하리오'는 《고금사문유취(古今事文類聚)》 전집(前集) 권32 소옹의 〈성심(省心)〉에 보인다.

기억을 잘하며 문장을 잘 짓고 말을 화려하게 하여[78] 말기(末技)인 사장(詞章)에 힘을 다하여 그 근본을 모를 수가 있겠는가. 그러므로 일찍이 고시를 즐겨 읊기를 "천하를 주재하는 큰일을 하려면서, 어찌 인간 세상에 성인의 글이 아닌 것을 읽겠는가.〔欲爲天下屠龍手 肯讀人間非聖書〕"[79]라고 하였다.

그가 학업하는 것으로 말하면, 의관을 바르게 하고 시선을 존엄하게 하며 기거가 반드시 이치에 맞고 동정(動靜)이 예에 어긋남이 없으며, 아침 일찍부터 밤늦게까지 부지런히 애써서 안자(顔子)가 배운 학문[80]이 어떤 학문이었는지 생각하고, 한 해가 다 가도록 성실하게 노력하여 맹씨(孟氏)가 반드시 요순(堯舜)을 일컬었던 도[81]가 무슨 도인지 구하였다. 밤새도록 자지 않고 종일토록 먹지 않으면서 우러러 생각하여 다행히 터득하면 성현과 같지 않은 것을 제거하고 성현 같은 것에 나아가서 삼가고 두려워하면서 날이 부족한 듯이 여겼다. 그러므로 일찍이 고시를 즐겨 읊기를 "학술과 덕업은 제때에 하는 것을 귀하게 여기나니, 청춘 시절에 힘써야 하느니라. 안자가 되기를 바라면 또한 안자의

78 견문을……하여 : 《근사록(近思錄)》 권2 〈위학(爲學)〉에 "견문을 넓히고 기억을 잘하며 문장을 잘 짓고 말을 화려하게 하는 것을 공부로 여겨서 말만 화려하게 하고 도에 이르는 자가 드물다.〔以博聞強記巧文麗辭爲工, 榮華其言, 鮮有至於道者.〕"라고 하였다.

79 천하를……읽겠는가 : 《성리군서구해》 권4 소옹의 〈한행(閑行)〉에 보인다.

80 안자(顔子)가 배운 학문 : 93쪽 주4 참조.

81 맹씨(孟氏)가……도 : 패도 정치(覇道政治)를 낮추고 왕도 정치(王道政治)를 높인 맹자의 도를 가리킨다. 《맹자》 〈공손추 하(公孫丑下)〉에 "나는 요순의 도가 아니면 감히 왕 앞에서 말씀드리지 않았다.〔我非堯舜之道, 不敢以陳於王前.〕"라고 하였다.

무리이니, 요점은 마음 쓺이 강건한 데 달려 있도다."[82]라고 하였다.

그가 마음을 보존하는 것〔存心〕으로 말하면, 사사로운 생각과 망녕된 상념이 마음속에 일어나지 않고 음험한 꾀와 참람한 술수가 가슴속에 머무르지 않았다. 그리하여 일이 아직 이르지 않았을 때에는 체(體)가 적연(寂然)히 동요하지 않는 것이 마치 거울이 비어 있는 것과 같아서 이치가 갖추어져 있지 않음이 없었고, 일이 막 이르렀을 때에는 용(用)이 감응하여 마침내 통하는 것이 마치 거울이 비추는 것과 같아서 사물이 드러나지 않는 것이 없었다. 체와 용이 서로를 의지하고 안과 밖이 일체여서 일에 따라 마음을 보존하여 다른 곳으로 가지 않았으니,[83] 어찌 동시에 두 가지 일에 응하겠는가. 그러므로 일찍이 고시를 즐겨 읊기를 "인심은 오묘하여 예측할 수 없으니, 드나들 때에 기의 기틀을 타고 나오네. 지극한 사람은 조화를 잡아서, 동정에 관계없이 마음 그대로라네."[84]라고 하였다.

82 학술과……있도다 : 주희(朱熹)의 〈차일부재득시학자(此日不再得示學者)〉에 "학문을 하는 그대에게 원하노니, 함께 이 시간을 아끼도록 하세. 학술과 덕업은 제때에 하는 것을 귀하게 여기나니, 청춘 시절에 힘써야 하느니라.……이 사람 이미 돌아갔으나, 간책에 남은 꽃다운 향기가 있도다. 안자가 되기를 바라면 또한 안자의 무리이니, 요점은 마음 쓺이 강건한 데 달려 있도다.〔願言媚學子, 共惜此日光. 術業貴及時, 勉之在青陽.……斯人已云沒, 簡編有遺芳. 希顏亦顏徒, 要在用心剛.〕"라고 하였다. 《龜山集 卷38》

83 일에……않았으니 : 《회암집(晦庵集)》 권85 〈경재잠(敬齋箴)〉에 "동쪽으로 가다가 서쪽으로 가려 하지 말고, 남쪽으로 가다가 북쪽으로 가려 하지 말라. 일을 당하면 마음을 보존하여, 다른 곳으로 가지 말라.〔不東以西, 不南以北. 當事而存, 靡他其適.〕"라고 하였다.

84 인심은……그대로라네 : 《회암집(晦庵集)》 권4 〈재거감흥이십수(齋居感興二十

그가 뜻을 세운 것〔立志〕으로 말하면, 차라리 성인을 배워서 이르지 못할지언정 작은 선행을 했다 하여 명성으로 삼지 않았으며, 차라리 천하를 자기의 임무로 삼을지언정 자기 한 개인의 이해를 계산하지는 않았다. 양덕(陽德)이 바야흐로 형통하여[85] 호랑이가 울부짖어 바람이 매섭게 불면[86] 세상에 나가 겸선(兼善)을 하여 아직 깨우치지 못한 자를 깨우칠 만하니, 어찌 섬기지 않으려는 마음을 고상히 여겨 담장을 넘어 피할 수 있겠는가.[87] 북풍이 차갑게 불어[88] 거세게 사람을 거부하면 물러나 자기 한 몸을 보존하여 스스로 그 몸을 즐길 만하니, 어찌

首)〉에 "인심은 오묘하여 예측할 수 없으니, 드나들 때에 기의 기틀을 타고 나오네. 얼음처럼 얼었다가 불처럼 타오르는 듯하며, 연못에 빠졌다가 다시 하늘로 날아오르는 듯하네. 지극한 사람은 조화를 잡아서, 동정에 관계없이 마음 그대로라네.〔人心妙不測, 出入乘氣機. 凝氷亦焦火, 淵淪復天飛. 至人秉元化, 動靜體無違.〕"라고 하였다.

85 양덕(陽德)이 바야흐로 형통하여 : 치세(治世)를 만나 세상에 나가 훌륭한 일을 행할 만한 때를 의미한다. 범중엄(范仲淹)의 〈엄선생사당기(嚴先生祠堂記)〉에 "〈둔괘 초구〉에 '양덕이 바야흐로 형통하거늘 능히 귀한 사람으로서 천한 사람에게 몸을 낮추어 민심을 크게 얻는다.' 하였으니, 광무제가 이것을 따랐다.〔在"屯"之初九, "陽德方亨, 而能以貴下賤, 大得民也". 光武以之.〕"라고 하였다. 《古文眞寶 後集 卷6》

86 호랑이가……불면 : 훌륭한 인재가 때를 만나 분기(奮起)하는 것을 비유한다. 《한서(漢書)》〈왕포전(王褒傳)〉에 "호랑이가 울부짖으면 바람이 매섭게 불고, 용이 일어나면 구름을 일으킨다.〔虎嘯而風冽, 龍興而致雲.〕"라고 하였다.

87 담장을……있겠는가 : 전국 시대의 현인(賢人) 단간목(段干木)이 위(魏)나라 문후(文侯)가 벼슬을 시키려 찾아오자, 만나지 않으려고 담을 넘어 피하였다. 《孟子 滕文公下》

88 북풍이 차갑게 불어 : 난세(亂世)를 만나 세상에 나가 훌륭한 일을 행하는 것이 적절하지 못한 때를 의미한다. 《시경》〈패풍(邶風) 북풍(北風)〉에 "북풍은 차갑게 불고, 눈은 펑펑 내리도다. 사랑하여 나를 좋아하는 이와, 손잡고 함께 가리로다.〔北風其涼, 雨雪其雱. 惠而好我, 攜手同行.〕"라고 하였다.

제(齊)나라의 궁문에 서서 비파를 타고[89] 벽옥(璧玉)을 바쳐서 팔리기를 바라겠는가.[90] 자신의 집 문 앞을 지나고 방문을 닫아걸기를 때에 따라 알맞게 처신하였고,[91] 현재 부귀한 처지이거나 빈천한 처지이거나 간에 그에 알맞게 행동하여 오직 의리에 마땅한 바대로 하였다. 그러므로 일찍이 고시를 즐겨 읊기를 "부귀에 급급하지 않고, 빈천에 근심하지 않네. 천하 사람들이 걱정하기에 앞서 걱정하고, 천하 사람들이 즐거워한 뒤에 즐거워하네."[92]라고 하였다.

그가 도리를 논하는 것〔論道〕으로 말하면, 그가 말하기를,

89 제(齊)나라의……타고 : 한유(韓愈)의 〈답진상서(答陳商書)〉에 "제나라 왕은 젓대를 좋아했는데, 제나라에서 벼슬하겠다는 사람이 비파를 들고 가서 궁문 앞에 서 있었으나 3년 동안 들어가지 못하였다.〔齊王好竽. 有求仕於齊者, 操瑟而往, 立王之門, 三年不得入.〕"라고 하였다. 《古文眞寶 後集 卷2》

90 벽옥(璧玉)을……바라겠는가 : 경륜과 재주를 가지고 있으면서도 세상에 나가 쓰이지 않고 숨어 살고자 한다는 말이다. 자공(子貢)이 공자에게 출처(出處)에 대한 생각을 엿보고자 "여기에 좋은 옥이 있으면 상자에 넣어 감추어 두시겠습니까, 좋은 값을 구하여 파시겠습니까?〔有美玉於斯, 韞匵而藏諸? 求善賈而沽諸?〕"라고 한 데서 온 말이다. 《論語 子罕》

91 집……처신하였고 : 세상에 나가 벼슬할 상황과 물러나 은둔할 상황을 잘 판단하여 그에 따라 알맞게 대처했다는 말이다. 《맹자》 〈이루 하(離婁下)〉에 우(禹)와 후직(后稷)이 각각 범람한 홍수를 다스리고, 백성들에게 농사짓는 법을 가르쳐 주느라 "세 차례나 자신의 집 문 앞을 지나가면서도 들어가지 않았으므로 공자가 훌륭하게 여겼다.〔三過其門而不入, 孔子賢之.〕"라고 하였다. 또 《맹자》 〈등문공 하(滕文公下)〉에 "옛적에 신하가 되지 않았으면 군주를 만나 보지 않았다. 단간목은 담장을 넘어 피하였고, 설류는 대문을 닫아걸어서 받아들이지 않았다.〔古者不爲臣不見. 段干木踰垣而辟之, 泄柳閉門而不內.〕"라고 하였다.

92 부귀에……즐거워하네 : '부귀에……않네'는 도잠(陶潛)의 〈오류선생전(五柳先生傳)〉에 보이고, '천하……즐거워하네'는 범중엄의 〈악양루기(岳陽樓記)〉에 보인다.

"아직 시작되기 이전에 용(用)이 갖추어져 있고, 형체가 있은 뒤에 체(體)가 확립되며, 태극은 음양 속에서 유행하고, 음양은 태극 안에서 벗어나지 않으니, 두 기(氣)가 서로 감응하면 이(理) 또한 부여된다. 이에 만물이 생겨나는 것이다. 만물 가운데 나는 것과 달리는 것과 움직이는 것과 심어져 있는 것은 그 부류가 하나가 아니지만, 사람만이 삼강오상의 도를 밝히고 육예(六藝)와 구주(九疇)의 법을 익혀서 강한 자가 약한 자를 병탄하지 않고 아랫사람이 윗사람을 능멸하지 않으니, 이것이 인간이 귀한 존재가 되는 이유이다. 사람으로서 이를 알지 못한다면 어찌 금수와 다르겠는가."

하였으니, 이것이 서생이 학문에 온 힘을 다하는 이유이다. 그러므로 일찍이 고시를 즐겨 읊기를 "만약 무 속에 유가 있는 상을 알면, 자네가 복희씨를 만나고 온 것을 인정하겠노라."[93]라고 하였고, 또 "종래 도리는 높고 먼 것이 아니니, 모름지기 인간의 일에서 구하여야 한다."라고 하였다.

혹자가 묻기를,

"삼강오상의 도를 밝히고자 하면서 부자 사이의 인연을 끊고 처자식을 버리고 떠나서 홀로 산속에 거처하니, 도를 구한다는 것이 어디에 있습니까. 마음을 안정시키고자 하면서 성색(聲色)을 버리고 외물을 끊고서 깊은 숲속에 적막하게 있으니, 거울을 뒤집어 놓고서 비추기를 구하는 것이 아닙니까. 그대의 학문은 석씨(釋氏)의 공적(空寂)에 가깝지 않습니까."

하니, 서생이 말하기를,

93 만약……인정하겠노라 : 주희의 〈답원기중논계몽(答袁機仲論啓蒙)〉에 보인다.

"그렇습니다. 부자간의 친함과 부부간의 분별과 장유 간의 차례가 친밀하고 정답고 화락하여 화목한 뒤에야 집안을 가지런히 할 수 있습니다. 귀가 소리에 있어서와 눈이 색에 있어서와 입이 맛에 있어서는 참으로 사람에게 없어서는 안 되는 것들입니다. 다만 그 사이에서 참과 거짓을 알아서 이것으로 자기 마음에 누를 끼치지 않은 뒤에야 마음이 안정될 수 있습니다. 나는 이것을 싫어하여 하지 않는 것이 아니며, 또 의탁하는 대상이 있어 도망하는 것도 아닙니다. 이에 대해 또한 말할 것이 있으니, 요행으로 구할 수 없습니다. 집이 저 고을에 있는데 가문이 영락(零落)하여 안으로는 적은 양의 저축도 없고 밖으로는 문에서 응대할 동자도 없어서 겨울이 따뜻한데도 아이들은 춥다고 울부짖고 농사가 풍년인데도 아내는 배고프다고 우니, 죽음을 구제하기에도 넉넉하지 못할까 염려되는데 어느 겨를에 예의를 차리겠습니까. 노재(魯齋) 선생[94]이 말하기를 '배움은 마땅히 그 산업(産業)을 먼저 다스려야 하니, 산업이 넉넉하지 않아서 먹고 입는 문제에 분주하다면 비록 배우려고 해도 할 수 있겠는가.'라고 하였습니다. 지금 나의 곤궁함이 이처럼 심하니, 반드시 호미를 메고 송아지를 끌고 몸소 김매고 밭 갈아 손이 트고 발에 굳은살이 잡힌 이후에야 죽음을 면할 수 있습니다. 비록 성인의 책을 읽고 성인의 도(道)를 구하여 성인의 경지에 이르려고 해도 또한 어렵지

94 노재(魯齋) 선생 : 허형(許衡, 1209~1281)으로, 자는 중평(仲平), 호는 노재, 시호는 문정(文正)이며, 하내(河內) 사람이다. 송(宋) 말기와 원(元) 초기의 경학가로서 특히 《소학(小學)》을 신봉하였으며, 과거에 뜻을 두지 않고 학문에 전념하여 여러 차례 벼슬이 내려졌으나 나아가지 않았다. 저서로 《독역사언(讀易私言)》, 《노재심법(魯齋心法)》, 《허노재집(許魯齋集)》 등이 있다.

않겠습니까. 이것이 내가 산간(山間)에서 즐거워하면서 집을 잊은 이유입니다. 호안정(胡安定)이 집에서 온 서찰을 찢어 버리고[95] 범문정(范文正)이 부추를 끊어다가 국을 끓여 먹으며[96] 산간에 거처하면서 결국 그 도를 이루어 낸 것은 어찌 이러한 이유 때문이 아니겠습니까."

하였다.

그러므로 서생은 일찍이 스스로 이렇게 읊었다.

청산은 겹겹이 솟아 있고	青山疊疊
녹수는 콸콸 흐르니	綠水汩汩
세속의 시끄러움이 이르지 않고	塵喧不到
세간의 염려가 닿지 않네	世慮不接
생각도 없고 염려도 없어서	無思無慮

95 호안정(胡安定)이……버리고 : 안정은 호원(胡援, 993~1059)의 호이다. 자는 익지(翼之), 시호는 문정(文定)이다. 포의(布衣) 시절에 손명복(孫明復), 석수도(石守道)와 함께 태산(泰山)에서 글을 읽으면서 10년 동안 귀가하지 않았다. 집에서 온 편지를 받아서 '평안(平安)'이란 글자가 있는지만 확인하고는 즉시 개울물에 던져 버리고 다시 펼쳐 읽지 않았다고 한다. 《自警編 學問》

96 범……먹으며 : 범 문정은 송나라의 재상이었던 범중엄이다. 《오조명신언행록(五朝名臣言行錄)》 권7 〈참정범문정공(參政范文定公)〉에 "범중엄은 어려서 유 아무개와 함께 장백산에 있는 승사에 올라가 수학하면서 오직 좁쌀 두 되를 삶아 죽 한 그릇을 쑤어 놓고는 하룻밤이 지나 마침내 죽이 굳으면 칼로 네 덩이를 만들어 아침저녁으로 두 덩이를 먹었으며, 부추 수십 줄기를 끊어다가……약간의 소금을 넣어 익혀서 먹었다. 이와 같이 하기를 3년이나 하였다.〔公少與劉某上長白僧舍脩學, 惟煮粟米二升, 作粥一器, 經宿遂凝, 以刀畫爲四塊, 早晚取二塊, 斷虀數十莖,……入少鹽, 煖而啗之. 如此者三年.〕"라고 하였다.

홀로 행하고 홀로 즐거워하니	獨行獨樂
천지를 우러러보고 굽어보매	仰觀俯察
부끄럽지 않노라	不愧不怍
바람이 산의 정자에 불어오니	風來山亭
여기에 눕고	於焉而臥
구름이 산허리에 비끼니	雲橫山腰
여기에 앉노라	於焉而坐
학이 산꼭대기에서 춤추니	鶴舞山顔
이와 함께 즐기고	與之共嬉
원숭이가 산마루에서 울부짖으니	猿號山嶺
이와 함께 어울린다	與之相宜
울창한 산 소나무가	鬱鬱山松
집이 되고 방이 되고	爲廬爲室
널찍한 산 너럭바위가	盤盤山石
평상이 되고 자리가 되네	爲牀爲席
달이 산 위에 걸리면	月掛山上
시를 볼 수 있고	可以看詩
꽃이 산 뜰에 떨어지면	花落山庭
허기를 달랠 수 있네	可以療飢
산속의 즐거움	山中之樂
즐겁고도 끝이 없으니	樂且無央
여기에서 노닐고 여기에서 즐기면서	遊於斯樂於斯
내 삶 마칠 때까지 소요하리라	終吾生以徜徉

이것이 산당 서생의 즐거움일 것이다. 서객은 어떤 사람인지 모르겠으나, 곁에 산인이 있어 마침내 그를 위해 전을 지었다.

산당에게 부쳐 올리는 편지 附上山堂書

나는 어렸을 때부터 뛰어나고 걸출하다고 일컬어지는 사람이 있다는 말을 들으면 비록 그가 나와 어울려 주지 않더라도 내가 억지로 그에게 붙어서 교제하기를 원하는 마음을 품곤 했습니다. 그러다 처음 태학(太學)에 들어갔는데, 태학은 벼슬길에 들어서는 관문이라 뛰어나고 걸출하지 않은 사람이 없었지만, 태학에 있는 몇몇 호남의 선비들이 그대의 이름을 거론하면서 뛰어나고 걸출하다고 인정하였습니다. 내가 처음 그대의 명성을 듣고는 굶주릴 때에 음식을 먹고 싶어 하고 갈증이 날 때에 물을 마시고 싶어 하듯 만나 보고자 하였습니다. 그러나 소식을 전혀 듣지 못한 지가 벌써 5, 6년이나 되었는데, 하물며 만나 보는 것이겠습니까. 필경(弼卿 최충성의 자)이 이다지도 조화아(造化兒)[1]에게 혹독하게 고생을 당할 줄을 어찌 알았겠으며, 또 하늘 끝 바닷가 외진 곳에서 만나게 될 줄을 어찌 알았겠습니까.

아, 5, 6년 동안이나 필경을 만나 보고 싶던 마음을 여기에서 펼 수 있었으니 기뻐할 만하나 그대가 이렇게 병을 앓고 있으니 그 우울한 심정을 어찌 다 말할 수 있겠습니까. 그렇지만 이제 그대의 음성을 듣고 그대의 얼굴을 마주 대하니, 운무(雲霧)를 걷고 청천(靑天)을 바라본 듯 상쾌하며, 그대가 병을 앓는 중에도 정심(精深)하게 이치를 강명하고 있는 것을 보니, 뜨거운 물건을 손에 쥔 자가 맑은 바람에

1 조화아(造化兒) : 인간의 운명을 관장하는 신(神)을 농담조로 일컫는 말이다.

손을 식힌 듯 시원하였습니다. 이에 호남의 선비들이 나를 속이지 않았음을 비로소 믿게 되었습니다.

그러나 그대의 기(記)와 전(傳)을 끝까지 읽기도 전에 내 가슴속에 개연(慨然)함이 없을 수 없었습니다. 어째서이겠습니까? 대체로 평범한 사람은 질병에 걸리면 마음이 혼미해지고 기운이 어지러워져서 비록 굳건하게 뜻을 세웠다고 자부하는 자라도 평소 지키던 것을 잃지 않을 수 없는 법입니다. 그런데 그대는 병이 위독한 데도 필력이 굳세며 서사(敍事)가 정밀하니, 평소 지키던 것이 더욱 견고하여 우환에도 마음이 흔들리지 않는 자가 아니라면 어찌 이와 같을 수 있겠습니까.

병 중에 실명(失明)보다 위중한 것이 없는데 그 병을 앓던 좌씨(左氏)는 《국어(國語)》를 지었고, 병 중에 풍비병(風痹病)보다 위태로운 것이 없는데 그 병을 앓던 노조린(盧照鄰)은 〈병리부(病梨賦)〉[2]를 지었으며, 그밖에 눈이 멀어 버린 장적(張籍)과 소갈증을 앓았던 사마상여(司馬相如)와 같은 이들도 모두 문장으로 그 울분을 쏟아 내어 천고토록 이름을 남겼으니, 또한 우리 필경과 무엇이 다르겠습니까. 뛰어나고 걸출한 자가 아니라면 어찌 이처럼 할 수 있겠습니까. 아, 필경은 힘쓰십시오. 그대는 지금 나이는 젊고 덕은 넉넉하니, 이른바 병이라는 것이 열에 일고여덟이 제거된다면 그대의 학업이 앞으로 모두 회복될 것입니다. 기쁘지 않을 수 있겠습니까. 필경은 힘쓰십시오.

2 병리부(病梨賦) : 초당(初唐) 시대 문장 사걸(文章四傑) 가운데 한 사람인 노조린이 일찍이 고질(痼疾)에 걸려, 당대의 은사(隱士)로 특히 의약(醫藥)에 밝았던 손사막(孫思邈)을 찾아가서 양생(養生)의 방도를 묻고, 이어 그의 집 뜰 앞에 병든 배나무가 있는 것을 보고는 〈병리부〉를 지어서 스스로 슬퍼하였다. 《舊唐書 文苑列傳 盧照鄰》

신해년(1491, 성종22) 여름 모월 모일에 응천(凝川) 노백옥(盧伯玉)은 씁니다.

산당집 발문 山堂集跋

산당서객(山堂書客) 최공(崔公)은 휘가 충성(忠成), 자는 필경(弼卿)으로 완산부(完山府) 사람이니, 연촌(烟村) 선생 덕지(德之)의 손자이며 한훤당(寒暄堂) 선생 김공(金公 김굉필(金宏弼))의 문인이다. 공은 성화(成化)·홍치(弘治) 연간에 살았으며, 호남(湖南)의 광주(光州)에 거처하였다.

공은 천성이 고결하여 티가 없어서 오직 산당에서 독서하는 것만을 즐기면서 밤이나 낮이나 멈추지 않았다. 그러므로 '산당서객'으로 자호(自號)하였다. 또 공은 어렸을 때부터 이미 문장 짓는 것을 배웠고 제가백가의 책을 모두 섭렵하여 붓을 들기만 하면 수백 수천 자를 써 내려갔는데 문장의 기세가 성대하게 뻗어 나갔으며, 아울러 과거 공부도 하였다.

한양에서 김 선생을 따라 비로소 학문하는 대요(大要)를 듣기에 이르러 이적(李勣), 윤신(尹信)과 이름을 나란히 하였다. 마침내 성정(性情)과 이기(理氣)의 심오한 이치에 마음을 쏟아 연구하고, 더욱 인륜을 밝히고 이단을 물리치는 것을 주장하니, 당시의 사우(士友)들이 앞다투어 그를 추앙하였다. 점필재(佔畢齋) 김 선생(金先生 김종직(金宗直))이 일찍이 호남 관찰사로 부임하였는데, 공이 글을 올려 불교와 무당의 폐단을 극력 말하면서 서둘러 물리쳐 끊어 버릴 것을 청하니, 점필재 선생이 공을 매우 예우하였다.

공이 이미 산당에서 오랫동안 지냈고, 삼각산(三角山), 백악산(白岳山), 천마산(天磨山), 성거산(聖居山), 서석산(瑞石山), 두류산(頭流山) 등 국내의 여러 명산(名山)을 도보로 유람해서 그 발걸음이 두루 이르렀고, 어떤 산은 두세 번 유람하기도 하였다. 이 때문에 풍병(風病)을 앓게 되었는데, 신해년(1491, 성종22)에 병세가 더욱 극심해져 얼마 뒤에 세상을 떠나니, 향년 34세였다. 애석하도다.

추강(秋江) 남 처사 효온(南處士孝溫)이 공과 친하게 지냈는데, 후일 〈사우명행록(師友名行錄)〉을 저술하면서 마침내 공의 이름을 뒤편에 실었다. 영암(靈巖)의 선비들이 또 이른바 존양사(存養祠)에 공을 배향하니, 그곳은 바로 연촌 선생이 전향(專享)을 받는 곳이다.

내가 일찍이 공의 유고(遺稿)가 아직 남아 있다는 말을 듣고는 사람을 통해 보고자 하였는데, 얼마 뒤에 공의 후손 수화(秀華)가 동종(同宗)인 방언(邦彦) 씨를 통하여 나에게 편차를 정리해 주고 발문을 지어 주기를 청하였다. 더구나 지금 병화를 거친 뒤로 사제 간인 점필재 선생과 한훤당 선생 사이의 일이 땅을 쓴 듯이 거의 사라진 마당에 공이 남긴 글자 한 자, 말 한마디가 더욱 귀중하기에 이에 감히 사양하지 않고 이상과 같이 쓴다.

숭정(崇禎) 을축년(1685, 숙종11) 섣달 초하루에 반남(潘南) 박세채(朴世采)가 쓰다.

산당집

제3권 별집

文 문

문 文

환유자를 부르는 글
招宦遊子文

홍진(紅塵)의 사이와 청운(靑雲)의 위에 민암(民巖)[1]이 험준하고 환해(宦海)[2]가 요동치는데, 그대는 어찌 관을 높게 쓰고 갓끈을 털어 쓰고서 출사한 벼슬아치이자 인끈을 차고 홀을 꽂는 뛰어난 사람으로서 봉전(鳳殿)의 아래로 오리처럼 나아가고[3] 용루(龍樓)의 뜰에서 소호

1 민암(民巖) : 민정(民情)의 험난함을 산의 험준함에 비유한 말이다. 《서경》 〈소고(召誥)〉에 "왕은 감히 뒤늦게 하지 마시어 백성들의 험함을 돌아보고 두려워하소서.〔王不敢後, 用顧畏于民嵒.〕"라고 한 데서 온 말이다.

2 환해(宦海) : 벼슬길의 험난함을 바다의 풍파에 비유한 말이다. 당(唐)나라의 안진경(顔眞卿)이 18, 9세쯤 되었을 적에 한 도사(道士)가 그의 집에 들러 북산군(北山君)이라 자칭하면서 그에게 이르기를 "자네의 청간(淸簡)하다는 이름이 이미 금대(金臺)에 기록되어 있어, 장차 속세를 초탈하여 선관(仙官)이 되어 올라가게 될 것이니, 스스로 환해에 빠져서는 안 된다."라고 한 데서 온 말이다. 《太平廣記 卷32 顔眞卿條》

3 오리처럼 나아가고 : 신하로서 조정의 반열에 나아가 부지런히 직무에 종사함을 비유한 말이다. 《통감절요(通鑑節要)》 권30 〈진기(晉紀) 안황제(安皇帝)〉에 "여러 조의 사자를 일러 '부압'이라 하였으니, 부압은 나는 것이 신속한 뜻을 취한 것이다.〔謂諸曹之使爲鳧鴨, 取其飛之迅疾也.〕"라고 하였다.

(邵虎)처럼 절하는가.[4] 공명(功名)에 연연하는 세속의 행태를 달게 여기고 죽은 뒤에는 모두 허무하다는 것을 잊고서 오직 벼슬살이만을 기뻐하니, 어찌 벼슬살이하다가 버려지는 것을 슬퍼하겠는가. 몸을 잊고 이익을 탐하여 취생몽사하며, 녹록하게 여우처럼 아양 떨고 구구(區區)하게 파리처럼 달라붙으면서 종신토록 사욕을 추구하는 데 골몰하니, 끝내 죽은들 무슨 영화가 있겠는가. 어찌 돌아와 산수를 즐기면서 마음대로 살지 않는가.

그대가 만일 신야(莘野)에서 농사짓고[5] 위수(渭水) 가에서 낚시질하면서[6] 천리를 즐기고 천명을 알며 본성을 함양하고 정신을 화락하게 하면, 이에 국군(國君)이 듣고 당시 재상이 천거하여 포륜(蒲輪)[7]을 꾸며 선비를 맞이하고 금대(金臺)[8]를 쌓아 어진 이를 초치하며, 학두서(鶴頭書)를 농두(隴頭)에 날리고[9] 봉황을 북궐(北闕)에서 울게 할 것

4 용루(龍樓)의……절하는가 : 대신이 조회 때 천자에게 절하는 것을 표현한 말로, 벼슬살이하는 것을 의미한다. '소호'는 주(周)나라 선왕(宣王) 때의 사람인 소목공(邵穆公)을 가리킨다. 《시경》〈대아(大雅) 강한(江漢)〉에 "소호가 절하고 머리를 조아리며 천자의 만년을 경축하였네.〔虎拜稽首, 天子萬年.〕"라고 하였다.

5 신야(莘野)에서 농사짓고 : '신야'는 유신국(有莘國)의 들로, 탕왕(湯王)의 현상(賢相)인 이윤(伊尹)이 이곳에서 농사를 지으며 은거하다가 등용되었다. 《맹자》〈만장 상(萬章上)〉에 "이윤이 유신의 들에서 밭을 갈았다."라고 하였다.

6 위수(渭水) 가에서 낚시질하면서 : 강태공(姜太公)이 위수 가에서 낚시질하다가 주나라 문왕(文王)에게 초빙되어 문왕을 도와 왕업을 이루었다. 《史記 齊太公世家》

7 포륜(蒲輪) : 부들로 수레바퀴를 감싸서 푹신푹신하게 만든 것으로, 옛날 어진 선비를 초빙할 때에 사용하였다. 한나라 무제(武帝)가 학문을 중히 여겨 어진 사람을 초빙할 때 포륜을 보내어 오도록 하였다. 《漢書 儒林傳 申公》

8 금대(金臺) : 전국 시대 연(燕)나라 소왕(昭王)이 천하의 현사들을 초빙하기 위하여 역수(易水) 동남쪽에 세운 황금대(黃金臺)를 말한다. 《戰國策 燕策1》

이다.[10] 이렇게 하면 응당 마음을 바꾸어 스스로 일어나고 욕심 없이 자득하여 원령(猿嶺)에서 청학(青鶴)과 작별 인사를 하고 백구(白駒)를 타고 원열(鵷列)에 나아갈 것이다.[11] 아침에는 난루(鸞樓)에서 임금을 보좌하고 저녁에는 용각(龍閣)에서 직간하며 정사를 돌보아 우리 군주를 요순(堯舜) 같은 성군(聖君)으로 만들고 이 세상을 태평성대로 인도할 것이다. 그리하여 마침내 소민들로 하여금 대도(大道)의 은택을 입고 살아가게 할 것이니, 이것이 성현이 업(業)으로 삼는 바이고, 응당 군자가 하고자 하는 바이다.

그런데 이제 그대는 그렇지 않아서 때를 틈타 이익을 노리며 군주에게 요구하고 재상에게 아첨한다. 권세의 길에서 발걸음을 머뭇거리고 공경의 문에서 말을 더듬으면서 비굴한 태도를 지으며, 사람을 마음대로 부리는 명령에 분주하고 얼굴에 침 뱉는 모욕도 꾹 참는다. 세 차례나 아홉 차례로 여러 번 내려지는 소명[12]이 아닌데도 권력자에게 아첨

9 학두서(鶴頭書)를 농두(隴頭)에 날리고 : 학두서는 임금이 은사(隱士)를 부르는 조서(詔書)를 말한다. 고대의 예서(隸書)에 학두서라는 자체(字體)가 있는데, 임금이 은사를 부를 때 학두서를 쓴 것에서 유래하였다. 공치규(孔稚珪)의 〈북산이문(北山移文)〉에 "사자(使者)를 태운 말이 울음소리를 내면서 골짜기에 들어오고, 은자(隱者)를 조정에 부르는 학두서가 산언덕을 넘어왔다.〔鳴騶入谷, 鶴書赴隴.〕"라고 하였다. 《古文眞寶 後集 卷2》

10 봉황을……것이다 : 어진 인재가 때를 만나 큰일을 하는 것을 비유한다.

11 원열(鵷列)에……것이다 : 현자(賢者)가 흰 망아지를 타고 출사함을 뜻한다. 백구는 현자가 타는 흰 망아지이고, 원열은 조정의 반열을 말한다.

12 세……소명 : 진(晉)나라 왕부(王裒)는 자기 부친이 비명에 세상을 떠난 것을 애통하게 여겨 은거한 채 학생들을 가르치면서 조정에서 세 차례 소명을 내리고 주군(州郡)에서 일곱 차례 불렀으나 모두 나아가지 않았다고 한다. 《晉書 王裒列傳》

하기를 다투고 천종(千鍾)이나 만석을 하사받는 총애를 마음에 품고서 앞다투어 나아가 들어가며, 어두컴컴할 때에 부귀를 사고 대낮에 처자식에게 교만을 부린다. 행렬을 따라 떼 지어 나아가고 물러나며, 우유부단하게 미적거리면서 어떻게 하면 얻을까를 고심하고 얻고 나서는 혹여나 잃어버릴까를 근심하여 부월(鈇鉞)이 목에 겨누어져 있는데도 경계하지 못하고 도거(刀鋸)가 목덜미에 닿아 있는데도 살피지 못한다. 하나의 자급을 비록 얻을 수는 있겠지만, 삼족이 멸족당할 것을 감히 두려워하지 않을 수 있겠는가. 생각건대 그대에게 무엇이 이롭기에 벼슬에 나아가고 물러남을 마음대로 하지 못하는가. 어찌 돌아와 차라리 세상을 경시하고 뜻을 자유롭게 부리지 않는가.

또 만일 벼슬은 삼공(三公)이고 지위는 고관이라면 맛있는 음식을 먹고 편안히 거처하며 안락하고 부유하고 존귀하고 영화로울 것이며, 몸소 국가의 안위를 책임지고 직접 사직을 맡았다면 치란(治亂)이 서로 이어지고 출척(黜陟)이 서로 이어지리니, 억조 만백성이 편안하지 못하거든 이 누구의 책임이며, 국가가 안녕치 못하거든 이 누구의 책임이리오. 몸은 비록 영광스러우나 필시 근심스러운 마음을 품게 되니, 취한 듯 근심스럽고 재앙과 난리가 서로 이어질 것이다. 함양(咸陽)의 저자에 승상(丞相)이 피를 흩뿌리고[13] 백성을 위해 동산을 청하매 찬후(酇侯)가 구금되었으니,[14] 아침에는 은혜를 입었다가도 저녁에는 죽으

13 함양(咸陽)의……흩뿌리고 : 초(楚)나라 이사(李斯)가 진(秦)나라에서 승상으로 부귀를 누리다가 뒤에 조고(趙高)에게 무함을 당하여 함양의 저자에서 처형되었다. 《史記 李斯列傳》

14 백성을……구금되었으니 : 찬후는 소하(蕭何)의 봉호이다. 한나라 고조 때 상국(相國) 소하가 장안(長安)의 땅이 좁다 하여 상림원(上林苑)의 버려진 공한지에 백성

라는 명령이 내려지기도 하고 총애가 이미 극진하면 화가 또한 일어난다. 총애가 있어서 수고롭기보다는 차라리 근심 없이 스스로 즐거워하는 것이 낫지 않겠는가. 앞에서 훌륭한 칭찬이 있기보다는 차라리 뒤에서 비방이 없는 것이 낫지 않겠는가. 날마다 벼슬살이하느라 떠도는데 그대는 무엇이 즐거운가. 근심과 즐거움이 득실에 좌지우지되니, 어찌 돌아와 온갖 근심을 말끔히 떨쳐 버리고 유유자적하지 않는가.

또 전령전(傳令箭)이 자새(紫塞)에서 전해지고 봉화가 강궐(絳闕)에 이어져서[15] 철마(鐵馬)가 거침없이 내달리고 금촉(金簇)이 여기저기 떨어지면 장군은 화살을 등에 지고 사졸들은 창을 쥐고서 직접 판삽(版鍤)을 잡고 나서고 맨몸으로 시석(矢石)에 맞서니, 그 생사가 조석에 달려 있다. 북풍이 솜옷을 뚫고 변방의 눈이 뼛골을 에며, 날리는 모래가 얼굴을 치고 오랑캐 땅의 먼지가 얼굴을 뒤덮는다. 사막 밖에서 노숙하면서 옥문관(玉門關)을 서글피 바라보나니,[16] 명성은 기린각(麒

들이 들어가서 농사지어 먹게 하기를 청하였는데, 고조가 "상국이 장사꾼들의 재물을 많이 받고서 그들을 위하여 내 동산을 청한다."라고 하고는 그를 구금하였다. 《通鑑節要 卷5 漢紀 太祖高皇帝下》《史記 蕭相國世家》

15 전령전(傳令箭)이……이어져서 : 변경 지역에 전쟁이 발생하면 그 소식이 조정에 전해지는 상황을 말한다. 전령전은 전시(戰時)에 전령할 때에 쏘는 화살이고, 자새는 변경 지역을 뜻하는 말로 진(秦)나라가 만리장성을 쌓을 때 그 흙이 모두 자색(紫色)이었던 데서 유래하였다. 강궐은 조정이나 대궐을 뜻하는 말로, 궁전에 붉은 칠을 한 데서 유래하였다.

16 옥문관(玉門關)을 서글피 바라보나니 : 살아서 고향으로 돌아가고 싶은 마음을 표현한 것이다. 《후한서(後漢書)》 〈반초열전(班超列傳)〉에 "감히 주천군까지 가는 것을 바랄 수는 없지만 살아서 옥문관에 들어가는 것이 소원입니다.〔不敢望到酒泉郡, 但願生入玉門關.〕"라고 하였다.

麟閣)[17]에 드러나지 못하고 이내 몸은 이미 안문(雁門)[18]에서 늙어 버렸도다. 공명이 그대에게 무슨 영화롭기에 혼자 일을 떠맡아 고생스럽게 종사하는가. 어찌 돌아와 이름과 자취를 임천(林泉)에 숨기지 않는가.

몸은 부귀에 얽매이고 뜻은 작록으로 치달려서 마음을 굽히고 뜻을 억누르며 수치를 견뎌 내고 치욕을 참아 내며, 부앙(俯仰)하는 것도 반드시 남을 따르고 진퇴(進退)하는 데에도 필시 두려워하는 바가 있어 오경(五更)에도 궁문이 열리기를 기다리느라 신발에는 서리가 한가득이요, 유월에도 옥을 차고 종사하느라 땀이 비 오듯 흐름을 진실로 아노니, 어찌 청산(靑山) 아래와 녹수(綠水) 사이에서 소요하며 한가로이 지내면서 그 즐거움이 여유로움만 같겠는가. 지록위마(指鹿爲馬)의 득(得)과 실(失)을 슬퍼하거나 기뻐할 것도 없거니, 사마귀가 매미를 잡는 것을 또 어찌 볼 것이 있겠는가.[19] 생전의 부귀와 사후의 문장은 무엇이 득이고 무엇이 실인가. 모두 부질없는 한바탕 꿈에 불과하다. 인생 백 년은 마치 흰 망아지가 벽 틈을 지나가는 것처럼 빠르니, 고생스럽게 어찌 그리도 역역(役役)하는가. 세상일은 구우일모(九牛

17 기린각(麒麟閣) : 한나라 선제(宣帝) 때 곽광(霍光) 등 공신(功臣) 11인의 초상화를 기린각에 걸어서 그들의 공적을 기렸다. 《漢書 蘇建傳》

18 안문(雁門) : 중국 산서성(山西省) 대현(代縣)의 옛 군명(郡名)으로 관문(關門)이 있는 요충지인데, 흔히 북쪽 변경 지역을 뜻하는 말로 쓰인다.

19 사마귀가……있겠는가 : 눈앞의 작은 이익을 탐하여 정신을 쏟느라 더 큰 화가 자신을 망치는 줄을 모른다는 의미이다. 《한시외전(韓詩外傳)》 권10에 "사마귀가 매미를 잡아먹으려고 노려보느라 뒤에서 참새가 머리를 들고 자신을 쪼려는 줄을 모르고, 참새는 사마귀를 쪼아 먹을 욕심에 나무 아래서 꼬마가 새총을 자신에게 겨누는 줄을 모른다.〔螳螂方欲食蟬, 而不知黃雀在後, 擧其頸, 欲啄而食之也; 黃雀方欲食螳螂, 不知童挾彈丸在下.〕"라고 하였다.

一毛) 같으니, 또한 어찌 집착하기를 좋아하는가. 칠원(漆園)의 늙은 선인(仙人)은 꼬리 끌고 다니는 거북으로 스스로를 경계하였고,[20] 강동(江東)의 사인(舍人)은 홀연 농어를 그리워하는 생각이 일었다.[21] 가을 바람 선선하고 백일(白日)은 느릿느릿 가는 이때, 만리 강호(江湖)는 하늘과 맞닿아 한 빛이다. 그물 들어 올리매 물고기 얻으니 은빛 비늘 옥빛 월척이요, 술 들고 바람 쐬니 무엇이 두렵고 무엇이 슬프겠는가. 한잔 술에 마음 달래고 백 편 시에 흥을 실어 보낸다. 강산은 내 한 몸 의탁할 만하니 어찌 속세라는 그물 속에서 배회하리오. 벼슬자리 찾아 돌아다님이 비록 즐겁다고 하나 일찍 돌아오는 것만 못하다. 물고기가 썩는 것은 미끼를 삼켜서이고 나방이 불타는 것은 등불에 달려들기 때문이니, 어찌 돌아와 창명(滄溟)의 대붕(大鵬)을 배우지 않는가.[22]

20 칠원(漆園)의……경계하였고 : 칠원은 장자(莊子)가 관리로 있었던 마을로, '칠원의 늙은 선인'은 장자를 가리킨다. 《장자(莊子)》〈추수(秋水)〉에 "이 거북이 죽어서 뼈를 남겨서 귀한 취급을 받는 것이 좋겠는가, 살아서 진창 속에 꼬리를 끌고 다니는 것이 좋겠는가?〔此龜者寧其死爲留骨而貴乎? 寧其生而曳尾於塗中乎?〕"라고 하였다.

21 강동(江東)의……일었다 : 강동의 사인은 진(晉)나라 때 강동 오중(吳中) 사람 장한(張翰)을 말한다. 낙양(洛陽)에서 벼슬하다가 천하가 어지러운 것을 보고 고향의 순챗국과 농어회가 생각나서 벼슬을 그만두고 고향으로 돌아간 고사가 전한다. 《晉書 文苑列傳 張翰》

22 창명(滄溟)의……않는가 : 벼슬을 버리고 속세를 훌쩍 떠나기를 권유하는 말이다. 창명은 대붕이 산다는 북명(北溟)을 가리키고, 대붕은 크기가 수천 리가 된다는 새의 이름이다. 북명에 사는 곤(鯤)이라는 큰 물고기가 대붕으로 변화하여 남명(南冥)으로 날아가는데, 한번 날아오르려면 물 위로 3천 리를 내달려서 비상하고, 한번 비상하면 9만 리나 높이 날아올라 6개월을 쉬지 않고 날아서 남명에 닿는다고 한다. 《莊子 逍遙遊》

잡설
雜說

하늘이 낸 만물은 진실로 크기와 수명이 부류에 따라 다르다. 작은 풀들은 더부룩하게 봄에는 무성하고 가을에는 마르며, 대춘(大椿)은 우뚝하게 8000년 동안 생장하고 8000년 만에 늙으니,[23] 이와 같은 것은 어째서인가? 물(物)이란 반드시 오랜 시간이 지난 뒤에 완성되는 것이어야 크게 성장할 수 있기 때문이다.

옛날에 장석(匠石)[24]이 큰 집을 지으려 하면서 동량(棟梁)으로 쓸 만한 재목을 구하였으나 얻지 못한 지가 몇 년이었다. 태산(太山) 아래와 긴 골짝 사이의 가시덤불 속에서 생겨나 쑥대에 뒤덮이고 소와 양에게 짓밟히고 뜯어 먹히느라 미처 자라지 못한 송백(松柏)이 있었다. 장석이 이에 송백을 보고는 탄식하기를 "기이하도다. 이는 동량으로 쓸 재목인데 미처 장성하지 못한 것이 안타깝다. 비록 쓰고 싶으나 무슨 소용이겠는가."라고 하였다. 곁에 있던 초부(樵夫)가 말하기를 "만일 그렇다면 어찌 잡초를 베어 내고 가시덤불을 잘라 주며, 우로(雨露)를 적셔 그 뿌리를 배양해 주어 가지와 잎이 무성해지기를 기다려 쓰지 않는가."라고 하였다. 장석이 말하기를 "아, 어느 곳인들 유독

23 대춘(大椿)은……늙으니 : 《장자(莊子)》 〈소요유(逍遙遊)〉에 "상고에 대춘이라는 나무가 있었는데, 8000년을 봄으로 삼고 8000년을 가을로 삼았다.〔上古有大椿者, 以八千歲爲春, 八千歲爲秋.〕"라고 하였다.

24 장석(匠石) : 상고(上古) 때 손재주가 뛰어났던 장인의 이름으로, 훌륭한 목수를 의미한다.

큰 재목이 없기에 반드시 여기에서 이 나무를 길러서 쓸 수 있기를 기다리겠는가."라고 하고는 소매를 떨치고 떠났다. 사방으로 널리 재목을 구하느라 산과 언덕을 오르고 넘어 다니며 찾지 않은 곳이 없었으나, 끝내 얻지 못한 지가 또한 100여 년이었다. 돌아와서 이 소나무를 보니, 곧게 뻗은 줄기는 위로 청운 사이까지 솟아 있고, 우뚝하게 높은 가지는 이미 봉황이 머무는 보금자리가 될 정도로 자라 있었다. 장석이 이에 흔연히 기뻐하는 기색을 띠며 스스로 동량으로 쓸 만한 재목을 얻었다고 여겼다.

초부가 그 모습을 보고는 비웃으며 말하였다.

"대목(大木)은 들보가 되고 소목(小木)은 서까래가 되는 법이니, 큰 재목과 작은 재목이 각각 적합한 자리에 놓이도록 잘 써서 집을 이루는 것은 장씨의 공력이고, 긴 재목만을 취하고 짧은 재목은 버리는 것은 장씨의 졸렬함이다. 재목을 구하려고 하면서 그 재목을 기르지 않는 것은 마치 3년 묵은 약쑥을 구하면서 저장하지 않는 꼴이 아닌가. 아, 어찌 장씨만 그러하겠는가. 국가를 다스리는 모든 사람 중에 그렇지 않은 자가 없다. 나라에 있어서 선비란 궁실을 이루는 나무와 같다. 큰 재목은 나라의 동량이 되고 나라의 주춧돌이 되거니와, 박로(薄櫨 두공(枓栱))와 주유(侏儒 동자기둥)도 어찌 다 큰 재목을 얻어 만드는 것이겠는가. 궁벽한 고을이나 외진 지역에서 곤궁을 당하여 미처 재목을 이루지 못한 자가 송백의 절조를 지닌 자일 줄을 어찌 알겠는가. 얼마나 많은 장석들이 지나가면서도 이들을 길러 주지 않았던가. 그 재목을 얻으려 하면서 도리어 천하에 재목이 없다고 하는 격이니, 아, 참으로 재목이 없는 것인가, 재목이 있는데도 길러 주는 이가 없는 것인가?"

잡설
雜說

태산(太山) 아래와 장곡(長谷) 사이에 괴이한 물(物)이 있는데, 꼬물꼬물하고 꿈틀꿈틀하며 날 수 있는 날개도 없고 달릴 수 있는 발도 없다. 한 자 남짓한 못과 한 말 남짓한 동이의 물에 푹 잠겨 지내면서 까치와 두더지에게 비웃음을 당한 지가 몇 년인지 모른다.

이 물은 항상 울적하게 불평스러운 마음을 품고서 근심스레 탄식하기를 "하늘이 물에 부여해 준 것이 많건만, 어찌 유독 나만 유달리 미워하여 곤궁함이 이다지도 극심한 지경에 이르도록 한단 말인가."라고 하였다. 그러다가 이윽고 너그러이 또 마음을 풀기를 "하늘이 물을 낼 때에 어찌 작은 못에만 들어앉아 살다가 죽고 말게 하였겠는가. 봄에 자랐다가 가을이면 마르는 것은 밭두렁 위의 작은 풀이고, 천년 동안 생장하고 천년 만에 시드는 것은 하늘까지 닿는 큰 나무이니, 큰 물은 반드시 오랜 뒤에 완성되는 것이 분명하다. 그렇다면 하늘 높이 나는 봉황과 산을 뛰어 넘는 기린과 비를 뿜어 대는 교룡(蛟龍)도 하늘이 낸 물이고, 나도 또한 하늘이 낸 물이다. 똑같이 하늘이 낸 물인데 저는 이와 같이 살고 나는 마침내 이들처럼 살지 못하니, 어찌 하늘이 물에게 부여해 준 것에 후박(厚薄)의 차이가 있어서이겠는가. 나 또한 반드시 오랜 뒤에 완성될 것이 매우 분명하다."라고 하였다.

이에 이 물은 작은 못에 형체를 감추고서 재목을 이룰 날을 기다렸으나 잠겨 있는 못물이 마르리라는 것은 알지 못했다. 얼마 후 보니, 못물이 이미 말라 이 물이 근심스러워하면서 돌아갈 곳이 없게 되어,

한번 죽는 것은 아까울 것이 없지만 한 가지 재능도 없이 살다가 부질없이 죽는 것은 한스럽다고 스스로 탄식하였다. 그러므로 슬피 울고 애처로운 소리를 내면서 인자(仁者)가 구제해 주기를 구한 지가 또 며칠이었다. 그런데 봉황은 그 구슬픈 소리를 실컷 듣고도 그를 구제해 주지 않았으며 기린은 그 가엾은 형편을 물리도록 보고서도 살펴 주지 않았으니, 이와 같은 것은 어째서인가? 같은 부류가 아니어서 본래 작은 못물에 잠겨 지내는 고충을 몰라서이다.

그 슬프고 애처로운 울음소리가 위로 천연(天淵)에 사는 용(龍)에게 들리자, 천연의 용이 그 소리와 일을 듣고 보고서 이 물의 곤궁함을 민망히 여겨 그를 도와주려고 하였다. 이에 뭉게뭉게 구름을 머무르게 하여 쏴 하고 비를 내려서 못물이 넘쳐 구연(九淵)까지 통하게 해 주었더니, 이 물이 물결을 따라 떠다니다가 양양(洋洋)하게 구연에 들어가 끝내 그 재주를 이루니, 이 물 또한 천연의 용이었다.

위로 솟구쳐 하늘을 날고 일어나 비를 뿜어 대니, 거대한 사해와 억조의 수많은 백성과 갖가지 종류의 만물이 이 물의 은택에 힘입어 생생(生生)[25]하지 않는 것이 없었다. 앞에서 이른바 까치와 두더지와 기린과 봉황이라는 것들마저 이 물의 은택에 힘입어 살아가면서도 이 물의 은택인 줄은 알지 못하였다.

곁에 있던 박아(博雅)한 군자가 이 상황을 보고서 다음과 같이 설을 지었다.

25 생생(生生) : 만물을 끊임없이 생성하는 이치를 가리킨다. 《주역》 〈계사전 상(繫辭傳上)〉에 "낳고 낳음을 역이라 한다.〔生生之謂易〕"라고 하였다.

산에 올라 옥을 캐 본 뒤에야 호랑이 꼬리를 밟았을 때의 곤란함을 알게 되고, 바다에 들어가 구슬을 채취해 본 뒤에야 용혈(龍穴)을 탐색할 때의 위급함을 두려워하게 된다. 이 물이 한창 작은 못에서 곤궁할 때에 기린과 봉황이 어찌 천연의 용보다 불인(不仁)해서 구원하지 않았겠는가. 이 물에게 은덕을 베풀어 주지 않았던 것은 작은 못에서 지내는 고충을 알지도 못하고, 또한 구제할 수 있는 방도도 없었기 때문이다. 저 천연의 용이 또한 어찌 기린과 봉황보다 인(仁)해서 구제해 준 것이겠는가. 구제해 주었던 것은 필시 천연의 용도 작은 못에서 그 재목을 이루었기에 그의 고충에 대해 잘 알았기 때문일 것이다. 그 고충을 잘 아는 데다가 구제할 수 있는 방도까지 가지고 있는데 끝끝내 구제해 주지 않는다면 어찌 하늘의 꾸지람이 없겠는가.

기이하다. 이 물이 기린과 봉황에게 구제되기를 바랄 때에 비를 내뿜는 재주를 이룰 수 있을 줄을 누가 생각이나 했겠는가. 하늘이 결국에는 이 물에게 막대한 책임을 맡겨 주려 했기 때문에 애당초 곤궁할 때에 막대한 고충이 있도록 한 것이다. 이 물이 극심한 고충이 있는데도 막대한 뜻을 품고서 끝내 그 뜻을 성취하였으니, "뜻이 있는 자는 일이 필경 이루어진다."라는 말이 나를 속이지 않았음을 알겠다.

아, 물은 모두 그러하거니와 사람은 더욱 심하다. 대도(大道)에 뜻을 둔 모든 선비로서 입고 먹는 것을 잊고 지내다가 끝내 굶주림과 추위의 해를 받아 마침내 고질병을 이루는 자가 얼마나 많은지 알 수 없다. 만일 천연의 용에 뜻을 두고 구제할 수 있는 방도까지도 가진 자가 있다면, 이런 선비들의 사정을 듣고 보기만 하겠는가,

아니면 손을 내밀어 주고 발길을 돌려서 그들에게 은덕을 입혀 주어야 하겠는가? 물의 변화는 그 실마리를 예측할 수 없으니, 어찌 용렬하고 미천하다 하여 은덕을 베풀어 주지 않을 수 있겠는가.

경회루기
慶會樓記

모년 모월 모일에 성주(聖主)께서 위에 임어(臨御)해 계시고 어진 신하들이 조정에 늘어서 있으니, 호랑이가 울부짖자 바람이 불고 용이 일어나자 구름이 일어나는 형상이었다.[26] 조정에는 간사한 사람이 없고 선비에게는 부역의 고달픔이 없으니, 신하들과 백성들이 서로 현명한 군주와 어진 신하가 만난 때의 즐거움을 경하하였으나, 성상의 은덕에 보답하지 못함을 한스러워하였다. 이에 모두 조정에 나아와서 높은 누관(樓觀)을 지어 우리 왕께서 뭇 신하를 모아 정사를 베푸는 곳으로 삼기를 원하였다. 왕께서는 "짓지 말라. 진(秦)나라 시황(始皇)은 아방궁(阿房宮)을 짓는 부역을 지나치게 하다 망하였고,[27] 한(漢)나라 문제(文帝)는 노대(露臺)를 짓는 비용을 아껴 흥하였다.[28] 띠풀로 만든 집

26 호랑이가……형상이었다 : 《주역》 〈건괘(乾卦)〉에 "구름은 용을 따르고 바람은 범을 좇는다."라고 한 데서 온 말이다. 흔히 영웅이 때를 만나 떨쳐 일어나는 것을 가리키는데, 여기에서는 밝은 임금과 어진 신하가 서로 만난 때를 찬미하는 말로 쓰였다.

27 진(秦)나라……망하였고 : 아방궁은 크기가 동서는 500보나 되고 남북은 50장이나 되어서 위로는 1만 명이 앉을 수 있고 아래로는 5장(丈)의 깃발을 세울 수 있을 정도였다고 한다. 진나라 시황이 이처럼 큰 아방궁을 짓느라 백성들을 노역에 동원하여 결국 민심을 잃어서 궁도 불타고 나라도 망하였다. 《史記 秦始皇本紀》

28 한(漢)나라……흥하였다 : 노대는 지붕이 없는 누대이다. 문제가 일찍이 노대를 지으려고 목수를 불러 경비를 계산해 보니 백금(百金)이었다. 문제가 말하기를 "백금은 중류층 열 집의 산업(産業)이 되니, 내가 어찌 노대를 짓는 데 소비하겠는가."라고 하고 중지하였다. 《史記 孝文本紀》

에서도 교화를 일으킬 수 있으며 낮은 궁궐이라도 정사를 펴기에는 충분하다. 어찌 군이 백성을 수고롭게 하면서까지 누관을 짓는단 말인가."라고 하셨다. 여러 신하와 백성들이 찬탄하며 말하기를 "주(周)나라 문왕(文王)이 교화를 일으키자 백성들이 그의 덕에 감복하여 70리 되는 동산도 오히려 작다고 여겼고,[29] 영대(靈臺)를 짓는 부역도 수고롭다고 여기지 않았습니다.[30] 하물며 우리 성상께서는 덕이 문왕과 짝하시는데, 도리어 우리 소민(小民)들이 어찌 누관 하나 짓는 것을 수고롭다고 여기겠습니까."라고 하였다. 이에 공사(工師)는 나무를 구하고 장석(匠石)은 재목을 모으니, 왕께서는 "짓지 말라."라고 하셨으나, 백성들이 자식처럼 달려와서 경영하고, 왕께서 "서두르지[31] 말라."라고 하셨으나, 백성들이 와서 일하는지라 하루도 못 되어 완공되었다. 왕도 백성의 뜻을 거스를 수가 없어서 누관이 완성되자, 신민(臣民)들을 모아 연회를 베풀면서 낙성식을 하고는 마침내 신(臣) 아무개에게 기문을 지으라고 명하셨다. 기문은 다음과 같다.

29 주(周)나라……여겼고 : 맹자(孟子)가 "문왕의 동산이 사방 70리인데, 꼴 베고 나무하는 사람들이 출입하며, 꿩과 토끼를 잡는 사람들이 출입하여 백성과 함께 동산을 사용하셨으니, 백성들이 작다고 여기는 것도 당연하지 않겠습니까.〔文王之囿方七十里, 芻蕘者往焉, 雉兎者往焉, 與民同之, 民以爲小, 不亦宜乎?〕"라고 하였다. 《孟子 梁惠王下》

30 영대(靈臺)를……않았습니다 : 《시경》 〈대아(大雅) 영대〉에 "영대를 짓기 시작해서 공사를 벌이니, 백성들이 와서 일하는지라 하루도 못 되어 완공되었다. 경영하여 시작하기를 서두르지 말라 하시나, 백성들이 자식처럼 오도다.〔經始靈臺, 經之營之, 庶民攻之, 不日成之. 經始勿亟, 庶民子來.〕"라고 하였다.

31 서두르지 : 대본에는 '函'으로 되어 있다. 《시경》 〈대아 영대〉에 근거하여 '亟'으로 바로잡아 번역하였다.

신 아무개는 삼가 살펴보니, 남산(南山)이 우뚝 서 있고 북악(北岳)이 높이 솟은 것은 누관의 앞쪽과 뒤쪽의 광경이요, 온갖 화초가 꽃을 피우고 수많은 나무가 울창한 것은 누관의 왼쪽과 오른쪽 풍경입니다. 누관 아래에는 연못물이 찰랑찰랑하고, 누관 위에는 여러 신하가 경사스럽게 모여 있습니다. 여러 신하가 경사스럽게 모여서 그 사실로 누관을 명명하니, 이는 또한 백성의 요청을 따른 것입니다.

아, 위에서 옷을 늘어뜨리고 팔짱을 끼고 있으니[32] 이미 요순(堯舜) 같은 군주가 계시고, 아래에서 교화를 받드니 어찌 이윤(伊尹)과 주공(周公) 같은 신하가 없겠습니까. 이곳에서 경사스럽게 모임에 도를 논하고 나라를 경륜하며 음양(陰陽)을 조화시켜 다스리는 자는 삼공(三公)이고, 삼공을 도와 천지의 조화를 넓히고 천지를 공경하여 밝히는 자는 육경(六卿)입니다.

어진 이가 초야에 있거든 내가 장차 그를 등용해야겠다고 하고 부역을 가볍게 하고 세금을 적게 거두는 것을 내가 장차 시행해야겠다고 하며, 오품(五品)이 순하지 않은 것[33]은 나의 죄요 삼군(三軍)이 정돈되지 않는 것은 나의 책임이라고 하며, 간특한 사람을 어떻게

32 옷을……있으니 : 위정자가 일부러 힘쓰지 않아도 나라가 잘 다스려지는 것을 말한다. 《서경》 〈무성(武成)〉에 "의상을 드리우고 팔짱을 끼고 있으면서도 천하가 잘 다스려졌다.〔垂拱而天下治〕"라고 하였다.

33 오품(五品)이……것 : 《서경》 〈순전(舜典)〉에 순(舜) 임금이 신하인 설(契)에게 "백성이 친하지 않으며 오품이 순하지 않으므로 너를 사도로 삼으니, 오교를 공경히 펴되 너그럽게 하라.〔百姓不親, 五品不遜, 汝作司徒, 敬敷五教在寬.〕"라고 하였다. 오품은 부자(父子), 군신(君臣), 부부(夫婦), 장유(長幼), 붕우(朋友) 등 다섯 가지의 명위(名位)와 등급을 이른다.

벌줄까를 생각하고 백공(百工)을 어떻게 하면 잘 다스릴까를 생각하는 것은 여러 관리의 직무입니다.

온유하고 공경하는 사람은 예문관(藝文館)의 선비이고 씩씩하고 늠름한 장수는 우림위(羽林衛)의 장수이며, 군주의 노여움을 사는 이로는 사헌부의 관리가 있고 군주의 명령을 출납하는 이로는 승정원의 사관이 있습니다. 위의(威儀)와 절도(節度)가 있고 조심하고 두려워하여 읍양(揖讓)하면서도 반대 의견을 개진하고, 기쁘고 즐거우면서도 신하가 기둥을 치는 혼란스러운 일도 없습니다.[34] 그리하여 순 임금의 갱재가(賡載歌)[35]를 여기에서 노래하고 주나라의 〈녹명(鹿鳴)〉[36]을 여기에서 읊을 것입니다. 또한 왕께서 혹 여기에서 유람하며 즐기시면 우리 백성들이 모두 말하기를 "우리 왕께서 유람하지 않으시면 우리가 어떻게 쉴까."라고 하고, 여기에서 음악을 연주하시면 우리 백성들이 모두 말하기를 "우리 왕께서는 행여

34 기쁘고……없습니다 : 임금과 신하 사이가 화락하고 즐거우면서도 예의와 법도를 지키며 도를 넘는 행동은 하지 않음을 의미한다. 《통감절요(通鑑節要)》 권5 〈한기(漢紀) 태조고황제 하(太祖高皇帝下)〉에 "황제가 진나라의 까다로운 의식과 예법을 모두 제거하여 간소하게 하였더니, 여러 신하가 술을 마시고 공을 다투며 취하면 혹 함부로 고함치고 검을 뽑아 기둥을 치기도 하므로 황제가 더욱 이를 싫어하였다.〔帝悉去秦苛儀法爲簡易. 群臣飮酒爭功, 醉或妄呼, 拔劍擊柱. 帝益厭之.〕"라고 하였다.

35 갱재가(賡載歌) : 순 임금과 고요(皐陶)가 서로 노래를 주고받으면서 임금과 신하로서 공경히 직무를 수행할 것을 권면한 데서 온 말이다. 《書經 益稷》

36 녹명(鹿鳴) : 《시경》 〈소아(小雅)〉의 편명으로, 임금이 어진 신하들을 불러 주연을 베풀면서 군신(君臣)의 화락한 정을 노래한 시이다. 그 시에 "평화로이 우는 저 사슴이여, 들판의 쑥을 뜯네. 나에게 반가운 손들이 모여서, 비파 타고 피리도 부네.〔呦呦鹿鳴, 食野之苹. 我有嘉賓, 鼓瑟吹笙.〕"라고 하였다.

질병이 없으신가? 어떻게 음악을 연주하시는가?"라고 할 것이니, 이는 연주하고 춤추면서 백성들과 함께 즐거워하기 때문입니다. 군주는 군주 노릇을 제대로 하고 신하는 신하의 직분을 잘 수행하니, 경사스럽게 모이는 즐거움이 또한 즐겁지 않겠습니까. 비록 그렇지만 어찌 그 즐거움을 즐거워할 뿐이겠습니까.

우뚝하게 높이 솟은 남산이 멀리 바라다보이니, 태항산(太行山)의 험한 길이 수레를 부수는 것[37]을 경계하여 태산(太山)처럼 편안한 곳에 백성들을 살게 할 것을 생각할 수가 있고, 찰랑찰랑 넘실대는 못물이 굽어보이니, 무협(巫峽)의 물이 배를 엎는 것[38]을 두려워하여 민수(民水)를 안정되게 해 줄 것을 생각할 수가 있습니다. 온갖 화초가 섬돌 위에서 꽃을 피우거든 화석(花石)의 언덕[39]에 이를까 두려우니 이에 경계하고, 못에 물고기가 가득히 뛰어놀거든[40] 물고

37 태항산(太行山)의……것 : 태항산은 중국 하남성(河南省)에 있는 산으로, 매우 험준하기로 유명하다. 백거이(白居易)의 〈태항로(太行路)〉에 "태항산 길이 능히 수레를 부수지만 임금의 마음에 비긴다면 평탄한 길이요, 무협의 물이 능히 배를 엎지만 임금의 마음에 비긴다면 안온한 흐름이다.〔太行之路能摧車, 若比君心是坦途; 巫峽之水能覆舟, 若比君心是安流.〕"라고 하였다. 《古文眞寶 前集 卷7》

38 무협(巫峽)의……것 : 위의 주37 참조.

39 화석(花石)의 언덕 : 북송(北宋) 말기의 간신(奸臣) 주면(朱勔)이 화초와 암석을 좋아하는 휘종(徽宗)의 환심을 사느라 소주(蘇州)에 응봉국(應奉局)을 설치하고 진기한 화석을 채취하여 바치는 일을 하였다. 이러한 일이 20년 넘게 끊이지 않고 계속되자 백성들이 파산하여 자식을 팔아서 공물을 대는 지경에 이르렀다. 《宋史 朱勔列傳》

40 못에……뛰어놀거든 : 문왕(文王)이 백성들과 함께 즐기는 인정(仁政)을 펴자, 백성들이 문왕의 덕에 감복하여 그 대(臺)를 영대(靈臺)라 하고 못을 영소(靈沼)라 하였는데, 그 못에서 뛰노는 물고기를 보고 "아, 가득히 물고기가 뛰노는구나.〔於牣魚躍〕"라고 한 데서 온 말이다. 《詩經 大雅 靈臺》

기와 물이 서로 만남[41]을 상상할 수 있으니, '경회(慶會)'라는 이름이 진실로 구차하지 않을 것입니다. 어질면 산을 좋아하고 지혜로우면 물을 좋아하는 법이라[42] 감회를 일으키는 바가 한 가지뿐만이 아니겠지만, 또한 모두 백성에 관한 일이요, 백성 또한 성상의 즐거움을 경하하면서 스스로도 또한 성상의 즐거움을 즐거워합니다.[43] 그러하니, 어찌 꽃이나 감상하고 물고기나 낚으면서 백성을 잊을 수 있겠습니까. 반드시 말하기를 "만백성이 걱정하기에 앞서 걱정하고, 만백성이 즐거워한 뒤에 즐거워하는 것이다."[44]라고 할 것입니다. 아, 이 누관이 지어지지 않았다면 우리 백성들이 누구를 의지하겠습니까. 신 아무개는 기문을 씁니다.

41 물고기와……만남 : 촉한(蜀漢)의 선주(先主) 유비(劉備)가 일찍이 말하기를 "나에게 공명이 있는 것은 마치 물고기에게 물이 있는 것과 같다.〔孤之有孔明, 猶魚之有水也.〕"라고 하였는데, 이는 군신간에 서로 믿고 의지하는 깊은 교계(交契)를 의미한다. 《三國志 蜀志 諸葛亮傳》

42 어질면……법이라 : 《논어》 〈옹야(雍也)〉에 "지혜로운 이는 물을 좋아하고 어진 이는 산을 좋아한다.〔知者樂水, 仁者樂山.〕"라고 하였다.

43 스스로도……즐거워합니다 : 임금이 백성들과 즐거움을 함께 누리는 '여민동락(與民同樂)'의 정사를 펴자, 백성들 또한 임금의 즐거움을 사치로 여기지 않고 오히려 즐거워한다는 뜻이다. 《맹자》 〈양혜왕 하〉에 "백성의 즐거움을 즐거워하면 백성들도 그 임금의 즐거움을 즐거워하고, 백성의 근심을 근심하면 백성들도 그 임금의 근심을 근심한다. 즐거워하기를 천하의 일로써 하고 근심하기를 천하의 일로써 하는데도, 왕 노릇하지 못하는 경우는 있지 않다.〔樂民之樂者, 民亦樂其樂; 憂民之憂者, 民亦憂其憂. 樂以天下, 憂以天下, 然而不王者, 未之有也.〕"라고 하였다.

44 만백성이 걱정하기에……것이다 : 범중엄(范仲淹)의 〈악양루기(岳陽樓記)〉에 "천하 사람들이 걱정하기에 앞서 걱정하고, 천하 사람들이 즐거워한 뒤에 즐거워하는 것이다.〔先天下之憂而憂, 後天下之樂而樂歟.〕"라고 하였다. 《古文眞寶 後集 卷6》

좌천되어 조주로 가는 한 시랑을 전송하는 서[45]

送韓侍郞謫潮州序

하늘이 사람에게 큰 임무를 내리려 할 적에는 반드시 먼저 그의 근골(筋骨)을 수고롭게 하며 체부(體膚)를 굶주리게 하여 그가 하는 바를 어긋나게 만드니, 이것은 능하지 못한 바를 증익해 주고자 해서이다. 그런 뒤에 그를 등용하여 큰일을 맡겨서 당세에 법을 세우고 만대에 법을 전하게 하니, 이와 같이 하는 것은 어째서인가? 이는 그 마음에 오직 이와 같이 한 뒤에 마음가짐이 조심스럽고 환난을 생각함이 깊어져서 영달하여 천하에 도를 행할 수 있다고 여겨서이다. 이 때문에 순(舜) 임금은 대성인(大聖人)인데 역산(歷山)에서 밭을 갈며 농사지은 뒤에 천하에 법이 되어 후세에 전할 수 있었으며, 문왕(文王)과 주공(周公)은 대성인인데 유리(羑里)에 갇히고 동교(東郊)에 거처한[46] 뒤에 육획(六畫)을 신묘하게 깨달아 괘사(卦辭)와 효사(爻辭)를 달았

45 좌천되어……서(序) : 한 시랑(韓侍郞)은 형부 시랑(刑部侍郞)을 지낸 한유(韓愈)를 가리킨다. 819년에 독실한 불교 신자였던 당(唐)나라 헌종(憲宗)이 봉상현(鳳翔縣) 법문사(法門寺) 호국진신탑(護國眞身塔)에 봉안된 불골(佛骨)을 30년마다 한 번씩 열어 보면 풍년이 들고 세상이 태평해진다는 소문을 듣고 궁중으로 맞아들이려고 하자, 한유가 〈논불골표(論佛骨表)〉를 지어 간하였는데, 헌종이 노하여 한유를 조주(潮州)로 좌천시켰다. 이 서(序)는 이 고사를 근거로 지었다.

46 문왕(文王)과……거처한 : 문왕은 주(紂)가 구후(九侯)와 악후(鄂侯)를 이유 없이 죽인 것에 대해 몰래 탄식했다가 소인의 참소를 받아 유리에 갇혔고, 주공은 관숙(管叔)과 채숙(蔡叔)의 유언비어를 피해 동도(東都)에 거처하였다. 《史記 殷本紀》《書經集傳 金縢 註》

고[47] 예와 악을 제정하여 후세에 길이 전하였으며, 공자(孔子)와 맹자(孟子)는 메추라기처럼 일정한 거처가 없고 새 새끼처럼 주는 대로 먹어서[48] 끝내 길에서 늙었으니, 그런 뒤에 《시(詩)》와 《서(書)》를 산삭하고 예와 악을 정하며, 편벽된 행실을 막고 부정한 학설을 종식해서 오도(吾道)를 크게 밝혀 만세의 스승이 되었다. 황천(皇天)이 우리의 큰 덕을 지닌 분을 내어 우리 백성을 은혜롭게 해 준 것이 어찌 우연이겠으며, 전성(前聖)이 사도(斯道)를 맡은 것도 어찌 우연이겠는가. 그러나 또한 어찌 필연임을 알겠는가. 다만 그대가 조주(潮州)로 가는 것으로써 헤아려 보겠다.

맹가(孟軻) 씨가 말하기를 "천하에 사람이 살아온 지가 오래되었는데 한 번 다스려지면 한 번 혼란해졌다."[49]라고 하였다. 나는 생각건대, 천하가 다스려지고 혼란함이 오도가 밝아지고 어두워짐을 기다릴 뿐이니, 이는 하늘이 이 대도를 내면서 반드시 사람을 통해 행해지게 했기 때문이다. 요(堯) 임금과 순 임금이 위에서 도를 행하고 주공이 아래에서 도를 밝혀서 군자로 하여금 대도의 요체를 듣게 하고 소인으로 하여금 지치(至治)의 은택을 입게 해서 천하의 모든 백성들이 함께 인(仁)

47 괘사(卦辭)와 효사(爻辭)를 달았고 : 문왕이 괘사를 달고 주공이 효사를 달았다. 《周易 易說綱領》

48 메추라기처럼……먹어서 : 《장자(莊子)》 〈천지(天地)〉에 "성인은 메추라기처럼 일정한 거처가 없고 조금 먹으며, 새 새끼처럼 주는 대로 먹어서 새가 다니듯 드러난 자취가 없다.〔夫聖人鶉居而鷇食, 鳥行而無彰.〕"라고 하였다. 원래는 자연에 맡겨 소박하게 사는 것을 의미하는데, 여기서는 처지가 곤궁하여 일정한 거처도 없고 음식도 제대로 먹지 못한다는 뜻이다.

49 천하에……혼란해졌다 : 《맹자》 〈등문공 하(滕文公下)〉에 보인다.

으로 돌아가게 되었다. 주(周)나라가 쇠퇴하자 이단이 봉기하고 사설(邪說)이 백성을 속여 인의를 막았으나 맹씨가 떳떳한 도를 회복하고 변론하여 시원하게 물리치니 오도가 예전처럼 밝아졌다. 이후로 진(秦)나라와 한(漢)나라를 지나오면서 천하의 말이 양묵(楊墨)으로 돌아가지 않으면 불로(佛老)로 들어가니, 어지럽고 시끄러워 백성들이 나아갈 곳이 없었다.

우리 조정에 이르러 불로가 더욱 성행하였는데 방현령(房玄齡), 두여회(杜如晦), 요숭(姚崇), 송경(宋璟) 같은 이들이 명주(明主)를 좌우에서 보필했지만 구원할 수 없었으니, 하늘이 도를 밝히고자 하지 않는 것인가. 어찌 오도의 쇠함이 이리도 심하단 말인가. 하늘이 사문(斯文)을 없애려고 한다면 그만이지만, 만일 사문을 없애려고 하지 않는다면 지금 세상에 그대 말고 누구이겠는가. 더구나 비색(否塞)한 운수가 가면 태평한 운수가 오는 것은 변하지 않는 떳떳한 천도이다. 오도가 이때보다 더 비색한 적이 없고, 이단이 이때보다 더 흥성한 적이 없었으니, 시기로써 상고해 보면 오도가 밝아지고 이단이 쇠해짐이 어찌 금일에 있지 않겠는가. 하늘이 그대로 하여금 마음을 분발시키고 성질을 참게 한 뒤에 사도의 책임을 맡게 하지 않을 줄을 어찌 알겠는가. 그렇다면 지금 그대가 떠나감은 폄적이 아니며, 좌천은 그대의 재앙이 아니고 오도의 다행이자 생민의 복이니, 문왕이 유리에 갇히고 주공이 동교에 거처하고 공자와 맹자가 때를 만나지 못하여 천하를 돌아다닌 것 같은 일이 아니겠는가. 일이 이미 전성과 같으니, 나는 전성의 도를 그대가 맡지 않고 누가 맡을지 모르겠다.

지금 그대의 좌천에 대해, 모르는 자들은 명주를 비방하고 임금의 허물을 들춰서 명예로 삼고자 하는 자라고 하며, 아는 자들은 한자(韓子

한유(韓愈))는 현명하고 우리 임금은 명철하며, 불교를 물리친 것은 충심인데 불행히 유사(有司)에게 뜻을 얻지 못하였으니, 문제(文帝)에게 가의(賈誼)를 앞다투어 비방해서 장사(長沙)로 쫓겨나게 한 것[50]과 같다고 한다. 그러나 나는 이들 모두 제대로 알지 못하는 자라고 여긴다.

옛날 주나라 때에 성왕(成王)이 임금이고 소공(召公)이 재상이었는데도 주공이 동교에 거처하였으니, 이는 임금이 명철하지 않아서도 아니고 재상이 현명하지 않아서도 아니며 주공이 불초해서 그런 것도 아니다. 더욱이 공자와 맹자는 천하를 주유해서 노(魯)나라와 제(齊)나라를 떠나 양(梁)나라와 등(滕)나라로 갔으니, 어찌 천하의 임금이 모두 명철하지 않아서였겠으며, 공자와 맹자의 지혜가 그 군주로 하여금 예우하게 할 수 없을 정도로 낮아서였겠는가. 그런데도 이와 같이 곤궁했던 것은 하늘이 이 사람에게 그 책임을 맡게 하고자 했기 때문에 그의 마음을 곤궁하게 하고 생각대로 되지 않게 한 뒤에 떨쳐 일어나게 한 것이다. 더구나 때를 얻어 세상을 구제했다면, 또 어느 겨를에 그 문사(文辭)를 다듬어 그 도를 밝혔겠는가. 이 때문에 나는 그대의 폄적이 주공이 동교에 거처하고 문왕이 유리에 갇히고 공자와 맹자가 때를 만나지 못한 것과 같음을 알겠다. 동교에 거처한 것도 천리(天理)이고 때를 만나지 못한 것도 천리이며, 마침내 사도의 책임을 맡은 것도 천리이니, 지금 그대가 떠나는 것도 천리가 아니겠는가. 하늘이 그대의

50 문제(文帝)에게……것 : 전한(前漢) 때 가의가 정위(廷尉) 오공(吳公)의 천거로 문제의 부름을 받아 박사(博士)에 제수되고, 신임을 받아 한 해 만에 태중 대부(太中大夫)에 올랐다. 가의가 문제에게 여러 차례 소장을 올려 당시의 폐단을 논하다 주발(周勃)과 관영(灌嬰) 등의 비방을 받아 장사왕(長沙王)의 태부(太傅)로 쫓겨났다. 《漢書 賈誼傳》

곤궁함을 슬퍼해서 주공과 공맹(孔孟)의 도를 그대에게 맡기지 않을 줄 어찌 알겠는가. 그 책임을 맡을 수 있는 것도 천명이고 벼슬을 얻고 얻지 못하는 것도 모두 천명이지만 내 마음을 다할 뿐이며 몸을 닦아 명을 기다릴 뿐이니, 그 천명에 대해 어찌 기필할 수 있겠는가.

그대는 힘쓸지어다. 나는 그대가 떠나는 것을 주공에 견주고 주공의 도를 그대에게 바라지만, 공을 이룸은 천명이니, 내가 그대에게 어찌 하겠는가. 그대는 힘쓸지어다. 전해지지 않은 공맹의 도를 계승하여 자신 한 몸에 밝히고 만세에 전해서 하늘에 달려 있는 책임을 다한다면 또한 매우 다행이 아니겠는가. 한번 좌절된 것으로 인하여 스스로 그 도를 버리는 것은 나의 바람이 아니다. 나는 이에 하늘에 달려 있는 이유를 말해서 그 마음을 위로하노라.

명도 선생의 음기에 쓰다

題明道先生墓碑陰

아, 북풍이 서늘하게 불고 눈이 길에 가득하면 천지가 꽉 막혀 온갖 초목이 뿌리로 돌아가는데, 천지조화가 기를 운행하여 봄의 해가 길지 않으면 천지의 기운이 어찌 서로 조화로울 수 있겠는가. 밤이 깊어 밝은 별이 찬란하면 모든 빛이 사라져 온 산이 어두워지는데, 닭이 홰에서 울어 환하게 해가 뜨지 않는다면 건곤(乾坤)의 색이 어찌 밝을 수 있겠는가. 이는 비색(否塞)한 운수가 가고 태평한 운수가 오는 것이 한서(寒暑)와 주야(晝夜)의 순환과 같으니, 진실로 이치의 추세로 볼 때 필연적인 것이다.

도가 흥하기도 하고 폐해지기도 함에 천하의 치란(治亂)이 달려 있으니, 당우(唐虞) 이후로 도가 몇 번이나 흥하고 폐해짐에 따라 천하가 몇 번이나 다스려지고 혼란해졌다. 그러나 도가 천하에 있는 것이 원기(元氣)가 순수하여 그치지 않는 것과 같으니, 옛날부터 지금까지 진실로 없던 적이 없었다. 다만 사람을 통해 행해지고 사람을 통해 밝아질 뿐이니, 도가 어찌 끊어져 그친 적이 있었겠는가. 그러므로 당우, 삼대(三代)의 시대에는 오도(吾道)가 행해지기도 하고 폐해지기도 해서 폐해졌다가 흥기하고 흥기했다가 폐해져 순환하는 기한이 500년을 넘지 않았다. 이 도가 어찌하여 진한(秦漢) 이후로는 천지가 겨울이 되었다가 봄이 오지 않으며, 해와 달이 항상 밤인 채로 새벽이 오지 않아서 인의(仁義)의 꽃이 뿌리로 돌아간 나무처럼 아침마다 베어지고, 예악(禮樂)의 문장이 온 산이 어두운 것처럼 민둥민둥하게 아무 문채가 없게 되었는가.

이때에 혹자가 "다시는 천지와 일월의 밝음을 볼 수 없을 것이다."라고 하였다. 그러나 비색한 운수가 극에 달하면 태평한 운수가 오는 것은 천지의 도이다. 그러므로 대송(大宋) 시대에 명도(明道) 선생이 세상에 나왔으니, 선생이 전해지지 않은 학문을 불타고 남은 것[51]에서 얻고 전해지지 않은 도를 혼란을 겪고 난 뒤에 이어 이단(異端)을 분별하고 사설(邪說)을 물리쳤다. 그리하여 선성(先聖)의 도를 지키고 선성의 학문을 보위하여 말라 버린 도학의 근원을 다시 적셔서 찬란히 꽃을 피우게 하고 성대히 윤택하게 하니, 한당(漢唐) 이후에 아침 해가 뜬 것과 같을 것이다.

사문(斯文)의 선비들과 천하의 백성들과 만세의 사람들이 이 밝음에 힘입어 그 길을 알고, 이 밝음을 통해 그 문을 찾아서 수많은 갈림길에서 허황되게 분주하지 않게 되었다. 그렇다면 선생을 '명도'라고 명명한 것이 또한 마땅하지 않은가. 이는 속이는 것도 아니고 아첨하는 것도 아니며 그렇다고 과장하는 것도 아니어서 그 실제를 가지고 명명한 것이다. 그렇지만 진실로 밝음을 통해 이 도를 행한 사람이 아니라면 도를 밝힌 것에 대한 공로를 누가 알겠는가. 나는 선생 이후에 '명도'라는 호칭이 선생의 실제와 걸맞음을 아는 자가 있었는지 모르겠다.

천지가 맑게 개었지만 어두워질 때가 없겠으며, 해와 달이 환하게 빛나지만 밤이 되지 않을 때가 있겠는가. 저 사람이 알고 모르고는 진실로 선생과 상관없는 일이고, 세상이 다스려지고 안 다스려지고는 또한 오도의 문을 찾아 들어가는 것과 무관하다. 도가 행해지는 것도

51 불타고 남은 것 : 진(秦)나라 때의 분서갱유(焚書坑儒) 이후에 남은 것을 가리킨다.

천명이고 도가 막히는 것도 천명이니, 내가 무엇을 꺼리겠는가. 다만 만세토록 선생을 제사 지내는 것으로 만세토록 선생을 높여 도가 끊어진 적이 없음을 알겠다.

선생은 원풍(元豐) 8년(1085)에 세상을 떠났다. 선생은 하남(河南) 사람으로 성은 정씨(程氏)이고, 이름은 호(顥)이며, 백순(伯淳)은 선생의 자이고, 명도는 선생의 호이다. 선생께서 도를 밝힌 공은 제사 지내지 않을 수 없고, 제사 지낸다면 그 공을 기록하지 않을 수 없다. 그러므로 내가 이에 글을 지어 그 묘비에 기록한다.

제목을 잃어버리다
失題目

하늘이 백성을 낳음에 충어(蟲魚) 같은 미물이 될까 두려워했기 때문에 반드시 성인으로 하여금 임금을 삼아서 인도하고 스승을 삼아서 가르치게 하였다. 성인이 이에 문장을 두고 삼강오상(三綱五常)의 도를 두어 어리석은 백성들로 하여금 예악(禮樂)의 터전에서 노닐 수 있게 하였다.

아, 성인이 임금과 스승이 되지 않았다면 우리는 맹인이나 귀머거리처럼 되었을 것이다. 비록 그렇지만 성인이 임금과 스승이 되어 인도하고 가르친 것이 어찌 이런 이유일 뿐이겠는가. 반드시 이 백성들로 하여금 성인이 덕으로 여기는 것을 덕으로 여기고, 도로 여기는 것을 도로 여겨서 군신, 부자, 부부, 형제, 붕우 이 다섯 가지 관계를 거스르지 않음이 없게 된 뒤에 글을 배우도록 하고자 한 것이다. 그러나 글을 배운다는 것이 어찌 글을 외우고 글귀를 익혀서 사장(詞章)의 기예에만 힘쓰는 것을 말할 뿐이겠는가. 반드시 성인의 도를 배우고 오상의 윤리를 행해야만 참다운 문장이 되는 것이다. 그렇다면 참다운 문장이란 단순히 문장만 있는 문장이 아니라 진실로 반드시 도덕을 겸비한 문장이라고 해야 할 것이다.

그러므로 요(堯) 임금과 순(舜) 임금의 문장을 나는 "문장을 문장으로 삼았다."라고 하지 않고 "흠명문사(欽明文思)와 준철문명(濬哲文明)[52]의 문장이다."라고 하고, 부자(夫子 공자(孔子))의 문장을 나는 "문장을 문장으로 삼았다."라고 하지 않고 "일관(一貫)하는 도[53]를 문장으로 삼았다."라고 말할 뿐이다. 그렇다면 문장 안에 담겨 있는 요 임금의 흠명문사와 순 임금의 준철문명과 공자의 일관하는 도를 들을 수 있는가? 그것은 바로 삼강오상의 도에 지나지 않는다. 해와 달이 뜨고 지며 천지가 생긴 옛날부터 지금까지 백성이 태어난 이후의 문장 중에 무엇이 이보다 더 훌륭하겠는가.

애석하다. 진한(秦漢) 이후로 도가 상실되고 문(文)이 폐해지자 이단이 벌 떼처럼 일어나 삼강이 매몰되고 구법(九法)이 무너지며 오상이 붕괴되고 육예(六藝)가 폐해졌으니, 나는 문장이 세상에 다시 나타난 것을 보지 못하였다. 비록 소식(蘇軾)과 유종원(柳宗元) 같은 무리가 한 시대에 이름이 났지만, 한갓 대우(對偶)의 문장을 짓는 것을 배워서 -원문 10자 결락- 그 도가 떠나가려 했는데, 다행히 하늘이 사문(斯文)을 버리지 않았다. 그러므로 -원문 28자 결락- 춤을 추며 즐거워할 수 있는 것이다. 일찍이 시험 삼아 생각하기를 "소식과 유종원의 재능이 -원문 3자 결락- 양(梁)나라 무제(武帝)의 무리로 흘러들었고[54] 또 고금에 으뜸인 재주를 지니고 있었는데도 이사(李斯)와 조고(趙高)라

52 흠명문사(欽明文思)와 준철문명(濬哲文明) : 흠명문사는 요 임금의 덕을 칭송하는 말로, 《서경》〈요전(堯典)〉에 "공경하고 밝고 문채 나고 생각함이 편안하고 편안하다.〔欽明文思安安〕"라고 하였고, 준철문명은 순 임금의 덕을 칭송하는 말로, 《서경》〈순전(舜典)〉에 "깊고 명철하고 문채 나고 밝다.〔濬哲文明〕"라고 하였다.

53 일관(一貫)하는 도 : 일관은 일이관지(一以貫之)의 준말이다. 공자가 제자 증삼(曾參)을 불러서 "나의 도는 하나의 이치로써 모든 일을 꿰뚫고 있다.〔吾道一以貫之.〕"라고 하였다. 《論語 里仁》

54 양(梁)나라……흘러들었고 : 양나라 무제 때에 불교가 성행하였는데, 소식과 유종원의 문장이 불교적 성향을 띠었으므로 언급한 것이다.

는 악명에 빠졌으니, 두 사람 같은 명성을 가지고 있고 두 사람 같은 재주를 가지고 있으면서 요순의 도를 본받고 부자의 종적을 우러른 자는 아마도 한유(韓愈)와 구양수(歐陽脩)일 것이다." 하였다. 애석하다, 지금 세상에서 내가 그런 사람을 보지 못함이여.

산당집

제4권 상

부록
附錄

부록 附錄

가장
家狀

공은 휘는 충성(忠成), 자는 필경(弼卿), 성은 최씨(崔氏)이니, 선계(先系)는 전주(全州)에서 나왔다. 상조(上祖) 휘 아(阿)는 고려조에서 문하시중(門下侍中)을 지냈고, 시호는 문성공(文成公)이니, 《고려사(高麗史)》에 보인다. 증조 휘 담(霮)[1]은 우리 조정에서 품계는 통정대부에 이르렀고, 관직은 검교(檢校), 호조 참의, 집현전 제학을 지냈고, 호는 월당(月塘)이다. 조부 휘 덕지(德之)는 생원으로 문과에 급제하여 괴원(槐院)에 분관되었고, 한림원, 옥당, 대각(臺閣)의 벼슬을 지냈다. 일찍이 남원 부사(南原府使)로 있다가 물러나 영암(靈巖) 영보촌(永保村)에 거처하였다. 서루(書樓)를 지어 '존양(存養)'이라 편액하고 두문불출하면서 학문을 강론하고 실천을 독실하게 하였다. 문종(文宗) 1년(1451)에 공을 불러 중직대부(中直大夫) 예문관 직제학에 제수하였으나 얼마 지나지 않아 연로함을 이유로 사직하고 고향으로 돌아가

1 담(霮) : 대본에는 '▨'로 되어 있다. 《산당집》 권4 〈산당 처사 최공 행장(山堂處士崔公行狀)〉에 근거하여 보충하여 번역하였다.

니, 조정에서 같이 벼슬하던 박취금 팽년(朴醉琴彭年), 성매죽 삼문(成梅竹三問) 등 제현이 시와 서문을 지어 그 출처의 고상함을 말하였다. 마침내 길이 떠나 돌아오지 않았으니 세상에서 연촌(烟村) 선생이라고 일컫는 분이 바로 이분이다. 연촌 선생의 형인 광지(匡之)와 직지(直之)는 모두 문과에 급제하여 집현전 제학을 지냈기 때문에 세상에서 "제학은 최씨의 관직"이라고 일컬었다. 고(考) 휘 별(瀲)은 진무부위 사용(進武副尉司勇)을 지냈다. 사용공(司勇公)이 밀양 박씨(密陽朴氏) 모관(某官) 모(某)의 따님에게 장가들어 4남을 낳았으니, 공은 그중 막내이다.

공은 천순(天順) 무인년(1458, 세조4) 모월 모일에 나주(羅州)에서 태어났다. 공이 강보에 싸여 있을 때에 사용공과 모부인(母夫人) 박씨가 갑자기 세상을 떠나 형들에게 양육되었다. 공은 태어났을 때부터 세상을 경영하려는 뜻을 두더니, 겨우 8살의 나이에 형을 따라 북쪽으로 가서 한양에서 유학했고 조금 자라서는 천성이 고결하여 티가 없었다. 성현의 글을 읽고 제자백가의 책을 이해했으며, 아울러 과거 공부를 하였다. 관례를 올리기 전의 나이에 문경공(文敬公) 한훤당(寒暄堂) 김 선생(金先生 김굉필(金宏弼))이 끊어진 학문을 영남에서 비로소 창도한다는 소식을 듣고 찾아가서 스승으로 섬기니 선생이 공을 존중하였다.

공은 선생의 지결(旨訣)을 받아 학문은 《소학(小學)》을 근본으로 삼고, 《심경(心經)》과 《근사록(近思錄)》 등에 더욱 공력을 쏟아 성정(性情)과 이기(理氣)의 심오한 이치를 탐색했다. 강론하다가 마음에 맞는 부분을 만나면 밤새도록 잠을 자지 않고 종일토록 먹지 않으면서 삼가고 두려워하여 오직 날마다 하여도 부족한 듯이 여겼으니, 그 조예가 심원해졌다. 호남 광주(光州)에 살았을 때 산당(山堂)에서 독서하기를 좋아해서 자호를 '산당'이라 하고 〈산당서객전(山堂書客傳)〉을 지었다.

한훤 선생은 《소학》으로 몸을 단속하고, 일두(一蠹) 정 선생(鄭先生 정여창(鄭汝昌))과 더불어 뜻이 같고 도가 부합하는 벗이 되어 바른 학문을 창도하여 밝히고 후진들을 훈도하는 것을 게을리하지 않았으며, 문하의 제자들을 가르칠 적에 《소학》을 소홀히 한 적이 없었다. 공이 그 사이에서 직접 가르침을 받으면서 명양정(鳴陽正) 이현손(李賢孫), 이적(李勣), 박한삼(朴漢參), 윤신(尹信), 민귀손(閔龜孫), 김안국(金安國), 김정국(金定國) 등 제현과 날마다 더불어 강마해서 서로 이택(麗澤)의 유익함이 있었다. 또 추강(秋江) 남효온(南孝溫)과 사이가 좋았는데, 추강이 공의 뛰어난 조예에 감복하여 〈지리산 일과(智異山日課)〉에 "최충성 필경과 김건 자허(金鍵子虛) 등이 지급암(知及菴)에 있다는 소식을 듣고 사람을 보내 안부를 물었다."라고 하였고, 또 "저녁에 필경과 자허가 나를 찾아왔다. 한밤중에 등잔불을 밝히고 필경 등이 《소학》과 《근사록》을 강론했다."라고 하였고, 또 "필경과 자허가 술과 안주를 마련해서 나에게 봉천사(奉天寺)에서 유숙하기를 청하니, 내가 필경 등과 밤에 《근사록》을 보았다."라고 한 내용이 있다. 아, 공이 학문에 독실하고 이치를 궁구한 자취를 여기에서 또한 볼 수 있다.

공이 산당에서 오랫동안 지내매 옛사람들이 뜻이 크고 도량이 웅대하여 비록 한 줌의 흙과 한 덩이의 돌이라도 모두 보아서 그 기상을 기르고자 했다는 것을 알고 개연히 본받았다. 계묘년(1483, 성종14)-공의 나이 26세이다.-에 월출산(月出山)을 유람하고, 갑진년(1484)에 용암산(湧巖山)을 유람하고, 을사년(1485)에 서울의 삼각산(三角山), 백악산(白嶽山), 천마산(天磨山), 성거산(聖居山) 등의 명산을 유람하고, 병오년(1486)에 서석산(瑞石山)을 유람하고, 정미년(1487)에 두류산(頭流山)을 유람하면서 스승을 찾아다니고 벗과 어울리며 책을 가지고 마음 가는 대로 이리저리 돌아다녔다. 무신년(1488) 봄에 또 방장산(方丈山)에 있었는데, 한훤 선생이 부친상을 당했다는 부음(訃音)을 듣고 매우 다급한 걸음으로 영남에 가서 곡했다. 4월에 완산(完山)을 유람하고, 6월에 옥천산(玉川山)을 유람했으며, 8월에 창평(昌平)에서 감시(監試)에 응시하고, 9월에 김제(金堤)에서 문과(文科)에 응시했다. 겨울에 벗 김자허, 유익지(兪翼之)와 함께 월출산 정려(精廬)에서 강학하였는데, 여러 벗이 다 모이니 그 뜻이 무쇠 벼루를 뚫을 정도였다.[2] 공은 서늘한 곳에 자리하여 지기가 상쾌해지면 마음이 절로 또렷해져서 졸음을 피할 수 있다고 생각하여 항상 스스로 차가운 자리를 차지해서 밤낮으로 기거하였다. 공부에 몹시 애를 쓰고 마음을 진실하게 함이 이와 같은 점이 있었다. 몇 차례 과거에 응시한 뒤에는 더 이상 응시하지 않고 세상에 뜻을 두지 않고서 성리학에만 전념하였으며, 〈산당서객전〉과 〈환유자를 부르는 글〔招宦遊子文〕〉을 지어 스스로 즐겼다.

기유년(1489) 겨울에 봉성(鳳城)에서 상로병(霜露病)으로 병석에서 지내며 집 밖을 나가지 못하고, 머리를 움츠리고 적막함을 지키면서 분각기(焚刻器)[3]를 만들어 잡념을 경계했다. 경술년(1490) 모월 모일

2 무쇠……정도였다 : 학문을 철저히 닦아 성취하려는 뜻을 비유한다. 오대(五代) 시대 진(晉)나라의 상유한(桑維翰)에게 어떤 사람이 진사 급제가 아니라 다른 방법으로 벼슬을 구해 보라고 말하였는데, 상유한이 무쇠 벼루를 주조하여 남에게 보이면서 말하기를 "이 벼루가 다 닳거든 마음을 바꿔 다른 방법으로 벼슬을 구하겠다."라고 한 데서 온 말이다. 《新五代史 晉臣列傳 桑維翰》

에 호남 방백에게 글을 올려 약을 구하면서 우(禹), 직(稷), 이윤(伊尹)이 사람을 구제하는 방도를 말하였다. 신해년(1491)에 병이 더욱 심해져 3월 24일에 졸하니, 향년 34세였다.

아, 공은 성품이 담박함을 좋아하여 마음에서 부화(浮華)함을 끊었으니, 사람들이 매우 뛰어나고 걸출하다고 일컬었다. 뜻을 세워 학문을 함에 있어서는 성경현전(聖經賢傳)을 극진히 탐구하고 다 읽어서 온종일 부지런히 공부하면서 안자(顔子)가 배운 학문[4]은 어떤 학문인지를 생각했고, 종신토록 성실하게 공부하면서 맹자(孟子)가 반드시 요순(堯舜)을 일컬었던 도[5]가 어떤 도인지를 생각했다.

오랫동안 이치를 궁구하고 생각을 삼가서 체(體)와 용(用)이 서로 의지하고 안과 밖이 서로 길러 주어 일에 따라 마음을 보존하여 다른 곳으로 가지 않는 경지에 이르렀으니, 스스로 기약한 것이 실로 평범하지 않았다. 그러므로 그 도를 논할 때에 "아직 시작되기 이전에 용이 갖추어져 있고, 형체가 있은 뒤에 체가 확립되며 태극은 음양 속에서 유행하고 음양은 태극 안에서 벗어나지 않으니, 두 기(氣)가 서로 감응

3 분각기(焚刻器) : 최충성이 봉성에서 상로병으로 와병하고 있을 때에 온갖 잡념이 드는 것을 경계하기 위해 만든 시계이다. 시계에 대한 자세한 내용은 《산당집》 권2 〈경려분각기(警慮焚刻記)〉에 보인다.

4 안자(顔子)가 배운 학문 : 예(禮)가 아니면 보지 않고 듣지 않고 말하지 않고 행하지 않으며, 화를 남에게 옮기거나 잘못을 되풀이하지 않는 것이다. 자세한 내용은 《논어집주(論語集註)》 〈옹야(雍也)〉 호학장(好學章) 주에 보인다.

5 맹자(孟子)가……도 : 패도 정치(霸道政治)를 낮추고 왕도 정치(王道政治)를 높인 맹자의 도를 가리킨다. 《맹자》 〈공손추 하(公孫丑下)〉에 "나는 요순의 도가 아니면 감히 왕 앞에서 말씀드리지 않았다.〔我非堯舜之道, 不敢以陳於王前.〕"라고 하였다.

함에 이(理) 또한 부여된다. 이에 만물이 생겨난다."라고 하였고, 사단칠정(四端七情)과 심성이기(心性理氣)의 설을 논할 때에 "하늘이 음양오행으로 만물을 화생하는데, 사람이 이 기를 받아 태어나면 인의예지의 성(性)이 된다. 그것을 체로 삼는 것을 성이라 이르고, 그것을 용으로 삼는 것을 정(情)이라 이르며, 중(中)에 이르러 그 성정을 통솔하는 것을 심(心)이라 이르니, 발하기 전을 중(中)이라 이르고 발한 뒤를 화(和)라고 이른다. 사람이 태어나면서 고요해서 담박하여 욕심이 없으니, 이것이 성인이 고요함을 주장한 이유이다.[6] 형체가 생겨난 뒤에 외물이 형체와 접촉하여 그 중을 동요시키니, 중이 동요하면 칠정이 나오고, 칠정이 이미 방탕해져서 그 성이 깎이면 물욕이 유인하고 혼매함이 가려서 망연히 알지 못하고 막연히 깨닫지 못하니 애통하게 여길 만하다."라고 하였으니, 이것이 공이 학문에 힘을 쏟은 이유이다.

공은 타고난 자품이 뛰어나서 가정에서 가르침을 받았을 뿐만 아니라, 일찍 어진 스승의 문하에서 공부하여 학문의 요체를 들었다. 《소학》에 매우 깊이 공을 들여 찬술하여 글을 지었는데, 《소학》 여러 편을 읽고 지은 글을 남겼다.[7] 그중에 말하기를 "만일 이 책에 힘을 다하는 자가 이로 말미암아 《대학》에 나아가 마침내 지행(智行) 공부를 이룬다면, 이 책이 어찌 사서(四書)를 오서(五書)로 만들고 육경(六經)을

6 이것이……이유이다 : 주돈이(周敦頤)의 《태극도설(太極圖說)》에 "성인은 중·정·인·의로 정하되 고요함을 주장하여 사람의 준칙을 세웠다.〔聖人定之以中正仁義而主靜, 立人極焉.〕"라고 하였다. 《古文眞寶 後集 卷10》

7 소학을……남겼다 : 《산당집》 권1에 〈《소학》을 읽고〔讀小學文〕〉, 〈《소학》〈입교〉 편을 읽고〔讀小學立敎篇〕〉, 〈《소학》〈명륜〉 편을 읽고〔讀小學明倫篇文〕〉, 〈《소학》〈경신〉 편을 읽고〔讀小學敬身篇文〕〉가 있다.

칠경(七經)으로 만들지 않겠는가."라고 하였다.

더욱 인륜을 밝히고 이단을 물리치는 것을 뜻으로 삼아 〈정명에 대한 논〔正名論〕〉과 〈무씨를 황후로 세우는 것에 대해 저수량이 간언하는 것을 상정하여 지은 소〔擬褚遂良諫立武氏爲后疏〕〉를 저술해서 삼강오륜(三綱五倫)의 도를 밝히고 〈천당과 지옥에 대한 분변〔天堂地獄辨〕〉을 지어 그 미혹을 풀고 마음을 바로잡았다. 점필재(佔畢齋) 김선생이 호남 관찰사로 부임했을 때 공이 편지를 올려 불교와 무당의 폐해를 극도로 말하면서 속히 물리치고 끊어 버리기를 청하니, 점필재 선생이 매우 예우하였다.

아, 공이 청명한 아름다운 자질로 스승에게 가르침을 받으면서 들은 것은 모두 의리의 깊은 이치였으니, 학문이 더욱 진전되고 도가 더욱 밝아져서 그 학문의 조예를 진실로 헤아릴 수 없었을 터인데, 하늘이 수명을 더 주지 않아 중도에 요절하여 안자보다 겨우 2년을 더 살았다. 어찌 애석하지 않겠는가.

부인 전의 이씨(全義李氏)는 병조 참의 이약수(李若水)의 따님이다. 아들은 연문(演文)이고 사위는 충순위(忠順衛) 설준(薛俊)이다.

연문의 아들 언린(彥潾)은 진사이고, 사위는 생원 윤항(尹衖)이다.

언린의 아들 복남(福男)은 참봉에 제수되었으나 나가지 않았고 문행(文行)이 있었으며, 지남(祉男)은 봉사(奉事)이고, 길남(吉男)은 주부(主簿)이다. 내외의 증손과 현손은 모두 약간 명이다.

그해 모월 모일에 나주 가지동(可芝洞) 선영의 묘좌(卯坐) 언덕에 장사 지냈다. 한훤 선생이 그 명정(銘旌)에 '처사산당서객(處士山堂書客)'이라 쓰고 신주에 쓸 때도 이와 같이 하였으니, 대개 도가 전해지지 못함을 애도하는 뜻이었다. 추강이 〈사우명행록(師友名行錄)〉을 지으면서 공의 이름을 뒤편에 두고는 "뛰어난 재주와 독실한 행실이 그 스승과 같았다."라고 하였다. 사림(士林)이 공을 존양사(存養祠)에 배향하였으니, 존양사는 공의 조부 존양 선생을 제사 지내는 곳이다.

숙종대왕이 계사년(1713, 숙종39)에 '녹동(鹿洞)'이라 사액하고 공의 치제문(致祭文)을 내려 주었는데 그 제문에 "스승의 문하에서 덕성을 길러 젊은 나이에 도에 뜻을 두니, 식견이 높고 행실이 돈독하여 마침내 가문의 전통을 계승하였네."라고 하였다. 아, 성조(聖朝)가 추숭하여 보답해 준 은전이 또한 성대하다 이를 만하다.

공은 이미 가학을 이었고 또 한훤 선생에게 가르침을 받았으니, 그 높은 재기(才器)와 바른 학문이 입실의 경지에 이른 고제(高弟)[8]라고 칭할 만하다. 비록 불행하게 단명하였으나 학문의 연원과 조예는 속일 수 없는 점이 있다. 저술한 글이 세상에 간행되었으나, 다만 몇 편에 불과할 뿐이었다. 문순공(文純公) 현석(玄石) 박세채(朴世采) 공이 그 간편(簡編)을 정리하여 발문을 썼고, 문경공(文敬公) 성담(性潭) 송환기(宋煥箕) 공이 서문을 썼고, 찬선(贊善) 송치규(宋穉圭) 공이 묘표를 썼으나 자못 빠진 곳이 있었으니, 어찌 위간재(魏艮齋)의 묘문과 같은 뜻[9]이 아니겠는가. 다만 행장이 아직 없어서 후인들이 자세히

8 입실의……고제(高弟) : 이미 학문적으로 상당히 높은 경지에 이르렀음을 뜻한다. 공자(孔子)가 제자 자로(子路)의 경지를 두고 이르기를 "당에는 올랐지만 아직 실에는 들어가지 못하였다.〔升堂矣, 未入於室也.〕"라고 하였다. 《論語 先進》

9 위간재(魏艮齋)……뜻 : 간재는 송(宋)나라 위섬지(魏掞之)의 호이다. 주희(朱熹)가 위섬지의 묘지(墓誌)를 지을 당시에는 증적(曾覿)의 권세가 한창 성하였으므로, 위섬지가 증적을 소환하라는 명령에 대해 논박하는 봉사(封事)를 올린 일을 싣지 않았다가, 나중에 증적이 몰락한 뒤에야 그 일을 밝혔던 사실을 말한다. 《晦庵集 卷83 跋魏

볼 수 없다. 그러므로 이에 감히 유문(遺文)과 가첩(家牒)에 기록된 것을 이상과 같이 수습하여 당세의 입언 군자(立言君子)가 채택해 주기를 기다린다.

숭정(崇禎) 기원(紀元) 뒤 네 번째 무자년(1828, 순조28) 5월 상한(上澣)에 11대손 종익(鍾翼)이 삼가 쓰다.

元履墓表》《宋史 隱逸列傳 魏掞之》 여기서는 최충성의 행적에 대해 발문과 서문과 묘표에서 어떤 사정으로 다 기록하지 못했다는 의미로만 쓰인 듯하다.

산당 처사 최공 행장

山堂處士崔公行狀

공은 휘는 충성(忠成), 자는 필경(弼卿)이며, 전주 최씨(全州崔氏)이다. 고려조에서 문하시중(門下侍中)을 지낸 문성공(文成公) 휘 아(阿)가 상조(上祖)이다. 이분의 현손 휘 담(霮)은 우리 본조에 들어와 집현전 제학을 지냈고, 호가 월당(月塘)이다. 이분이 아들 넷을 두었는데, 막내 휘 덕지(德之)는 일찍 문과에 급제하여 대각(臺閣)의 직임을 역임하였다. 일찍이 남원 부사(南原府使)로 있다가 그길로 물러나 영암(靈巖)에 거처하였다. 문종(文宗) 1년(1451)에 공을 불러 예문관 직제학에 제수하였으나 곧바로 연로함을 이유로 사직하고 고향으로 돌아가자, 조정에서 같이 벼슬하던 박취금 팽년(朴醉琴彭年), 성매죽 삼문(成梅竹三問) 등 제현이 시문을 지어 공의 높은 지조와 절개를 말하였으니, 세상에서 연촌(烟村) 선생이라 일컫는 분이다. 고(考) 휘 별(潎)은 진무부위 사용(進武副尉司勇)을 지냈고, 비(妣) 밀양 박씨(密陽朴氏)는 모관(某官) 모(某)의 따님이다. 아들 넷을 낳았는데, 공이 그중 막내이다.

공은 천순(天順) 무인년(1458, 세조4) 모월 모일에 나주(羅州)에서 태어났다. 강보에서 채 벗어나기도 전에 갑자기 부모상을 당해서 형들에게 양육되었다. 겨우 이를 갈 7, 8세에 기개가 뛰어났으며, 조금 자라서는 항상 세상을 경영하려는 뜻을 두어 비록 한 줌 흙과 한 덩이 돌이라도 모두 보려고 하여 나라 안의 경치가 빼어난 곳을 두루 탐방하였으니, 또한 어찌 초연히 속진(俗塵)을 벗어난 의표가 아니겠는가.

경전을 익숙히 보고 겸하여 과거 공부를 하였다. 관례를 아직 올리지 않은 나이에, 한훤당(寒暄堂) 김 선생(金先生 김굉필(金宏弼))이 《소학(小學)》으로 자신을 단속하고 일두(一蠹) 정 선생(鄭先生 정여창(鄭汝昌))과 영남에서 끊어진 학문을 창도한다는 소식을 듣고서 문하에 나아가 배우기를 청하니, 선생이 그를 존중하였다. 공이 요결(要訣)을 받아 학문은 《소학》을 근본으로 삼고 《심경(心經)》과 《근사록(近思錄)》 등에 더욱 공력을 쏟아서 은미하고 심오한 이치를 탐색하여 마음에 맞는 부분을 만나면 밤새도록 잠을 자지 않고 종일토록 밥 먹는 것도 잊은 채 터득하지 못하면 그만두지 않았으니, 점차 조예가 심원해졌다.

공은 이미 어진 스승의 문하에서 가르침을 받았고, 또 명양정(鳴陽正) 이현손(李賢孫), 모재(慕齋) 김안국(金安國), 추강(秋江) 남효온(南孝溫)과 함께 날마다 서로 강마하여 이택(麗澤)의 유익함이 있었으니 서로 어울려 토론한 일이 추강의 〈사우명행록(師友名行錄)〉에 보인다. 집에 머무는 날은 항상 적고 대부분 산당(山堂)에서 지냈으며, 여러 벗과 정려(精廬)에서 모일 것을 약속하였다. 정려에 모이면 공은 스스로 차가운 자리를 차지하고 앉아 졸음을 피하고 마음을 깨우는 방법으로 삼았으며, 공부에 부지런히 힘써서 투철하게 알기를 기약하였다. 몇 차례 과거에 응시한 뒤에는 더 이상 응시하지 않고 성리학에 전심하였으며, 〈산당서객전(山堂書客傳)〉과 〈환유자를 부르는 글〔招宦遊子文〕〉을 지어 스스로 즐겼다.

공은 오랫동안 산당에 머물렀고, 또 도보로 산을 넘고 물을 건너 경치 좋은 곳을 두루 유람하였으니, 이 때문에 몸이 상했다. 기유년(1489, 성종20) 겨울에 갑자기 상로병(霜露病)에 걸려 적막함을 지키며 무료하게 지내면서 병을 조섭하던 고인들이 모두 잡념을 줄이는 데에 힘썼던 것을 생각하고는 분각기(焚刻器)[10]를 만들어 잡념을 경계하였다. 몇 년 동안 병이 낫지 않더니 병세가 점차 심해져 마침내 신해년(1491) 3월 24일에 졸하니, 향년 34세였다. 그해 모월 모일에 나주 가지동(可芝洞) 묘좌(卯坐)의 언덕에 장사 지냈으니, 선영의 아래쪽에 있다.

공은 태어나면서부터 고결한 자질이 있었고, 널리 배우고 몸소 실천하는 공부를 더 하여 온종일 부지런히 하고 한 해 내내 힘썼으니, 스스로 기약한 것이 실로 평범하거나 얕지 않았다. 그러므로 예컨대 〈속〈원인〉(續原人)〉, 《소학》 여러 편을 읽고 지은 글들은 모두 학문에 힘을 다하고 사물의 이치를 궁구하는 내용이고, 〈정명에 대한 논〔正名論〕〉, 〈천당과 지옥에 대한 분변〔天堂地獄辨〕〉, 〈점필재 선생에게 올리는 편지〔上佔畢齋先生書〕〉는 정도(正道)를 부지하고 이단을 물리치려는 뜻이 크게 세교(世敎)에 보탬이 되었으니, 힘쓴 공부와 진취된 덕이 언어와 문자에 드러난 것이 이와 같았다. 평소에 바르고 밝은 식견을 속일 수 없는 것은 오로지 스승에게 가르침을 받은 데에서 힘을 얻었기 때문이니, 만일 몇 년의 수명을 더 주었다면 그 진전을 헤아릴 수 없었을 터인데 중도에 갑자기 요절하였으니 어찌 애석하지 않겠는가.

부인 전의 이씨(全義李氏)는 병조 참의 이약수(李若水)의 따님이다. 1남 1녀를 낳았으니, 아들은 연문(演文)이고, 사위는 충순위(忠順衛) 설준(薛俊)이다.

연문은 1남 1녀를 낳았으니, 아들 언린(彦潾)은 진사이고, 사위 윤항

10 분각기(焚刻器) : 195쪽 주3 참조.

(尹衡)은 생원이다.

언린은 3남을 낳았으니, 복남(福男)은 첨지(僉知)이고, 지남(祉男)은 봉사(奉事)이고, 길남(吉男)은 주부(主簿)이며, 사위 문후소(文後素)는 현감이다. 내외의 증손과 현손 이하는 많아서 다 기록하지 않는다.

지난 숭정(崇禎) 경오년(1630, 인조8)에 영암 인사들이 연촌사원(烟村祠院)을 월출산(月出山)의 기슭에 세웠고, 그 후에 원근 선비들이 산당공(山堂公)이 선조의 사업을 잘 계승하였다고 하여 배향하자는 의론을 일제히 제기하였다. 그로부터 세월이 많이 흘러 을사년(1665, 현종6)에 비로소 사당에 봉안하는 예를 거행하였다.

숙종 신유년(1681, 숙종7)[11]에 '녹동(鹿洞)' 두 글자를 사액(賜額)하고 공에게 치제(致祭)하였으니, 그 제문에 "스승의 문하에서 덕성을 길러 젊은 나이에 도에 뜻을 두니, 식견이 높고 행실이 돈독하여 마침내 가문의 전통을 계승하였네."라고 하였다. 조정의 추숭과 장려가 실로 유감이 없으니, 어찌 감히 한마디 군더더기 말을 다시 덧붙이겠는가. 공의 학문과 행실이 이에 이르러 밝게 드러나 손자로서 조부에게 배향되었으니 더욱 광채가 나게 되었다.

공은 일찍 죽고 세대도 멀어져서 약간의 유고(遺稿)를 몇 해 전에 겨우 간행했는데, 11대손 기일(基一)이 다시 흩어지고 빠진 유고를 수습하여 원집(原集)에 이어 간행하기를 도모하려 하니, 그 뜻이 매우

11 숙종 신유년 : 《산당집》 권4 상 〈가장(家狀)〉과 권4 하 〈사액을 청한 것에 대한 예조의 회계〔禮曹請額回啓〕〉에는 사액된 해가 계사년(1713, 숙종39)이라고 되어 있는 것을 보면 신유년이라고 한 것은 송내희(宋來熙)의 착오인 듯하다. 우선 대본대로 번역하였다.

지성스럽다. 이제 그 수습한 유고 중에 녹동서원(鹿洞書院)에 배향할 때의 제문에 '제자의 상을 스승이 치러 준다.〔弟喪師治〕'라는 구절과 '객지에 있는 관이 고향으로 돌아왔다.〔旅櫬還鄕〕'라는 구절이 있는 것을 보니, 생각건대 혹 공의 상여가 한훤 선생의 학사(學舍)에서 나온 듯하다. 그러므로 한훤 선생이 공의 명정(銘旌)에 '산당서객(山堂書客)'이라 쓴 것은 아마 이런 이유에서일 것이다. 비록 이 사실이 가장(家狀)에 들어 있지는 않지만, 자못 사실을 고증할 만한 근거가 되기에 우선 행장의 끝에 붙여 둔다.

숭정(崇禎) 기원(紀元) 뒤 네 번째 갑자년(1864, 고종1) 10월에 은진(恩津) 송내희(宋來熙)[12]가 짓다.

12 송내희(宋來熙) : 1791～1867. 본관은 은진, 자는 자칠(子七), 호는 금곡(錦谷)이다.

사액을 청하는 상소[13] 농암 김창협

請賜額疏 農巖金昌協

삼가 아룁니다. 신 등은 삼가 보건대 예로부터 조정의 선비 중에 조정에 들어가면 물러나지 않고 봉록과 총애를 탐하다가 신세를 망친 사람은 많고, 결연히 용기 있게 물러나 부귀에 빠지지 않은 자는 겨우 손가락으로 셀 수 있을 정도로 적었습니다. 그러나 그 당시를 상고해 보면 또 모두 쇠란한 시대를 만나 화를 당할까 두려워서 자신을 온전히 할 것을 생각해 물러난 것이고, 그렇지 않은 자는 또한 명예와 지위가 이미 극에 달해 더 바랄 것이 없어서일 뿐입니다. 그러나 성명(聖明)의 시대에 처하여 임금이 등용할 의향이 여전한데 조용히 몸을 이끌고 떠날 수 있는 자는 수천 명 중에 한 사람도 없습니다. 하물며 절조 하나로 스스로 기뻐하지 않고 큰 도에 뜻을 두며, 한가한 생활로 유유자적하지 않고 실천에 힘쓸 수 있는 사람은 어찌 더욱 탁월하고 뛰어나 보기가 어렵지 않겠습니까.

신 등은 시골 마을의 몽매한 선비로 견문이 넓지 못하지만 유독 우리 세종(世宗)과 문종(文宗)의 시대에 최덕지(崔德之)라는 사람이 있다는 것은 들었습니다. 그는 벼슬을 한림원에서 시작해서 옥당과 대각(臺閣)을 거쳤고, 후에 남원 부사(南原府使)로 있다가 물러나 본읍인 영암

13 사액(賜額)을 청하는 상소 : 김창협(金昌協)이 1680년(숙종6)에 지은 상소로, 부친인 김수항(金壽恒)이 전라도 영암(靈巖)에서 귀양살이할 당시에 부친을 만나기 위해 그곳에 여러 번 왕래한 적이 있었던 인연으로 대작한 듯하다.

(靈巖)에서 지내면서 서루(書樓)를 지어 '존양(存養)'이라 편액하고 두문불출했으니, 당시는 세종 만년이었습니다. 문종이 즉위하자 그를 불러서 예문관 직제학에 제수하여 순수하고 진실하다고 장려하고 조정에 머물러 두어 임용하려 하였으나, 조정에 있은 지 2년이 되지 않아 글을 올려 사직을 청하고 돌아가고는 끝내 다시 출사하지 않았습니다.

신 등은 삼가 생각건대 본조의 정치와 교화가 세종과 문종의 즈음보다 성대한 적이 없었습니다. 이때에 뛰어난 재능을 가진 준걸들이 시운(時運)에 응하여 무수히 모여서 경학과 문장에 능통한 뛰어나고 걸출한 선비들이 어깨를 나란히 하고 조정에 서서 모두 공명(功名)으로써 스스로 분발했으니, 이는 또한 천년에 한 번 있는 시절이었습니다. 훌륭한 덕을 지닌 덕지가 그 사이에서 종유하면서 조금도 손색이 없었으니, 가령 느긋하게 벼슬해서 시운에 영합했다면 또한 경상(卿相)의 지위에 올라 공명이 찬란했을 것입니다. 그러나 도리어 벼슬을 버리고 취하지 않고서 멀리 떠나 산천에 은거하여 그 몸을 마쳤습니다. 이는 내외의 경계를 자세히 살피고 명예와 치욕의 경계를 초월한 자가 아니면 불가능한 일이니, 저 세상에서 기미를 살펴 화를 피하고 지위가 극에 달해서야 그만두는 자들은 거의 말할 것도 없습니다.

또 예로부터 물러나 은둔한 선비들은 대부분 스스로 고상함을 표방하여 훌륭하다 여기고 유유자적하며 한가롭게 지내면서 마음 쓰는 바가 없었으니, 비록 부귀에 빠져서 종신토록 돌아오지 않는 자보다는 낫지만 도와 떨어진 거리는 또한 먼 것입니다. 지금 덕지가 돌아감에 맹씨(孟氏)가 칭한 존심양성(存心養性)[14]이란 말을 취해서 거처하는

14 존심양성(存心養性) : 《맹자》 〈진심 상(盡心上)〉에 "마음을 보존하고 본성을 기

집을 명명하였으니, 정학(正學)에 마음을 두어서 덕과 학업을 닦기를 잊지 않은 실제를 대략 볼 수 있습니다. 옛날에 주자(朱子)가 "취사(取舍)의 구분이 밝아진 뒤에 존양의 공부가 치밀해지니, 존양의 공부가 치밀해지면 취사의 구분이 더욱 밝아진다."[15]라는 말을 하였습니다. 덕지 같은 사람이 여기에 가까운데 역사서가 소략하여 그의 언론과 풍지(風旨)를 자세히 상고할 수 없는 것이 애석합니다. 그러나 그가 확립한 높은 지조와 그가 보존한 바른 마음이 또한 보통 사람보다 훨씬 뛰어나 후세의 모범이 되기에 충분했습니다. 이 때문에 덕지의 손자 대에 이르러 충성(忠成)이라는 자가 있었는데, 문경공(文敬公) 김굉필(金宏弼)의 문하에서 수학하여 뛰어난 재주와 독실한 학문으로 고제(高弟)라고 일컬어졌습니다. 이는 그 사우(師友)의 연원이 본래 그러한 점이 있었고, 또한 선조의 가르침에 영향을 받지 않았다고 할 수 없습니다.

덕지가 살았던 시대로부터 지금 이미 200여 년이 지났는데도 여전히 사람들의 사모하는 마음이 쇠하지 않아서 사대부 중에 남주(南州)를 경유하는 자는 반드시 이른바 '존양루(存養樓)'를 방문하여 그의 초상(肖像)을 우러러 예를 표하고는 탄식하고 떠나지 못하니, 그의 유풍과 여운이 사람을 감동시킴이 또한 깊은 것입니다.

지난 경오년(1630, 인조8)에 온 읍의 선비들이 힘을 모아 사당을 세워 덕지를 향사(享祀)하고 또 충성을 배향하였습니다. 제사 지내는

르는 것이 하늘을 섬기는 것이다.〔存其心, 養其性, 所以事天也.〕"라고 하였다.

15 취사(取舍)의……밝아진다 : 《논어집주(論語集註)》〈이인(里仁)〉 제5장 주에 보인다.

일이 오래되었는데도 해이해지지 않았지만, 먼 지방의 고루한 곳이라 아직도 조정에 사액(賜額)을 청하지 못하였기 때문에 많은 선비의 수치가 되고 있습니다. 지금 삼가 보건대 성명께서는 현인을 높이고 도를 중시하여, 무릇 선비들이 시행되기를 원하지만 오랫동안 거행되지 않은 사문(斯文)의 전례를 흔쾌히 시행하지 않는 것이 없으십니다. 신 등은 이때를 놓쳐서는 안 된다고 생각하여 마침내 서로 거느리고 와서 대궐문 아래에서 명을 내려 주시기를 감히 청합니다.

삼가 바라건대 전하께서는 덕지의 출처의 본말과 학문의 대체를 많은 선비가 의당 손경하고 받들어야 한다는 점을 잘 살펴 유사(有司)에게 특별히 명하여 은혜로운 사액을 내려 포장(褒奬)해 주소서. 그리하여 시골 마을의 선비들로 하여금 현인을 높이는 정성을 이룰 수 있게 하고 후세 사람들로 하여금 보고 감동하여 흥기할 수 있게 해 주소서. 그렇게 되기를 너무도 크게 바랍니다. 신 등은 우러러 간절히 바라는 마음을 이길 수 없습니다.

산당집

제4권 하

부록 附錄

부록 附錄

산당 선생 배향에 대한 통문
山堂先生配享通文

다음과 같이 통문합니다.

삼가 생각건대 온 천하의 주군(州郡)에 있는 학교에서 술성(述聖 자사(子思)의 봉호(封號))을 배향하는 것은 어째서입니까? 공자(孔子)의 도덕의 정전(正傳)을 손자가 잘 조술(祖述)하였기 때문입니다. 성인도 그러한데 현인은 어찌 그렇게 하지 않겠습니까.

오도(吾道)가 동방으로 와서 사문(斯文)이 여기에 있습니다. 연촌(烟村) 최 선생(崔先生)은 사우(師友) 간의 연원이 있는 학통에서 배웠고 하루가 다하기 전에 기미를 아는 신묘함[1]을 가졌는데, 손자 산당(山

1 하루가……신묘함 : 《주역》 〈계사전 하(繫辭傳下)〉에 공자가 "기미를 앎이 신묘하구나. 군자는 위로 사귀되 아첨하지 않고 아래로 사귀되 모독하지 않으니, 기미를 아는 것이다. 기미는 동함의 은미함으로 길흉이 먼저 나타난 것이다. 군자는 기미를 보고 일어나서 하루가 마치기를 기다리지 않는다. 《역》에 이르기를 '돌처럼 절개가 굳은지라 하루를 마치지 않으니, 정하고 길하다.' 하였다. 절개가 돌과 같으니 어찌 하루를 마치겠는가. 결단함을 알 수 있다.〔知幾其神乎! 君子上交不諂, 下交不瀆, 其知幾乎! 幾者, 動之微, 吉之先見者也, 君子見幾而作, 不俟終日. 易曰: "介于石, 不終日, 貞吉." 介如石焉, 寧用終日? 斷可識矣.〕"라고 하였다.

堂)이 그 적전(嫡傳)을 잘 계승하였으니, 한집안이 학문에 전심하여 백세의 사표가 되었습니다. 대성(大聖 공자)과 술성 뒤에 현조(賢祖)와 현손(賢孫)이 서로 도를 전수한 것은 오직 선생의 집안뿐이니, 연촌의 묘우(廟宇)에 산당을 배향하지 않는 것을 어찌 사림이 개탄하지 않겠습니까. 더구나 승평(昇平)과 현풍(玄風) 두 읍에 있는 한훤(寒暄) 선생의 묘우에서는 이읏고 산당을 배향하였는데 연촌의 묘우에서는 아직도 배향하고 있지 않으니, 이는 어째서란 말입니까. 또 손자가 조부에게 배향되는 것은 성인이 만든 예제(禮制)의 큰 절목이자 유림이 경앙하는 풍도인지라 천백세토록 사라지지 않았으니, 배향하는 일은 진실로 금일 후학을 인도해야 할 우리의 급선무입니다.

삼가 바라건대 첨존(僉尊)께서는 속히 배향하는 일을 정하여 사림의 바람에 부응하는 것이 어떻겠습니까. 첨존께서는 살펴 주기를 삼가 바랍니다.

영암(靈巖)의 향교와 서원에 이상과 같이 통문합니다.

갑진년(1664, 현종5) 9월 23일에 나주(羅州) 생원 홍탁(洪逴) 등이 씁니다.

산당 선생 배향에 대한 통문
山堂先生配享通文

다음과 같이 통문합니다.

한 자 되는 옥이 비록 아름답기는 하지만 해자(垓子)의 보옥이 되지는 않고, 여덟 자 되는 계수나무가 참으로 향기롭기는 하지만 정원에 심지는 않습니다. 물(物)이 진실로 그러한 점이 있으면 사람도 마땅히 그러한 점이 있습니다. 비로소 옛 도서를 살펴보고 자세히 전대의 역사서를 보니, 한 시대에 사표가 된 자는 세족(世族)이 아닌 경우가 없었고 이정(二丁)[2]에 제사를 받는 것은 으레 당비(黨比)에 의지하였으니, 지각을 가진 자들이 한심해하고 길 가는 사람들이 눈물을 흘립니다.

아득히 생각해 보건대 산당(山堂) 최 선생(崔先生)은 가학을 계승하여 자신의 마음으로부터 실천하였습니다. 한훤(寒暄)은 공에게 학문을 증진하는 도움을 받았고[3] 추강(秋江)은 공을 사우(師友)로 기록하였으니,[4] 진실합니다. 말은 단청처럼 빛나고 도는 금벽(金碧)처럼 윤택하니, 만약 하늘이 수명을 더 주었다면 덕이 멀리까지 비추었을 것입

2 이정(二丁) : 춘정(春丁)과 추정(秋丁)을 말한다. 음력 2월의 일진(日辰)에 정(丁)이 드는 날을 춘정, 음력 8월의 일진에 정이 드는 날을 추정이라고 한다.

3 한훤(寒暄)은……받았고 : 한훤은 김굉필을 가리킨다. 본관은 서흥(瑞興), 자는 대유(大猷), 호는 사옹(蓑翁)·한훤당(寒暄堂)이며, 시호는 문경(文敬)이다. 최충성이 김굉필에게 도학(道學)을 배워서 교학상장하는 사제 관계였으므로 이렇게 말한 것이다.

4 추강(秋江)은……기록하였으니 : 남효온(南孝溫)이 〈사우명행록(師友名行錄)〉에 최충성을 기록한 것을 가리킨다.

니다. 깃털과 털이 있는 것으로는 난새와 봉황 격이고 비늘과 껍질이 있는 것으로는 거북과 용 격이니, 춘추 30에 모습이 단정한 처사(處士)였습니다.

하늘이 어진 이에게 보답하는 것이 어찌 이리도 어긋났습니까. 정화(精華)[5]가 사라지고 아름다운 전수가 끊어졌습니다. 100년이 지났는데도 제사 지낼 곳이 없는지라 사문(斯文)이 어려운 사정을 말하니, 듣기만 하는 것은 아무 소용없습니다. 배향하는 일을 비록 정중하게 말하더라도 사람을 통해 행해지는 것은 살펴보면 당연한 일입니다.

귀현(貴縣)의 학문은 연촌(烟村 최덕지(崔德之))으로부터 시작되었는데 서객(書客 최충성)에 이르러서는 몇 안 되는 글만 남았습니다. 생각하지 않는 것이지 어찌 어려워서이겠습니까. 춘정(春丁)이 가까운 시일에 있으니, 떨쳐 일어나 배향할 것을 기대해 봅니다. 온 집안이 선조의 아름다움을 잇고 온 가문이 선조의 명성과 나란하니, 소목(昭穆)이 차례를 얻고 예의(禮儀)가 어긋나지 않는다면 용문(龍門)이고 호혈(虎穴)이며 일월(日月)이고 대종(岱宗)일 것입니다. 첨존(僉尊)께서는 어떻게 생각하는지 모르겠습니다. 만일 옳지 않다고 생각한다면 후일에 자운(子雲)이 있을 것입니다.[6]

5 정화(精華) : 대본에는 '箐華'로 되어 있다. 《사륙법해(四六法海)》 권12 〈도징사뢰(陶徵士誄)〉에 근거하여 '箐'을 '菁'으로 바로잡아 번역하였다.

6 후일에……것입니다 : 자운은 한(漢)나라 양웅(揚雄)의 자이다. 그가 《태현경(太玄經)》을 짓자 사람들이 비웃으니, 양웅이 말하기를 "세상 사람들이 나를 알아주지 않더라도 해로울 것이 없다. 후세에 다시 양자운이 있어 반드시 좋아할 것이다."라고 하였다. 《韓愈集 卷17 與馮宿論文書》 여기서는 지금 최충성을 배향하지 못하더라도 후세에 이 뜻을 알아주어 배향하는 사람이 있을 것이라고 말한 것이다.

이상의 통문을 영암(靈巖)의 군자들에게 공경히 보냅니다.

전주(全州) 진사 최교(崔嶠) 등 30여 인이 씁니다.

산당 선생 배향에 대한 통문

山堂先生配享通文

다음과 같이 통문합니다.

어진 이를 높이고 덕을 드러내는 것은 사림(士林)의 성대한 일이거늘, 거행할 만한데 거행하지 않으며 행해야 하는데 행하지 않는다면 어찌 사림의 큰 결례가 아니겠습니까. 지금 귀읍(貴邑)에 저희들은 삼가 애석히 여기는 바가 있습니다. 그러므로 감히 이에 통고하니, 삼가 첨존(僉尊)께서는 살펴 주시길 바랍니다.

귀군(貴郡)에 연촌(烟村) 최 선생(崔先生 최덕지(崔德之))의 서원이 있는 것은 저희들이 예전부터 알고 있었지만, 다만 연촌 선생의 손자이신 산당(山堂) 선생의 사당이 세워지지 않은 것이 한스러운 일입니다. 아, 선생의 고풍(高風)과 여운이 이미 먼 곳까지 알려졌으니 어찌 귀군의 사람이 알지 못했겠습니까. 세간에는 혹 뜻은 있지만 이루지 못하는 일이 있으니, 선생을 배향하는 의식을 귀군에서 거행하지 못한 것은 또한 이와 같은 때문이 아니겠습니까.

선생의 산처럼 높고 물처럼 장구한 유풍은 저희들이 일찍이 들었습니다. 지금 또 《경현록(景賢錄)》[7]에서 보니, 선생께서 김한훤(金寒暄

7 경현록(景賢錄) : 원래의 《경현록》은 이정(李楨)이 김굉필(金宏弼)과 조위(曺偉)의 사적을 상, 하 2권으로 엮은 것인데, 후에 정구(鄭逑)가 조위의 사적을 빼고 김굉필의 사적만 뽑아 증보하여 상, 하 2권으로 된 《경현록》을 펴냈다. 숙종 때 정구의 제자 김하석(金夏錫)이 그 초고(草稿)를 얻어 편집하고 보유(補遺)하여 상, 하 2권을 1719년(숙종45)에 간행하였다.

김굉필(金宏弼))에게 수학하였는데 《경현록》 가운데에 "뛰어난 재주와 독실한 행실이 그 스승과 같았다."라고 하였습니다. 무릇 《경현록》은 선유(先儒)가 기록한 것이고, 선유들이 기록한 것은 분명히 본 것을 토대로 한 것이니, 이 말이 어찌 후학들이 존앙할 바가 아니겠습니까.

아, 선생의 학문은 한훤에게 얻었고, 한훤의 학문은 점필재(佔畢齋 김종직(金宗直))에게 얻었고, 점필재의 학문은 그 부친인 숙자(叔滋)[8]에게 전수받았고, 숙자의 학문은 야은(冶隱)[9]에게 얻었고, 야은의 학문은 포은(圃隱)[10]에게 얻었습니다. 포은은 실로 우리 동방 이학(理學)의 조종(祖宗)이니, 이것이 선생의 학문 연원입니다. 저희들이 또 남추강(南秋江 남효온(南孝溫))의 〈지리산 일과(智異山日課)〉를 보니, 그 글에 "한밤중에 등잔불을 밝히고 그들이 《소학》과 《근사록(近思錄)》을 강론하였다."라고 하였습니다. 여기에서 필경(弼卿)은 선생의 자(字)이니,[11] 선생이 학문에 독실하고 이치를 궁구한 자취를 여기에서

8 숙자(叔滋) : 김숙자(1389~1456)로, 본관은 선산(善山), 자는 자배(子培), 호는 강호(江湖), 시호는 문강(文康)이다. 12세에 길재(吉再)로부터 《소학(小學)》과 경서를 배웠다.

9 야은(冶隱) : 길재(1353~1419)이다. 본관은 해평(海平), 자는 재보(再父), 호는 야은·금오산인(金鼇山人), 시호는 충절(忠節)이다. 이색(李穡), 정몽주(鄭夢周)와 함께 고려의 삼은(三隱)으로 불린다.

10 포은(圃隱) : 정몽주(1337~1392)이다. 본관은 영일(迎日), 자는 달가(達可), 호는 포은, 시호는 문충(文忠)이다. 오부학당(五部學堂)과 향교를 세워 후진을 양성하고, 유학을 진흥하여 성리학의 기초를 닦았다.

11 그……자(字)이니 : 〈지리산 일과〉에 "저녁에 필경과 자허가 나를 찾아왔다.……한밤중에 등잔불을 밝히고 필경 등이 《소학》과 《근사록》을 강론하였다.〔夕弼卿子虛訪余焉.……夜半明燈, 弼卿等講論小學近思錄.〕"라고 하였다. 《秋江集 卷6》

또한 볼 수 있습니다.

일찍이 정유년(1537, 중종32) 이전에 순천(順天)에 있는 한훤을 향사하는 서원에 배향했는데, 병란에 불탄 뒤로 중건만 하고 배향하지 않은 채[12] 지금에 이르렀습니다. 그렇다면 순천에서 배향하는 일을 지체한 것과 귀군에서 배향하지 않은 것 모두 크게 애석하다고 할 만합니다. 영남 현풍(玄風)에 한훤을 배향한 서원[13]이 있는데, 그곳에 산당을 배향했으니, 첨존께서도 들어 보셨을 것입니다.

아, 선생은 우리 도의 사람이니, 제사 지내는 일을 마땅히 우리 도에서 먼저 거행했어야 하는데 지금 도리어 다른 도에서 먼저 했으니, 어찌 우리 도가 크게 부끄러워할 만한 일이 아니겠습니까. 하물며 귀군은 선생의 고향이니, 제사 지내는 일 또한 어찌 우리 도가 마땅히 먼저 해야 할 것이 아니겠습니까. 근래의 향사하는 일에 핑계가 많아서 혹은 시기 때문이라고 하며 혹은 형세 때문이라고 하니 저희들은 실소를 금치 못한 지 오래되었습니다.

지금 선생의 고풍(高風)과 대덕(大德)은 근래에 비교할 수 있는 것이 아닌데, 유독 미처 향사하지 못하였습니다. 그러므로 개연(慨然)함

12 순천(順天)에……채 : 1565년(명종20) 순천에 김굉필을 배향하는 옥천서원(玉川書院)을 지었는데, 정유재란 때 소실되었다가 1604년(선조37), 1653년(효종4), 1717년(숙종43)에 한 차례씩 중건되었다. 1868년(고종5) 흥선대원군의 서원 철폐령으로 훼철되었다가 1928년 유림들에 의해 다시 세워졌다.

13 영남……서원 : 김굉필을 배향한 도동서원(道東書院)은 원래 쌍계서원(雙溪書院)으로 1568년(선조1) 현풍(玄風)의 비슬산 기슭 쌍계동에 건립되었으나, 정유재란으로 소실되자 1605년 보로동서원(甫勞洞書院)으로 이름을 바꾸어 중건되었고, 1607년 도동서원으로 사액을 받았다.

을 이기지 못한 나머지 감히 이렇게 통고합니다. 또 저희들의 논의를 첨존께서 혹 옳다고 여기신다면 또한 말씀드릴 바가 있으니, 선생의 사당을 어찌 따로 세울 것이 있겠습니까. 연촌을 향사하는 서원에 배향해서 조손(祖孫)의 영광으로 삼아 선생의 정백(精魄)을 천추만세토록 외롭지 않게 한다면 이보다 더 큰 다행이 없을 것입니다.

장흥(長興) 유학(幼學) 이보(李溥) 등 30여 인이 씁니다.

산당 선생 승향에 대한 통문

山堂先生升享通文

이 통문은 최 선생을 존양(存養)과 문곡(文谷)[14] 두 선생의 배위로 본묘(本廟)[15]에 올려 봉안하여 향위(享位)를 함께하기 위한 일입니다.

삼가 생각건대 선생은 존양 선생의 손자이자 한훤(寒暄) 김 선생(金先生 김굉필(金宏弼))의 고제(高弟)입니다. 집안에서 성리학을 전수받고 대현(大賢)의 문하에서 공부하여 일찍 세속의 번잡한 일을 사절하고 사학(斯學)에 뜻을 오로지 하여 이단의 가르침을 힘써 배격하고 바른 이치를 창도하여 밝혔으니, 당시 학문을 하는 선비 중에 선생보다 더 뛰어난 자가 없었습니다. 추강(秋江) 남 선생(南先生 남효온(南孝溫))의 〈사우명행록(師友名行錄)〉에 "뛰어난 재주와 독실한 행실이 그 스승과 같았다."라고 하였으니, 선생의 도덕 수준은 후생의 얕은 식견으로 함부로 말하여 형용할 수 있는 것이 아닙니다. 선생이 남긴 향기는 나약한 사람의 마음을 세우고 완악한 자의 마음을 깨닫게 하며, 백세의 공론(公論)은 아득히 오랜 시간 동안 사라지지 않아서 지난 모년(某年)에 선비들이 모두 말하매 의논할 것도 없이 마음이 합하여

14 문곡(文谷) : 김수항(金壽恒, 1629～1689)으로, 본관은 안동(安東), 자는 구지(久之), 호는 문곡, 시호는 문충(文忠)이다.

15 본묘(本廟) : 영암(靈巖)의 녹동서원(鹿洞書院)을 가리킨다. 1630년(인조8) 지방 유림의 공의로 최덕지(崔德之)를 추모하기 위해 존양사(存養祠)를 창건하고 위패를 모셨다. 1665년(현종6)에 최충성(崔忠成), 1694년(숙종20)에 김수항, 1711년 김창협(金昌協)을 추가로 배향하였으며, 1713년 '녹동'이라고 사액하여 서원으로 승격하였다.

선생을 존양 선생의 사당에 배향하였습니다. 그 후에 학식과 도덕이 높은 재야 선비들의 논의가 모두 "선생의 바른 학문과 독실한 행실은 단서와 연원이 있으니, 배위로 봉안하는 것은 실로 흠사(欠事)이다."라고 하여 현석(玄石) 박 선생(朴先生 박세채(朴世采))이 발문을 지어 선생을 포창(褒彰)하기까지 하였습니다. 그러나 제사는 중한 예인지라 감히 경솔하게 거행할 수 없어서 오랫동안 성대한 의식을 이렇게까지 지체하여 미루었습니다. 해가 바뀌어 올해에 사림(士林)이 고무되고 공론이 일제히 일어나니, 지금 춘정(春丁)[16]의 상사(常事)를 인하여 두 선생의 신위를 봉안하고 아울러 뇌작(罍爵)을 제향하려 합니다. 이에 감히 여러 고을의 군자들에게 통고합니다.

16 춘정(春丁) : 성균관과 향교의 대성전에서 2월의 첫 정일〔上丁日〕에 공자에게 지내는 제사 의식이다. 봄철의 정일에 지내는 제사여서 춘정이라고 한다.

배향할 때 존양 선생에게 고유하는 축문

配享時告存養先生祝文

존양이란 당호는	堂號存養
선생의 실제를 기록한 것이니	先生實錄
완전한 명성 보존하고 청한한 복 받아	完名淸福
그 경사가 무궁한 후세에 전해졌습니다	慶流無極
선대의 아름다움 계승한 후손 나왔으니	趾美有孫
산당 선생이 바른 학문에 매진하였습니다	山堂正學
실로 집안의 가르침을 계승한 것이요	實承家訓
과연 스승의 전수를 얻은 것입니다	果得師傳
돌아보건대 우리 후생들이	顧我後生
현인을 본받으려는 마음 참으로 간절하여	誠切象賢
같은 사당에 배향하는 일을	同堂配享
공의로 이에 행하게 되었습니다	公議乃行
곁에서 온화하게 모시는 것이[17]	誾如之侍
완연히 평소의 모습 그대로일 것이니	宛若平生
덕 있는 분 또한 외롭지 않을 것이고	德亦不孤

17 곁에서……것이 : 최덕지(崔德之)를 향사하는 사당에 최충성(崔忠成)을 배향하기 때문에 손자 최충성이 조부 최덕지를 평소처럼 곁에서 온화하게 모실 것이라는 뜻이다. 《논어》 〈선진(先進)〉에 "민자건은 공자를 곁에서 모실 때 온화하였다.〔閔子侍側, 誾誾如也.〕"라고 하였다.

사도가 더욱 밝아질 것입니다	斯道益明
크게 밝혀 길이 전하리니	式昭永傳
정갈한 제수로 정성을 바칩니다	蘋藻薦誠

존양 선생에게 고유하는 축문

存養先生告由祝文

선생은	先生
집안에 곧은 도가 있어	家有直道
대대로 시와 예를 익혔으니[18]	世襲詩禮
성현의 바른 학문이요	聖賢正學
염퇴의 고상한 풍도였습니다	恬退高風
세상에 아름다운 덕행 남기니	遺徽人世
사림의 존중을 받았으며	士林所宗
제사를 모시는 곳은	祭祀有所
녹동서원의 동쪽입니다	鹿洞之東
도를 지닌 어진 손자는	有道賢孫
바로 산당입니다	曰惟山堂
남기신 가르침을 받드니	奉承餘訓
뿌리가 있어 쉬이 자랐고	有根易長
사우들의 훈도를 받으니	薰陶師友
금옥 같은 문장을 이루었습니다[19]	金玉成章

18 대대로……익혔으니 : 공자(孔子)가 일찍이 아들 리(鯉)에게 시와 예를 반드시 배워야 한다고 훈계했던 데서 온 말로, 자식이 집안에서 부친의 가르침을 받는 것을 의미한다. 《論語 季氏》

19 금옥(金玉)……이루었습니다 : 금옥처럼 아름다운 덕을 지닌 사람이라는 말이다. 《시경》 〈대아(大雅) 역복(棫樸)〉에 문왕(文王)의 덕을 찬양하여 "잘 다듬은 그 문장이

집안의 명성을 잘 계승하니	克紹家聲
사도가 거듭 빛나게 되었고	斯道重光
연원이 유래가 있으니	淵源有自
염락이 한방에 거처하는 격입니다[20]	濂洛一室
선대의 가업을 계승하여	肯搆底業
맑은 향기 다하지 않으니	清芬不歇
후학들이 은혜를 받음이	後學受賜
오늘날에 이르렀는지라	迄至今日
태산북두처럼 우러러[21]	景仰山斗
성대한 의식을 베풉니다	盛儀斯設
이에 배향하기를	于以配享
궤안의 왼쪽에 하니	几案之左
한 사당의 조손이	一祠祖孫
천추토록 제사를 받을 것이요	千秋香火
덕 있는 분 외롭지 않게 될 것이니	德將不孤

요, 금옥 같은 그 바탕이로다.〔追琢其章, 金玉其相.〕"라고 하였다.

20 염락(濂洛)이……격입니다 : 염락은 염계(濂溪)의 주돈이(周敦頤)와 낙양(洛陽)의 정호(程顥), 정이(程頤) 형제를 가리킨다. 정호, 정이 형제가 스승 주돈이와 같은 방에 거처하면서 배운 것을 말하니, 여기서는 최충성(崔忠成)이 가학을 계승하여 최덕지(崔德之)와 같은 사당에 배향된 것을 비유하였다.

21 태산북두(泰山北斗)처럼 우러러 : 태산처럼 높이 숭앙하고 북두칠성처럼 우러러 존모한다는 뜻으로, 세상 사람들이 흠앙하는 훌륭한 사람을 비유한다. 《신당서(新唐書)》 〈한유열전찬(韓愈列傳贊)〉에 "한유가 작고한 뒤 그의 말이 크게 행해져, 학자들이 그를 태산북두처럼 우러러 받들었다.〔自愈沒, 其言大行, 學者仰之如泰山北斗云.〕"라고 하였다.

정령이 편안히 여길 것입니다	精靈所妥
후손을 위한 계책이 이미 깊고	貽謀既深
조상을 잇는 일이 이에 실행되었습니다	述事是果
문과 도가 여기에 있어	文在道在
찬란하고 환하게 빛나니	斐然煥然
후학을 계도하고 옛 성인을 이음은[22]	開來繼往
후현과 전현이었습니다	後賢前賢
엄숙히 제사하여 고유하고	肅祀以告
제수를 차려 올리니	薦豆執籩
양양하게 곁에 계신 듯한 영령께서는[23]	洋洋如在
이 정성을 돌아보소서	眷此誠虔

22 후학을……이음은 : 옛 성인의 학통을 이어 후학의 길을 열어 줌을 가리킨다. 〈중용장구서(中庸章句序)〉에 "옛 성인을 잇고 오는 후학들을 일깨워 준 공이 요순보다 더함이 있다.〔繼往聖, 開來學, 其功反有賢於堯舜者.〕"라고 하였다.

23 양양(洋洋)하게……영령께서는 : 마치 돌아가신 분의 영령이 실제 계신 듯하다는 의미이다. 《중용장구》 제16장에 "제사를 지낼 때면 귀신이 양양히 그 위에 있는 듯도 하고 좌우에 있는 듯도 하다.〔承祭祀, 洋洋乎如在其上, 如在其左右.〕"라고 하였다.

존양 선생 신위 앞에 고유하는 축문 세마 김만영[24]이 짓다.

存養先生神位前告辭 金洗馬萬英製

산당 선생의 바른 학문은	山堂正學
단서와 연원이 있으니	端緖淵源
집안의 법도와 사문의 가르침	家法師門
모두 극진하여 그릇됨이 없었습니다	兩盡罔愆
예에 응당 배향해야 하기에	禮合配祀
나란히 뇌작[25]을 올리니	竝饗罍爵
거북점의 조짐이 바르고	灼龜兆正
길일을 가리니 점에 맞았습니다	捐吉叶卜
신위를 받들어 배향하오니	奉配神位
감히 경건히 고유합니다	敢伸虔告

24 김만영(金萬英) : 1624～1671. 본관은 당악(唐岳), 자는 영숙(英叔)・군실(郡實), 호는 남포(南圃)이다.

25 뇌작(罍爵) : 술 담는 그릇으로 구름무늬가 있다. 제사에서 '뇌'는 큰 술단지이고 '작'은 발이 달린 작은 술잔이다.

산당 선생을 배향하는 축문

山堂先生配享祝文

숭정 37년 을사년(1665, 현종6) 2월 11일에 배향례를 이루었다.

오도가 동쪽으로 오니	吾道斯東
인문[26]이 의탁하였습니다	人文有托
타고난 자품이 순수하고 아름다워	天資純美
가학을 계승하였고	承家述績
일찍 한훤 선생을 스승으로 섬겨	早師寒暄
학문에 큰 정력이 있었습니다	大有定力
스승과 같아지기를 생각하고	函丈思齊
전현의 학통을 이으려 하여	統接前哲
실지를 몸소 실천하니	脚踏實地
밝은 지혜가 투철해졌습니다	明睿透徹
뜻은 분화함을 완전히 끊고	志絶紛華
성품은 담박함을 좋아하여	性喜恬泊
원헌의 가난[27]을 지키고	守原憲貧

26 인문(人文) : 예악, 문물, 인륜, 문화 등을 가리키는 말이다. 《주역》 〈비괘(賁卦)〉에 "천문을 관찰하여 시절의 변화를 살피고, 인문을 관찰하여 천하를 화성한다.〔觀乎天文, 以察時變; 觀乎人文, 以化成天下.〕"라고 하였다.

27 원헌(原憲)의 가난 : 원헌이 노(魯)나라에서 다 쓰러져 가는 집에서 몹시 곤궁하게 살았는데, 어느 날 자공(子貢)이 좋은 수레를 타고 화려한 차림을 하고서 원헌을 찾아오자, 원헌이 지팡이를 짚고 문에 나와 맞이하였다. 이에 자공이 "아, 선생은 어찌하여

안자의 누항의 즐거움[28]을 사모하였습니다	慕顔巷樂
절실하게 묻고 가까이 생각하며[29]	切問近思
재주가 뛰어나고 행실이 돈독하니	才茂行篤
곤궁해도 함양할 수 있고	窮而能養
영달하면 은택을 베풀 수 있었습니다	達可施澤
문장을 오래도록 바라보고[30]	佇望門墻
높은 경지에 나아가길 기약하였으니	期造閫域
한방의 고요함 속에	一室靜裏
비 갠 뒤 맑은 바람과 달 같았고[31]	光風霽月

이렇게 병이 들었습니까?"라고 하자, 원헌이 답하기를 "나는 듣건대 재물이 없는 것을 가난이라 하고, 배우고서도 그대로 실행하지 못하는 것을 병이라 한다 하였소. 지금 나는 가난한 것이지 병든 것이 아니라오.〔憲聞之, 無財謂之貧, 學而不能行謂之病. 今憲貧也, 非病也.〕"라고 하니, 자공이 부끄러운 기색을 띠었다고 한다.《莊子 讓王》

28 안자(顔子)의 누항(陋巷)의 즐거움 : 공자(孔子)가 안회(顔回)의 안빈낙도(安貧樂道)를 칭찬한 말이다.《논어》〈옹야(雍也)〉에 "한 그릇의 밥과 한 바가지의 물로 누추한 시골에 사는 것을 사람들은 그 근심을 견뎌 내지 못하는데, 안회는 그 즐거움을 바꾸지 아니하니 어질구나 안회여.〔一簞食, 一瓢飮, 在陋巷, 人不堪其憂, 回也不改其樂, 賢哉回也!〕"라고 하였다.

29 절실하게……생각하며 : 학문을 투철하게 탐구하여 깊이 파고듦을 비유한 말이다.《논어》〈자장(子張)〉에 "배우기를 널리 하고 뜻을 독실하게 하며, 절실하게 묻고 가까이 생각하면, 인은 그 가운데에 있다.〔博學而篤志, 切問而近思, 仁在其中矣.〕"라고 하였다.

30 문장(門墻)을 오래도록 바라보고 : 문장은 스승의 대문과 담장으로, 문하를 의미한다. 자공이 공자가 이룩한 학문의 경지를 비유하여 "대궐의 담장에 비유하면 나의 담장은 어깨에 미치므로 집 안의 좋은 것들을 들여다볼 수가 있지만, 부자의 담장은 몇 길이나 되어서 문안으로 들어가지 않으면 종묘의 아름다움과 백관의 성대함을 볼 수가 없다.〔譬之宮墻, 賜之墻也及肩, 窺見室家之好; 夫子之墻數仞, 不得其門而入, 不見宗廟之美、百官之富.〕"라고 한 데서 온 말이다.《論語 子張》

반 이랑 네모난 연못 중에	半畝塘中
진원과 도맥을 이었습니다[32]	眞源道脈
산당이라 호를 걸었으니	揭號山堂
자연스럽게 이루어진 편액이요	天然厥額
겸하여 서객이라 칭하니	兼稱書客
실제의 덕과 부합하였습니다	庛爾實德
아, 선생의 언행은	猗歟行錄
《소학》에 근본을 두었습니다	本諸小學
인자인데도 장수하지 못하고	仁未得壽
안자의 나이를 겨우 넘겼으니[33]	纔過顏齡
도통이 전해지지 못하여	道嫡無傳
후학들은 길을 헤맵니다	後學昧程

31 한방의……같았고 : 최충성의 인품이 고아(高雅)함을 말한다. 황정견(黃庭堅)의 〈염계시(濂溪詩)〉에 "용릉 땅의 주무숙은 인품이 매우 고아하여, 그 쇄락한 흉중이 마치 비 갠 뒤의 맑은 바람과 달 같다.〔春陵周茂叔人品甚高, 胸中灑落, 如光風霽月.〕"라고 하였다. 《山谷集 卷1》

32 반……이었습니다 : 최충성의 학문에 연원이 있음을 비유한 말이다. 주희(朱熹)의 〈관서유감이수(觀書有感二首)〉에 "반 이랑 네모난 연못 거울처럼 열렸는데, 하늘빛 구름 그림자와 함께 배회하네. 묻노니 어이하여 저처럼 맑은 것인가? 근원에서 활수가 솟아나기 때문이라네.〔半畝方塘一鑑開, 天光雲影共徘徊. 問渠那得淸如許? 爲有源頭活水來.〕"라고 하였다. 《晦庵集 卷2》

33 인자(仁者)인데도……넘겼으니 : 최충성이 인자였음에도 불구하고 안자보다 두 살 많은 34세의 나이에 요절하였음을 비유한 말이다. 《논어》 〈옹야〉에 "지혜로운 자는 물을 좋아하고 인한 자는 산을 좋아하며, 지혜로운 자는 동하고 인한 자는 고요하며, 지혜로운 자는 즐겁고, 인한 자는 장수한다.〔知者樂水, 仁者樂山; 知者動, 仁者靜; 知者樂, 仁者壽.〕"라고 하였다.

돌아가신 뒤에 제사할 만한 분이　殁可祭祀
공이 아니고 그 누구이겠습니까　舍公其誰
다만 사우를 못 세우고 지체한 것이　第延立祠
오당의 수치스러운 일이었는데　吾黨忸怩
이제야 성대한 의식 거행하게 되니　始擧縟儀
원근의 사람들이 뜻을 모아 이루었습니다　遠邇同聲
이 서원의 사당은　惟玆院廟
덕이 높은 조부가 편안히 쉬는 곳이니　碩祖攸寧
도 있는 손자를　以有道孫
존양 조부에게 배향합니다　配存養祖
어찌 엄숙하고 경건하지 않겠습니까　曷不肅穆
두 분 현인이 한 사당에 계시나니　兩賢一廟
크게 드러나고 크게 계승하여[34]　丕顯丕承
길이 모범을 드리우셨습니다　永垂矜式
삼가 배향을 고유하노니　謹告妥靈
제사에 올리는 술과 희생이　醴齊牲特
지금부터 이후로는　從玆以往
백세토록 다함이 없을 것입니다　百世無斁

34 크게 드러나고……계승하여 : 조상의 큰 업적을 훌륭하게 계승하였다는 뜻으로, 최충성이 가업을 이어 조부인 최덕지(崔德之)를 제향하는 서원에 배향됨을 가리킨다. 《서경》 〈군아(君牙)〉에 "크게 드러났도다, 문왕의 가르침이여. 크게 계승하였도다, 무왕의 공렬이여.〔丕顯哉, 文王謨! 丕承哉, 武王烈!〕"라고 하였다.

산당 선생을 배향하는 축문

山堂先生配享祝文

생각건대 한훤 선생이	緬惟寒暄
끊어진 도학을 창도하고	倡明絶學
영재를 교육하니	教育英才
오도가 의탁하였습니다	吾道所托
우리 산당 선생이	惟我山堂
먼 길을 가서 스승을 따라	遠涉從師
객지에서 글을 읽고	客居書榻
왕래하며 질의하니	往來質疑
이치는 날로 더욱 통달하고	理日益通
학문은 날로 더욱 밝아졌습니다	學日益明
한 편의 《심경》은	一篇心經
마음을 잡아 보존하는 법도요	操存之程
한 편의 《근사록》은	一錄近思
마음을 성찰하는 도구였습니다	省察之具
《소학》에 따라 처신하여	小學行己
넉넉하게 여유로웠으니	綽有餘裕
〈가언〉과 〈선행〉으로	嘉言善行
절충한 바가 많았고	多所折衷
은미한 말과 심오한 뜻도	微辭奧旨
모두 정확히 이해하였습니다	無不得中

안씨처럼 도에 거의 가까웠으니 顔氏庶幾
체가 미약하나 돈독했으며[35] 微體而篤
추강이 탄복하였으니[36] 秋江歎服
어깨를 나란히 한 것입니다[37] 比肩而立
하늘이 수명을 더해 주지 않아 天不假年
중도에 요절하자 中途夭折
제자의 상을 스승이 치러 주었으니 弟喪師治
선성이 애석히 여긴 것입니다 先聖所惜
도를 전수할 산당이 죽으매 傳受無托
그를 자식처럼 여겨 視猶父子
명정에 서객이라 적고 旌題書客
신주에 처사라고 썼습니다[38] 主題處士

35 안씨(顔氏)처럼……돈독했으며 : 최충성이 이룬 학문의 경지가 도를 거의 체득한 안자(顔子)와 같았다는 뜻이다. 《주역》 〈계사전 하(繫辭傳下)〉에 "안씨의 아들은 거의 도에 가까울 것이다. 불선이 있으면 일찍이 모른 적이 없고, 알면 일찍이 다시 행하지 않았다.〔顔氏之子, 其殆庶幾乎! 有不善, 未嘗不知; 知之, 未嘗復行也.〕"라고 하였고, 《맹자》 〈공손추 상(公孫丑上)〉에 "자하, 자유, 자장은 모두 성인의 한 지체를 가졌고, 염우, 민자, 안연은 그 전체를 소유하였으나 미약하였다.〔子夏、子游、子張皆有聖人之一體, 冉牛、閔子、顔淵則具體而微.〕"라고 하였다.

36 추강(秋江)이 탄복하였으니 : 추강 남효온(南孝溫)의 〈사우명행록(師友名行錄)〉에, 최충성에 대해 "뛰어난 재주와 독실한 행실이 그 스승과 같았다."라고 하였다.

37 어깨를……것입니다 : 최충성이 김안국(金安國), 남효온과 함께 김굉필(金宏弼)의 문하에서 수학하였음을 가리킨다. 《山堂集 卷4 家狀》

38 하늘이……썼습니다 : 최충성이 34세에 요절하자 스승인 김굉필이 애석하게 여겨 예에 맞게 상을 치러 주었고, 그의 명정과 신주에 '처사산당서객(處士山堂書客)'이라고 썼으므로 이른 말이다. 선성(先聖)이 애석하게 여겼다는 것은 안연이 32세에 요절하였

객지의 상여가 고향으로 돌아오니 旅櫬還鄕
우리는 누구를 따르리오 吾徒誰適
사문은 불행하게 되었고 斯文不幸
학자는 길을 잃었습니다 學者迷則
선배들이 숭상한 분이고 先輩所尙
후배들이 경모하는 분이니 後生所慕
격세의 감흥이 일어나 曠世興感
함께 제수 올리길 도모하였습니다 咸謀簋簠
우러러보건대 저 전우는 瞻彼殿宇
존양 선생을 모신 사당이니 存養其廟
봄가을의 중정[39]에 春秋中丁
선비들이 제사를 지냈습니다 濟濟庭燎
조부의 제사에 乃祖之祀
어찌 배향하지 않으리오 盍配而享
정결한 제사를 이에 거행하니 明禋斯擧
날이 길하고 때가 좋습니다 日吉時旺
위대하도다, 존양 선생은 偉哉存養
북두교악[40]이요 北斗喬岳

을 때 공자가 애통해 한 고사인데, 김굉필의 애석한 마음을 비유한 것이다.

39 중정(中丁) : 매월 일진(日辰)에 두 번째 드는 정일(丁日)을 가리키는 말이다. 옛날 사당의 제향을 봄에는 2월, 가을에는 8월에 지냈는데, 첫 번째 정일을 초정(初丁) 또는 상정(上丁)이라 하여 문묘와 향교에서 제사 지냈고, 서원이나 기타 사당에서는 중정에 제사 지냈다.

40 북두교악(北斗喬岳) : 북두태산(北斗泰山)과 같은 말이다. 태산처럼 높이 숭앙하

아름답도다, 산당 선생은	猗歟山堂
한수추월[41]입니다	寒水秋月
조부와 손자가	惟祖惟孫
한 사당에 함께하니	同廟同堂
아, 천만세토록	於千萬年
길이 증상[42]을 올릴 것입니다	永薦蒸嘗
위로 하늘과 아래로 사람들에게	仰天俯人
부끄럽지 않으신지라	不愧不怍
영령을 봉안하오니	安神妥靈
부디 이르러 흠향하소서	庶歆庶格

고 북두칠성처럼 우러러 존모한다는 뜻으로, 세상 사람들이 흠앙하는 훌륭한 사람을 비유한다. 225쪽 주21 참조.

41 한수추월(寒水秋月) : 원래는 천년 전 성인의 마음을 가리키는데, 여기서는 최충성의 마음이 차가운 강물처럼 맑고 가을 달처럼 밝다는 뜻이다. 주희(朱熹)의 〈재거감흥이십수(齋居感興二十首)〉에 "삼가 천년의 마음을 살피건대 가을 달이 찬 강물을 비추는 듯하네. 노나라의 공자가 어찌 일정한 스승이 있었으랴. 산정하고 조술한 것에 성현의 법도가 남아 있는 걸.〔恭惟千載心, 秋月照寒水. 魯叟何常師? 刪述存聖軌.〕"이라고 한 데서 온 말이다. 《晦庵集 卷4》

42 증상(蒸嘗) : '증(蒸)'은 겨울에 올리는 제사이고, '상(嘗)'은 가을에 올리는 제사이다. 《시경》 〈소아(小雅) 천보(天保)〉에 "봄·여름·가을·겨울의 제사를 선공과 선왕에게 올린다.〔禴祠蒸嘗, 于公先王.〕"라고 하였다.

산당 선생을 배향하는 축문

山堂先生配享祝文

우리 산당 선생은	惟我山堂
존양 선생의 손자입니다	先生之孫
젊은 시절부터 도에 뜻을 두어	少向志道
멀리 가서 한훤을 스승으로 모시니	遠師寒暄
이치가 밝아지고 식견이 통달하여	理明識通
학문이 날로 드러났습니다	學問日章
불행하게도 요절하여	不幸早夭
객지의 상여가 고향으로 돌아오니	旅櫬還鄉
많은 선비들이 애석해하고	多士所惜
고을 사람들이 앙모했습니다	鄉人所慕
이제 길일을 택하여	今以吉辰
묘우에 배향해서	配于廟宇
조손을 함께 제향하오니	祖孫同享
영령 또한 편안할 것입니다	神理亦穩
감히 고유하는 축문을 아뢰고	敢陳告祝
삼가 제수를 올립니다	恭伸奠獻

산당 선생을 배향하는 축문

山堂先生配享祝文

선생은	先生
난초처럼 향기롭고 옥처럼 고결하며	蘭芬玉潔
산처럼 우뚝하고 연못처럼 깊었습니다	山立淵渟
공부를 시작함에 연원이 있었으니	發軔[43]有自
집안의 가르침을 계승하였습니다	繩武家庭
사문을 임무로 삼아	斯文爲任
뜻이 어릴 때부터 확고하더니	志銳髫齡
의귀할 곳을 얻으매	得其依歸
대현의 문하였습니다	大賢門屛
빗장을 뽑고 열쇠로 열듯	抽關扣鍵
가르침을 받아 성취하여	鎔鑄陶成
날로 달로 진보하여	日就月將
막힌 것을 틔우고 어두운 것을 열며	豁翳開冥
부지런히 연구하여	硏究孜孜
마음을 밝게 일깨웠습니다	喚做惺惺
실천이 견고하고	踐履堅確
수립이 탁월하니	竪立卓越

43 軔 : 대본에는 '靭'으로 되어 있다. 《초사(楚辭)》 〈이소(離騷)〉에 근거하여 수정하였다.

외물의 누가 어찌 더해지리오	外累何加
내면에 순일함을 보존하였습니다	內存純一
조예가 정밀하고 깊어지니	造詣精深
성리가 활발해지고	性理活潑
참으로 알고 힘써 행하니	眞知力行
마치 하수가 터진 듯하였습니다	如河斯決
견득한 것이 이미 실제인지라	見得旣實
어디엔들 통달하지 않음이 없으니	無往不達
오도를 보위하고	羽翼吾道
성학에 공이 있었습니다	有功聖學
당시 사람들이 추중하고	一世推許
여러 현인이 탄복하였으니	群賢歎服
점필재 선생과 추강 선생이	佔畢秋江
칭술하지 않음이 없었습니다	無不稱述
산천에서 우유자적하면서	優遊山水
시대와 성쇠를 함께하였으니[44]	與時消息
이리저리 다니며 뜻을 구하여	位傳求志
서객이라 자호하였습니다	自號書客
참된 정취가 성대하고	眞趣油然
흉중이 맑고 깨끗하였으니	胸次灑落

44 시대와 성쇠를 함께하였으니 : 벼슬하고 은거함을 시대의 성쇠에 따라 정한다는 뜻이다. 《주역》 〈풍괘(豐卦)〉에 "천지의 영허도 때에 따라 소식한다.〔天地盈虛, 與時消息.〕"라고 하였다.

발휘하면 뛰어난 문장이 되었으나	發爲英華
저작은 부차적인 일이었습니다	餘事著作
짧은 말과 글이라도	片言隻字
도의가 깃들어 있었으니	道義所寓
《소학》을 찬미한 글[45]은	贊小學書
그 귀취를 밝혔고	明其歸趣
저수량의 간언을 상정하여 지은 소[46]는	擬遂良疏
이미 문세가 강건하고 또 두렵게 합니다	旣骨亦怖
수사[47]의 참 근원을 궁구하고	洙泗眞源
경세제민의 마음 진실로 갖추었으니	經濟良具
하늘이 수명을 더해 주었더라면	倘天假年
경지가 크게 향상되어	大進地步
심법은 유정유일[48]을 전하고	法傳精一

45 소학을 찬미한 글 : 《산당집》 권1에 〈《소학》을 읽고〔讀小學文〕〉, 〈《소학》〈입교〉 편을 읽고〔讀小學立教篇〕〉, 〈《소학》〈명륜〉 편을 읽고〔讀小學明倫篇文〕〉, 〈《소학》〈경신〉 편을 읽고〔讀小學敬身篇文〕〉 등이 있다.

46 저수량(褚遂良)의……소(疏) : 《산당집》 권2의 〈무씨를 황후로 세우는 것에 대해 저수량이 간언한 것을 상정하여 지은 소〔擬褚遂良諫立武氏爲后疏〕〉를 가리킨다.

47 수사(洙泗) : 중국 산동성(山東省) 곡부(曲阜)를 지나는 두 개의 강물 이름으로, 이곳이 공자(孔子)의 고향에 가깝고 또 그 강물 사이의 지역에서 제자들을 가르쳤기 때문에 보통 유가(儒家)를 뜻하는 말로 쓰인다.

48 유정유일(惟精惟一) : 《서경》 〈대우모(大禹謨)〉에 순(舜) 임금이 우(禹)에게 제위(帝位)를 넘겨주려고 할 때에 "인심은 위태하고 도심은 은미하니 정밀하게 하고 한결같이 하여야 진실로 그 중을 잡을 것이다.〔人心惟危, 道心惟微, 惟精惟一, 允執闕中.〕"라고 한 데서 온 말이다. 주희(朱熹) 등 송대 유학자들이 이것을 요(堯), 순, 우 세

성음은 소호[49]를 이었을 터인데 響繼韶濩
불행히도 단명하였으니 不幸短命
아, 천명입니다 于嗟乎天
한훤 선생이 애통한 마음을 품고 寒暄茹痛
도가 전해지지 못함을 슬퍼하여 悼道無傳
처사라 일컫고 稱以處士
사일과 생년을 死日生年
명정과 신주에 적었으니 書旌題主
어찌 괜스레 한 일이겠습니까 夫豈徒然
오직 노야의 명을 따랐으니[50] 惟老爺命
어진 이는 필시 어진 이를 알아보는 법입니다 賢必知賢
중도에 꺾이고 좌절되어 半途摧折
비록 도를 잇지 못하였으나 縱未續紘
여운이 아직도 남았으니 餘韻猶存
백세토록 본받을 만합니다 百世可師
이 성의 서쪽을 돌아보니 眷玆城西
존양 선생을 모신 사당입니다 存養之祠

성인이 서로 도통(道統)을 주고받은 '16자심전(十六字心傳)'이라고 강조한 뒤로부터 더욱 중시되었다.

49 소호(韶濩) : 소는 순 임금의 음악이고, 호는 탕(湯) 임금의 음악이다. 공자가 일찍이 제(齊)나라에서 순 임금의 음악인 소악(韶樂)을 듣고는 진선진미함을 느낀 나머지 그 후 석 달 동안이나 고기 맛을 잊어버리고 감탄하여 이르기를 "순 임금의 음악이 이 정도까지인 줄은 미처 헤아리지 못했다."라고 한 데서 온 말이다. 《論語 述而》

50 오직……따랐으니 : 최충성이 김굉필(金宏弼)의 가르침을 따라 실천한 것을 말한다.

손자를 조부에게 배향하니　以孫配祖
인정과 예법에 마땅한 바입니다　情文所宜
공의가 떨쳐 일어나매　公議奮發
원근의 사람들이 메아리처럼 호응하였으므로　遠邇響隨
길일을 점치고 몸을 정결하게 하여　卜日澡[51]身
이에 성대한 의식을 거행하니　爰擧縟儀
장보관을 쓴 많은 선비들이　濟濟章甫
공경히 제기를 받들어 올립니다　敬執籩豆
양대가 아름다움을 계승하니　兩世趾美
천추토록 제사가 이어질 것이고　千秋獻侑
사문이 이미 여기에 있으니　文旣在玆
오도가 길이 이어질 것입니다　道將可壽
높은 산처럼 우러르는[52] 분이　高山仰止
좌우에 계신 듯하니　如在左右
영원토록 길이 전해져서　不朽者存
명성이 온 세상에 퍼질 것입니다　聲流宇宙
엄숙히 정결한 제사를 받들면서　肅將精禋
절하고 머리를 조아립니다　拜手稽首

51 澡 : 대본에는 '藻'로 되어 있다. 《예기(禮記)》 〈유행(儒行)〉에 근거하여 수정하였다.

52 높은 산처럼 우러르는 : 고인의 큰 덕행을 흠모한다는 뜻이다. 《시경》 〈소아(小雅) 거할(車舝)〉에 "높은 산처럼 우러르고 큰길처럼 따라간다.〔高山仰止, 景行行止.〕"라고 하였다.

산당 선생을 배향하는 축문
山堂先生配享祝文

이름난 고을에 명망이 드러나	名都著望
경사가 곤육에 쌓였으니[53]	慶積坤六
훌륭한 선비와 이름난 유자가	吉士弘儒
대대로 난옥처럼 이어졌습니다[54]	世襲蘭玉
금서[55]를 즐기고 명절을 지키며	琴書名節
존양 선생이 덕을 쌓았으니	存養宿德
밝고 성실한 산당 선생이	顯允先生
집안에서 바른 학문을 전수받았습니다	家傳正學

53 경사가 곤육(坤六)에 쌓였으니 : 선조들이 대대로 선을 행하여 집안에 후손들이 번창함을 뜻한다. 곤육은 《주역》 〈곤괘(坤卦) 초육(初六)〉의 "서리를 밟으면 단단한 얼음이 이른다.〔履霜, 堅氷至.〕"를 가리키는 말인데, 〈문언전(文言傳)〉에 초육을 설명하기를 "선을 쌓은 집안은 반드시 남은 경사가 있고, 불선을 쌓은 집안은 반드시 남은 재앙이 있다.〔積善之家, 必有餘慶; 積不善之家, 必有餘殃.〕"라고 하였다.

54 난옥(蘭玉)처럼 이어졌습니다 : 훌륭한 후손이 많음을 뜻한다. 진(晉)나라 때 큰 문벌을 이루었던 사안(謝安)이 자질들에게 어찌하여 사람들은 자기 자제가 출중하길 바라느냐고 묻자, 조카 사현(謝玄)이 대답하기를 "비유하자면 지란과 옥수가 자기 집 뜰에 자라기를 바라는 것과 같습니다.〔譬如芝蘭玉樹欲使其生於庭階耳.〕"라고 한 데서 온 말이다. 《晉書 謝玄列傳》

55 금서(琴書) : 거문고와 서책을 즐기며 보내는 흥취를 말한다. 도잠(陶潛)의 〈귀거래사(歸去來辭)〉에 "친척들과의 정담을 즐거워하고, 거문고와 서책을 즐기면서 시름을 해소한다.〔悅親戚之情話, 樂琴書以消憂.〕"라고 하였다. 《古文眞寶 後集 卷1》

고기와 냇물처럼 새와 구름처럼	魚川鳥雲
의지함에 친함을 잃지 않았으니	因不失親
단비 같은 가르침을	時雨而化
대현의 문하에서 받았습니다[56]	鉅賢之門
아, 우리나라에	於惟大東
은택이 인자와 현자에 미쳤으니	澤漸仁賢
신라를 지나 고려에 이르러	降羅迄麗
학문은 오천[57]을 조종으로 삼았습니다	學祖烏川
금오산인[58]이 재차 전하고	金鼇再傳
점필재[59]를 사숙하였으며	畢齋私淑
수옹과 훤옹[60]이	睡翁暄翁
창을 잡고 방에 들어갔으니[61]	操戈入室

56 단비……받았습니다 : 제때에 내리는 비가 초목을 변화시키듯이 교화가 이루어짐을 비유한 말로, 여기서는 최충성이 김굉필(金宏弼)의 문하에서 가르침을 받은 것을 말한다.

57 오천(烏川) : 연일(延日)의 옛 이름으로, 연일 정씨(延日鄭氏)인 정몽주(鄭夢周)를 가리킨다. 217쪽 주10 참조.

58 금오산인(金鼇山人) : 길재(吉再)의 호이다. 217쪽 주9 참조.

59 점필재(佔畢齋) : 김종직(金宗直, 1431~1492)으로, 본관은 선산(善山), 자는 계온(季溫)이다. 정몽주, 길재로 이어져 내려온 사림파 성리학의 도통(道統)을 계승하는 기틀을 닦았다. 문장과 경술(經術)에 뛰어나 이른바 영남학파의 종조(宗祖)로 일컬어지며 조선 초 성리학을 이룬 대학자로 평가받는다. 문하생으로는 정여창(鄭汝昌), 김굉필, 김일손(金馹孫), 유호인(兪好仁), 남효온(南孝溫), 신용개(申用漑) 등이 있다.

60 수옹(睡翁)과 훤옹(暄翁) : 수옹은 신용개(1463~1519)이다. 본관은 고령(高靈), 자는 개지(漑之), 호는 수옹·이요정(二樂亭)·송계(松溪)이다. 훤옹은 김굉필을 가리킨다.

산당 선생의 심법은	先生心法
사문에서 묘한 조예를 얻은 것입니다	妙詣師門
사도가 넓고 넓어서	斯道浩浩
착수할 것이 무한하였는데	下手無垠
〈명륜〉과 〈입교〉를	明倫立教
지팡이로 삼아 어두운 길을 헤쳐 나갔으니[62]	擿植冥[63]行
선생이 이를 높이고 믿기를	先生尊信
부모와 신명처럼 하였습니다	父母神明
성명은 형체가 없지만	性命無形
본성을 함양함에는 법도가 있으니	養性有法
경으로 마음을 깨우는 규칙은	敬惺規則
사양좌가 정호의 법식을 부연한 것입니다[64]	謝衍程式[65]

61 창을……들어갔으니 : 일반적으로는 그 사람의 학설에 대해 다른 견해로 논박하는 것을 가리키는데, 여기서는 스승보다 뛰어남을 뜻한다. 후한(後漢)의 하휴(何休)가 《춘추(春秋)》 삼전(三傳)에 대해 《공양묵수(公羊墨守)》, 《좌씨고황(左氏膏肓)》, 《곡량폐질(穀梁廢疾)》을 저술하였는데, 정현(鄭玄)이 이를 읽고 논박하여 수정을 가하자, 하휴가 "강성이 나의 방에 들어와서는 나의 창을 잡고서 나를 치는구나.〔康成入吾室, 操吾矛以伐我乎!〕"라고 탄식한 일이 있다. 《後漢書 鄭玄列傳》

62 명륜(明倫)과……나갔으니 : 《소학》의 〈입교(立教)〉와 〈명륜〉을 지표로 삼아 학문의 길로 나아갔다는 뜻이다.

63 冥 : 대본에는 '寔'으로 되어 있다. 《남포집(南浦集)》 권12 〈제녹동서원최산당추배문(祭鹿洞書院崔山堂追配文)〉에 근거하여 수정하였다.

64 경(敬)으로……것입니다 : 《대학혹문(大學或問)》 경(經) 1장에 경(敬)을 또 어떻게 공부해야 하는지 물은 데 대한 주희의 대답에 "정자는 이것에 대하여 일찍이 '주일무적'으로 말하였고, 또 일찍이 '정제엄숙'으로 말하였다. 그 문인 사씨의 설에 이르러서는 또 이른바 '항상 마음을 일깨우는 법이다.'라고 하였고, 윤씨의 설은 또 이른바 '마음

선생이 이를 가슴에 깊이 새겨　　先生服膺
황홀하게 스스로 터득하였습니다　　恍然自得
재능을 감추고 산당에서 은거하면서　　卷懷山堂
유신에 뜻을 두고 누항을 바랐으니[66]　　志莘希巷
전은 〈무명전〉을 상정했고[67]　　傳擬無名
시는 격양시[68]를 좋아하였습니다　　詩愛擊壤
한가로이 지내며 구슬을 갖고 놀면서[69]　　寬閑弄丸[70]

을 수렴하여 한 사물도 용납하지 않는 것이다.'라고 하였다. 이 몇 가지 설을 보면 힘쓸 방도를 알 수 있다.〔程子於此, 嘗以主一無適言之矣, 嘗以整齊嚴肅言之矣. 至其門人謝氏之說, 則又有所謂常惺惺法者焉. 尹氏之說則又有所謂"其心收斂, 不容一物"者焉. 觀是數說, 足以見其用力之方矣.〕"라고 하였다.

65 式 : 대본에는 '▨'로 되어 있다. 규장각본(古 3428-21)에 근거하여 수정하였다.

66 유신(有莘)에……바랐으니 : 안빈낙도(安貧樂道)하였던 이윤(伊尹)과 안회(顔回)를 본받은 것을 말한다. 《맹자》〈만장 상(萬章上)〉에 "이윤은 유신의 들판에서 밭 갈면서도 요순의 도를 즐겼다.〔伊尹耕於有莘之野, 而樂堯舜之道焉.〕"라고 하였다. 안회에 대해서는 229쪽 주28 참조.

67 전(傳)은 무명전(無名傳)을 상정했고 : 무명전은 무명씨(無名氏)의 전기(傳記)로, 유무명(劉無名)이란 사람이 선도(仙道)를 이루고 성도(成都)에 살면서 〈무명전〉을 짓고는 청성산(青城山)에 들어가 소식이 없었다고 한다.《太平廣記 卷41 劉無名》 여기서는 최충성이 〈무명전〉을 상정하여 〈산당서객전(山堂書客傳)〉을 지은 것을 가리킨다.

68 격양시(擊壤詩) : 소옹(邵雍)의 시가집(詩歌集)인 《격양집(擊壤集)》을 가리킨다. 소옹이 낙양(洛陽)에 은거할 때 스스로 즐기며 지은 시들로, 성정(性情)을 읊은 것이 내용의 주를 이룬다.

69 한가로이……놀면서 : 태극과 같은 구슬을 가지고 논다는 말로, 역리(易理)를 탐구하는 것을 가리킨다. 소옹의 《격양집》 권12 〈자작진찬(自作眞贊)〉 말미에 "구슬을 가지고 노는 여가에, 한가로이 왔다 갔다 하노라.〔弄丸餘暇, 閑往閑來.〕"라는 말이 나오는데, 자주(自註)에 "환(丸)은 태극이다."라고 하였다.

자신이 그칠 바를 얻었으니　得我攸止

힘써 이단을 배척하고　力排異教

바른 이치를 창도하여 밝혔습니다　倡明正理

체는 형체가 생긴 뒤에 확립되고　體立形後

용은 시작되기 전에 갖추어져 있나니　用具未始

한마디 말로 환히 밝혀　一言昭晳

근원이 하늘에서 나온 것이라 하였습니다　原本出天

안회처럼 일찍 세상을 떠나　顔生早世

바른 말씀 전해지지 못했으나　格言無傳

백순보다 먼저 죽었어도　伯淳先亡

명성이 사람들에게 퍼졌으니[71]　名聞播人

선생이 남긴 향기가　餘芬遺馥

나부를 세우고 완부를 깨우쳤습니다[72]　立懦惺頑

머나먼 고을이 누추하여　荒鄉鄙汚

오랫동안 성대한 의식이 지체되었으나　久稽縟儀

백대의 공론이　百代公論

70 丸 : 대본에는 '瓦'로 되어 있다. 《격양집》 권12 〈자작진찬〉에 근거하여 수정하였다.

71 안회(顔回)처럼……퍼졌으니 : 최충성은 32세에 요절한 안회보다 겨우 2살 많은 34세에 졸하였으나, 학문적 명성은 50세에 졸한 정호(程顥)처럼 이루었음을 의미한다. 백순(伯淳)은 정호의 자이다.

72 나부(懦夫)를……깨우쳤습니다 : 최충성의 유풍이 나약한 사람의 뜻을 세우고 완악한 사람의 마음을 깨우쳤다는 뜻이다. 《맹자》 〈진심 하(盡心下)〉에 "백이의 풍도를 들은 자는 완악한 지아비가 청렴해지고 나약한 지아비가 뜻을 세우게 된다.〔聞伯夷之風者, 頑夫廉, 懦夫有立志.〕"라고 하였다.

세월이 흘러도 사라지지 않아　愈遠不泯
선비들이 다들 배향하자고 말하니　縫掖咸辭
의논할 것도 없이 마음이 맞았습니다　不咨謀諧
영봉의 서쪽 기슭과　靈峯西[73]麓
덕수의 남쪽 물가에　德水南滸
사당이 우뚝하니　有堂巋然
이름난 조부의 사우입니다　名祖神宇
향기로운 제수로 배향하고　配享芬苾
같은 사당에서 제사하니　合祀同室
덕을 높이고 절의를 숭상하는 의식이　崇德尙節
길이 전해져 다함이 없을 것입니다　永傳無極
두 공을 사적으로 추모하는 것이 아니라　非私二公
아울러 먼 후세를 권면하는 것입니다　幷勸來億

73 西 : 대본에는 '向'으로 되어 있다. 《남포집》 권12 〈제녹동서원최산당추배문〉에 근거하여 수정하였다.

산당 선생을 봉안하는 축문
山堂先生奉安祝文

이름난 선조에게 훌륭한 손자 있으니　名祖有孫
아름다운 산당 선생입니다　猗歟先生
타고난 자품이 탁월하고　天資超越
식견과 지취가 고명하였습니다　見趣高明
집안에서 심법을 전수받았으니　家傳心法
비유하자면 샘에 근원이 있는 것이요　譬泉有源
의귀할 곳이 있었으니　依歸有地
대현의 문하였습니다　大賢之門
뛰어난 재주와 독실한 학문으로　茂才篤學
그 문장을 아름답게 조탁했고　琱琢其章
글을 읽고 이치를 궁구하면서　讀書窮理
산당에서 오래 날을 보냈습니다　山堂日長
고시 읊기를 좋아한 것은　愛吟古詩
시 읊기를 좋아한 것이 아니라　非是愛吟
뜻이 높고 큰 고인이　嘐嘐古人
실로 자신의 마음을 알았기 때문입니다[74]　實獲我心

74 고시……때문입니다 : 고시를 읊음으로써 자신의 마음을 살폈다는 뜻이다. 《시경》 〈패풍(邶風) 녹의(綠衣)〉에 "고운 갈포며 굵은 갈포여, 바람이 싸늘하게 불어오도다. 내가 옛사람을 생각하노니, 실로 마음을 알아주도다.〔絺兮綌兮, 凄其以風. 我思古人, 實獲我心.〕"라고 하였다.

한마디 말씀과 한 가지 행실도	一言一行
신명에게 질정할 만했고[75]	神明可質
조예의 오묘함은	造詣之妙
높은 경지에 올랐습니다	或昇堂室
대그릇의 밥과 표주박의 음료로	簞食瓢飮
누추한 시골에서 지냄을 근심하지 않았으니[76]	陋巷非戚
홀로 그 도의 종통을 얻어	獨得其宗
거의 《주역》 공부를 할 수 있었습니다[77]	庶幾卒易
하늘이 수명을 더해 주지 않으니	天不假年
사림들이 오랫동안 애통해했는데	士林長痛
이미 한훤 선생에게 배향되었으니	旣配寒暄
공의로 함께 이룬 것입니다	公議所共
더구나 이 사묘는	況玆祠廟
선생의 고향에 있으니	桑梓故鄕
이 조부와 이 손자가	此祖此孫

75 신명(神明)에게 질정할 만했고 : 언행이 바르고 떳떳하여 부끄럽지 않음을 뜻한다. 《중용장구》 제29장에 "군자의 도는 자기 몸에 근본하여 백성들에게 징험하며, 삼왕에게 상고해도 틀리지 않으며, 천지에 세워도 어그러지지 않으며, 귀신에게 질정하여도 의심이 없으며, 백세에 성인을 기다려도 의혹되지 않는 것이다.〔君子之道, 本諸身, 徵諸庶民, 考諸三王而不謬, 建諸天地而不悖, 質諸鬼神而無疑, 百世以俟聖人而不惑.〕"라고 한 데서 온 말이다.

76 대그릇의……않았으니 : 안빈낙도의 생활을 말한다. 229쪽 주28 참조.

77 거의……있었습니다 : 《논어》 〈술이(述而)〉에 "하늘이 나에게 몇 살의 수명을 빌려주어 마침내 《주역》을 배웠다면 큰 허물이 없었을 것이다.〔加我數年, 五十以學易, 可以無大過矣.〕"라고 하였다.

의당 한 사당에 배향되어야 합니다	宜享一堂
오래도록 성전을 거행하지 않은 것은	久欠盛典
또한 때를 기다림이 있는 것이니	時亦有待
위차를 정해 받들어 배향하매	位定奉配
선생의 영령이 좌우에 계신 듯합니다	左右如在
유풍이 미치는 바에	遺風攸曁
오도가 찬란히 빛나니	吾道有光
월출산은 더욱 높고	月山彌高
덕수는 더욱 맑습니다	德水增淸
공손히 정결한 제수를 진설하고	恭陳明薦
감히 작은 정성을 고유하오니	敢告微誠
길이 원하건대 이르러 흠향하시어	永願顧歆
후생들을 계도하고 보우하소서	啓佑後生

양정 축문[78]

兩丁祝文

자품과 재주가 뛰어나고	資材之茂
학문과 행실이 돈독하니	學行之敦
가정과 사우가	家庭師友
안팎의 연원이었습니다	表裏淵源
맑은 술과 강렵[79]으로 공경히 제사를 올리니	謹以淸酌剛鬣柢薦常事
흠향하소서	尙饗

78 양정(兩丁) 축문(祝文) : 사우(祠宇)에는 일반적으로 매년 봄가을, 즉 2월 첫 정일(丁日)과 8월 첫 정일에 향사하는데, 이때 사용하는 축문을 말한다.

79 강렵(剛鬣) : 제사에 쓰는 돼지의 별칭이다. 《예기(禮記)》〈곡례 하(曲禮下)〉에 "무릇 종묘에 제사하는 예에 소를 일원대무라 하고, 돼지를 강렵이라 한다.〔凡祭宗廟之禮, 牛曰一元大武, 豕曰剛鬣.〕"라고 하였다.

갑신년(1764, 영조40) 11월 모일 사액을 청하는 소장
甲申十一月日請額疏章

삼가 아룁니다. 신 등은 생각건대 현인이란 당대의 표본이자 많은 선비의 사표입니다. 비록 백세의 세월이 지난 뒤와 천 리 멀리 떨어진 곳이라 하더라도 오히려 사람들이 풍도를 듣고 흥기해서 제사 지내며 받들기에도 겨를이 없는데, 하물며 같은 시대에 태어나고 같은 도(道)에 살면서 가르쳐 이끌어 주신 교화에 젖어 들고 아름다운 덕의 성대함에 훈도된 자들은 존모하고 사랑하는 마음이 더욱 마땅히 어떠하겠습니까. 사당을 세워 향사하는 의전을 어찌 그만둘 수 있겠습니까. 그렇다면 사액을 내려 표장(表章)하는 일이 문화(文化)를 숭상하는 성조(聖朝)에 본래 없을 수 없는데, 현인을 포장(褒奬)하고 학문을 흥기하는 성조의 정사에 또한 어찌 늘 거절하는 번거로운 청처럼 여겨 막연히 들어서야 되겠습니까.

신 등이 거주하는 영암(靈巖)은 비록 바닷가에 있는 일개 작은 읍이라고는 하지만 바로 고(故) 명신(名臣) 최덕지(崔德之)와 그의 손자 최충성(崔忠成)이 거처하던 곳이며, 고 상신(相臣) 김수항(金壽恒)이 편배(編配)[80]된 곳입니다. 일찍이 숭정(崇禎) 경오년(1630, 인조8)에 한 도의 선비들이 처음으로 최덕지를 위하여 본군(本郡)에 서원을 세

80 편배(編配) : 대본에는 '偏配'로 되어 있다. 문맥에 근거하여 '偏'을 '編'으로 바로잡아 번역하였다. 편배는 죄인의 이름을 도류안(徒流案)에 적어 놓고 귀양 보내는 것을 말한다.

우고 최충성을 배향하였습니다. 을해년(1695, 숙종21)에 또 김수항을 한 사당에 아울러 배향하였는데,[81] 편액을 내려 주시는 조정의 은전이 지금까지도 내려지지 않았습니다. 이를 수치로 여겨 두 번이나 소장을 진달하여 해당 조(曹)에 우러러 청하였는데, 신유년(1741, 영조17) 봄에는 마침 조정에 일이 많아서 끝내 회계(回啓)를 행하지 않았고, 임오년(1762) 봄에는 혹자는 "김 모(某)는 별도로 한 사당을 세운 것이 아니다."라고 하고, 혹자는 "서원을 세운 지 이미 오래되었으니 갑자기 가볍게 시행하기가 어렵다."라고 해서 그대로 방계(防啓)하였습니다. 신 등이 이에 진실로 지극히 의아함을 금치 못했습니다.

본조에서 서원이 설치된 것은 명종(明宗) 중년에 비롯되었고,[82] 은액(恩額)이 베풀어진 것은 선조(宣祖)와 인조(仁祖) 두 조정 즈음에 시작되었습니다. 그 사이에 연수가 실로 7, 8십 년이나 흘렀고, 근년 이후로 사액을 청하여 허락을 받은 오래된 서원이 또한 한두 곳일 뿐만이 아닙니다. 그렇다면 이른바 서원이 오래되어 시행하기 어렵다는 것은 어디에 근거한 것입니까. 사의(事儀)로 볼 때 행해야 할 은전인데 조종조(祖宗朝)에서 미처 시행하지 못한 것을 어찌 한결같이 모두 세월이 오래되었다고 핑계 대면서 거행하지 않는단 말입니까. 이는 진실로 신 등이 이해할 수 없는 바입니다.

열읍(列邑)이 서원을 세운 뒤에 다시 선배와 아름다움을 함께할 만

81 을해년에……배향하였는데 : 《문곡집(文谷集)》 발문에는 1694년(숙종20) 김수항을 녹동서원(鹿洞書院)에 배향한 것으로 기재되어 있다. 녹동서원의 연혁에 대해서는 220쪽 주15 참조.

82 비롯되었고 : 대본에는 '肪'으로 되어 있다. 문맥에 근거하여 '昉'으로 바로잡아 번역하였다.

한 후인이 있으면 이어서 한 사우에 추향(追享)한 경우를 팔도에 일일이 헤아려 보건대 비슷한 사례를 어찌 한정할 수 있겠습니까.[83] 일찍이 이것을 잘못되었다고 한 사림의 의론을 들어 보지 못하였으니, 그렇다면 유독 신 등의 청에 대해 별도로 사당이 세워져 있지 않다고 핑계대고 허여하지 않는 것은 또한 어디에 근거한 것입니까. 국가의 법으로 헤아리고 고금의 규례로 상고해 보건대 신 등의 청은 의심할 만한 것이 하나도 없는데 우선 핑계 대는 말을 하여 많은 선비의 바람을 막으시니, 신 등이 어찌 답답하고 한스럽지 않을 수 있겠습니까.

세 신하의 학문과 덕업은 진실로 전후로 올린 두 번의 소장에 이미 간략하게 진달하였는데 한 차례 상께서 읽어 보신 뒤로 세월이 이미 오래되었으니, 혹 여러 가지 정무를 살피시느라 상의 마음에 대략적인 내용도 남아 있기 어려울 듯합니다. 이에 감히 한두 가지를 가지고 성상께 우러러 진달하오니, 바라건대 성명께서는 굽어살펴 헤아려 주소서.

최덕지는 우리 세종조(世宗祖)에 문과에 급제하여 예문관과 삼사(三司)의 관직을 역임하고 외직으로 나가 남원 부사(南原府使)가 되었습니다. 남원에서 관직을 버리고 영암으로 돌아와 서루를 지어 거처하면서 '존양(存養)'이라 편액하고 두문불출하였습니다. 문종(文宗) 초년에 공을 불러 예문관 직제학에 배수하고 속히 포장을 더하여 장차 크게 쓰려고 하였으나, 조정에 있은 지 오래지 않아 곧바로 또 사직을 청하여 벼슬을 내놓고 고향으로 돌아가서 끝내 죽을 때까지 벼슬에

83 어찌……있겠습니까 : 대본에는 '何恨'으로 되어 있다. 문맥에 근거하여 '恨'을 '限'으로 바로잡아 번역하였다.

나아가지 않았으니, 이것이 그의 출처의 대략입니다. 이 때문에 고(故) 판서 이식(李植)이 일찍이 평론하기를 "순실한 행실이 성상의 유지에 드러났으니 순박한 덕이요, 중년에는 자취를 거두어 산해에서 은둔하였으니 고상한 절의요, 마음을 보존하고 본성을 기르는 것으로 편액을 걸어 스스로 경계하였으니 바른 학문이다. 이 중에 한 가지만 있어도 백세토록 스승으로 모범이 될 만한데, 하물며 이를 겸비한 사람이겠는가."라고 하였습니다.[84] 이식의 문학과 덕망은 세상 사람들이 신복(信服)하는 바이니, 그렇다면 이 말은 백세의 정론인 것입니다.

그의 손자 최충성은 또 문경공(文敬公) 김굉필(金宏弼)에게 나아가 수학하였는데, 그 뛰어난 재주와 박학한 학문을 세상 사람들이 모두 추앙하여 고제(高弟)로 여겼습니다. 이를 보면 사우의 연원이 진실로 유래한 바가 있고, 또한 선조의 가르침에서 얻은 것이 있음을 알 수 있습니다.

이른바 존양루는 대대로 거주한 지역에 있고 수백 년이 지나도록 유상(遺象)이 남아 있으니,[85] 사람들의 경모가 세월이 오랠수록 더욱 쇠하지 않습니다. 사대부 중에 남주(南州)를 경유하는 자는 반드시 존

84 이식(李植)이……하였습니다 : 이식(1584~1647)은 본관은 덕수(德水), 자는 여고(汝固), 호는 택당(澤堂)·남궁외사(南宮外史)·택구거사(澤癯居士)이다. 이 평론은 《택당집》 권9 〈연촌최선생가전시문록후서(烟村崔先生家傳詩文錄後敍)〉에 보인다.

85 유상(遺象)이 남아 있으니 : 최덕지의 영정을 말한다. 원본 및 유지본(油紙本)이 현전하여 보물 제594호로 지정되었다. 《연촌유사(烟村遺事)》에 의하면 영정은 원래 3본이 있는데, 그중 1본은 생시 진상(生時眞像)으로서 존양루 옛터 근방 영당(影堂)에 봉안하였으며, 나머지 2본 중 1본은 녹동서원에, 1본은 주암사(舟巖祠)에 봉안하였다 한다. 현재는 원본과 이모본(移模本) 및 유지본을 전라남도 전주 최씨 문중이 보존하고 있다.

양루가 어디에 있는지 물어 참배의 예를 올리고는 차탄하면서 떠나지 못하니, 그의 유풍과 여운이 사람을 감동시킴이 또한 깊은 것입니다.

김수항에 이르러서는 이미 성주께서 일찍이 직임을 맡겨 부렸던 자이니, 처신의 본말과 조정에서 벼슬할 때의 대절은 진실로 신 등이 일일이 말할 필요가 없습니다. 그러나 을묘년(1675, 숙종1)에 한 번 소장을 올림으로 인하여 영암에서 4년 동안 귀양살이했는데,[86] 온 군의 선비들 가운데 그의 이름을 흠모하고 덕을 사모하지 않는 자가 없었으니, 한번 그의 의용(儀容)을 접하면 봄바람을 쐰 듯하였습니다. 자신도 모르게 변화하는 교화를 다만 스승을 찾아가 배우는 자만 받았을 뿐만이 아니었으니, 그렇다면 태산교악(泰山喬嶽)[87] 같은 큰 공이 진실로 사람에게 크게 영향을 끼친 것입니다. 옛날에 당(唐)나라 한유(韓愈)는 조주(潮州)에 있었던 기간이 채 1년이 되지 않았고 가르친 것은 장구(章句)에 지나지 않았는데도 조주의 백성들이 사당을 세워 그를 향사하였습니다.[88] 더구나 신 등은 모(某)에게 있어 실로 구홍(區弘)과

86 을묘년에……귀양살이했는데 : 김수항은 숙종 즉위 후 허적(許積), 윤휴(尹鑴)를 배척하고 남인의 횡포를 논하다가 1675년 7월 18일 영암으로 유배되었고, 4년 뒤인 1678년 철원(鐵原)으로 이배(移配)되었다. 《肅宗實錄 1年 7月 18日, 4年 4月 2日》

87 태산교악(泰山喬嶽) : 본래 태산(泰山)을 가리키는 말인데, 덕과 명망이 태산처럼 높아 사람들에게 존경을 받는 인물을 비유한다. 육구연(陸九淵)이 주희를 평하기를 "주원회는 태산교악과 같다.〔朱元晦如泰山喬嶽〕"라고 하였다. 《象山集 象山語錄 卷2》

88 한유(韓愈)는……향사하였습니다 : 조주 사람들이 학문을 몰랐는데, 한유가 조주 자사가 되어 조덕을 시켜 가르치게 하니, 선비들의 문행(文行)이 독실해졌고 일반 백성에게까지 미쳐서 다스리기 쉬워졌다. 이후 왕척(王滌)이 이 고을을 맡으면서 공의 사당을 새로 짓기를 원하면 들어주겠다고 하니, 백성들이 기꺼이 달려와 터를 잡은 지 1년 만에 사당이 완공되었다. 《東坡全集 卷86 潮州韓文公廟碑》

조덕(趙德)[89]이 한유에게 은덕을 입은 것과 같을 뿐만이 아니니, 그렇다면 추모하고 보사(報祀)하는 일은 덕을 좋아하는 양심에서 나와서 스스로 그만둘 수 없는 점이 있는 것입니다.

아, 이 세 신하가 이곳에 거처한 연대는 비록 다르지만, 남쪽 지방에 공이 있음은 전후가 똑같습니다. 그러므로 원근의 선비들이 의견을 함께하여 사당을 세워 향사한 지가 이미 여러 해가 되었고, 조정에 소장을 올려 은액을 내려 주기를 빌고 바란 지가 이제 또 세 차례나 됩니다. 신 등이 진심으로 기뻐하고 성심으로 감복하여 죽은 뒤에도 잊지 못하는 그리움을 품은 것이 또한 이미 지극합니다. 그런데 이제 다시 해당 조에서 저지하여 끝내 편액을 하사하는 명을 내리지 않으신다면 어찌 다만 사림이 실망할 뿐이겠습니까.

아, 세 신하의 학문과 덕업을 향사하기에 부족하다고 여기신다면 그만이겠지만, 신 등이 본 바로는 지난번 해당 조의 계사(啓辭)에서 세 명의 신하를 포장하고 찬미한 것이 참으로 소장 가운데 진달한 바와 같아서 유감스러워할 만한 점이 전혀 없었는데, 끝에는 시행하지 말도록 하고 결정해 주지 않으신 것은 어째서입니까. 이것이 어찌 한때 우연히 생각지 못한 데에서 나온 것이겠습니까. 이 때문에 사기(士氣)가 갈수록 더욱 답답해지고 있습니다. 이에 감히 발을 싸매고 천 리 길을 달려와 다시 대궐 아래에서 호소하는 것입니다. 삼가 바라건대

89 구홍(區弘)과 조덕(趙德) : 구홍은 한유가 양산 영(陽山令)으로 폄적되어 있을 때 그곳에서 만났던 인사로, 함께 시서(詩書)를 논하고 낚시를 즐겼다. 조덕 역시 한유가 조주 자사로 폄적되어 있을 때 만났던 고을의 수재이다.《五百家注昌黎文集 卷21 送區冊書》《東坡全集 卷86 潮州韓文公廟碑》

전하께서는 세 신하의 뛰어난 사업을 살피고 여러 선비가 지극한 정성으로 존모함을 생각하여 속히 유사(有司)에게 명하여 화액(華額)을 내려 주어 현인을 높이고 덕을 드러내는 성대한 뜻을 보여 주소서. 그렇게 해 주신다면 매우 다행이겠습니다. 신 등은 하늘 같은 성상을 우러러 간절히 기원하는 심정을 가눌 수 없습니다. 죽음을 무릅쓰고 아뢰옵니다.

임진년(1712, 숙종38) 11월 19일 사액을 청하는 상소 판서 송상기가 짓다.[90]

壬辰十一月十九日請額疏 宋判書相琦製

엎드려 생각건대 현인을 높여 사우(祠宇)를 세우는 것은 도(道)를 보위(保衛)하는 사림의 지극한 정성이고, 위패를 봉안하매 사액을 내려 주는 것은 덕(德)을 숭상하는 국가의 성대한 의전입니다. 이 때문에 현인을 높이면 제사를 지내고, 현인을 제사하면 사액을 내립니다. 아랫사람은 반드시 그 간절한 정성을 펴고 윗사람은 반드시 그 아랫사람의 간청을 들어주나니, 이는 진실로 순차적으로 마땅히 시행하여야 할 일입니다.

생각건대 우리나라는 유도(儒道)를 숭상하고 덕 있는 현인을 포장하여 교화가 미치는 곳마다 문화가 크게 흥성하였습니다. 그리하여 그동안 300여 년 사이에 명신(名臣)과 석사(碩士)가 빈빈(彬彬)하게 배출되었습니다. 세상에 나와 조정에서 벼슬하고 물러나 초야에 거처하는 자들의 덕행과 학업을 논해 보자면 비록 얕고 깊음과 높고 낮음의 차이가 있으나, 살아서는 세도(世道)에 보탬이 되고 죽어서는 후학에 모범이 되는 점은 같습니다.

그러므로 우리 의관을 갖춘 선비들이 현인을 숭상하는 열조(列祖)의 성의(盛意)를 본받고 후학을 계도하는 전배(前輩)의 유풍(遺風)을 앙

90 판서 송상기(宋相琦)가 짓다 : 《승정원일기》 숙종 38년 11월 19일 기사에는 유학(幼學) 문헌위(文獻緯) 등이 지은 것으로 되어 있다.

모하여 그 모습을 그리며 흠모한 나머지에 흥기하기도 하고, 그 언행을 귀와 눈으로 직접 듣고 본 데에 감발하기도 해서 제기를 진설하여 받들고 사액을 청하여 빛내려는 것은 팔도를 두루 헤아려 보건대 곳곳마다 모두 그러합니다. 이는 진실로 높은 산처럼 크게 우러러 흠모하는 정성에서 나온 것이요, 본래 덕을 좋아하는 타고난 천성에서 똑같이 얻은 것이며, 또한 국가가 면려하고 진작해 온 결과입니다.

높일 만한 현인을 높여 제사하지 않는다거나 사액을 청할 만한데도 청하여 빛나게 하지 않는다면 많은 선비의 수치가 될 뿐만 아니라, 성조(聖朝)가 창도하는 교화에 부족함이 어찌 적겠습니까. 이것이 신 등이 감히 고(故) 직제학 최덕지(崔德之) 및 그의 손자 최충성(崔忠成)과 고 영의정 김수항(金壽恒) 및 그의 아들 판서 김창협(金昌協)의 사우를 세워 높이고 제사하게 된 대략을 진달하여 은액(恩額)의 성전(聖典)을 내려 주기를 바라는 까닭입니다.

저 네 신하의 사적(事蹟)의 본말에 대해서는 진실로 신 등과 같이 늦게 태어난 몽매한 선비가 만분의 일이라도 드러내 밝힐 수 있는 것이 아닙니다. 그러나 고을에서 전송(傳誦)되는 것과 평소에 보고 기억하는 것을 대략 서술하여 재량하여 살필 수 있도록 하니, 삼가 바라건대 전하께서는 조금이나마 살펴 주소서.

듣건대 최덕지는 우리 세종조(世宗祖)에 한림원(翰林院)과 삼사(三司)의 직임을 두루 지냈고, 후에 남원 부사(南原府使)로 있다가 물러나 본읍인 영암(靈巖)에서 지내면서 맹자(孟子)의 존심양성(存心養性)[91]

91 존심양성(存心養性) : 《맹자》 〈진심 상(盡心上)〉에 "마음을 보존하고 본성을 기르는 것이 하늘을 섬기는 것이다.〔存其心, 養其性, 所以事天也.〕"라고 하였다.

이라는 말을 취하여 거처하는 서루(書樓)를 '존양(存養)'이라 명명하고는 바른 학문에 마음을 두어 두문불출하였습니다. 그러다가 문종(文宗)이 즉위하자 그를 불러서 예문관 직제학에 제수하여 순수하고 진실하다고 장려하고 계속 조정에 머물러 두어 임용하려 하였으나, 글을 올려 사직을 청하고 아주 떠나 다시는 출사하지 않았습니다.

아, 벼슬길에 나아갔다면 경상(卿相)의 자리가 앞에 있었을 터인데 부귀를 지푸라기 보듯 하고 구원(邱園)으로 물러나 은거하였으니, 그 고풍(古風)과 청절(淸節)은 나약한 자를 뜻을 세우게 하고 완악한 자를 청렴하게 만들기에 충분하였습니다.[92] 서루의 두 글자 편액을 완상해 보면 그의 존심양성의 공부를 알 수 있고, 성조에서 내린 한마디 말의 포장(褒奬)[93]을 관찰해 보면 그의 순수하고 진실한 자품을 알 수 있으니, 확립한 높은 지조와 보존한 바른 마음이 진실로 보통 사람보다 훨씬 뛰어나 후세의 모범이 되기에 충분했습니다.

신 등은 이에 대해 또한 느끼는 바가 있습니다. 최덕지가 벼슬에서 물러난 것이 문종 2년(1452)이었는데, 당시의 명현(名賢)들이 전별연(餞別宴)을 베풀면서 그가 떠나는 것을 애석하게 여겼으니, 이에 대한 일이 시편(詩篇)에 많이 보입니다. 육신(六臣)[94]의 시(詩)와 문(文)이 그 안에 함께 들어 있는데 경모(敬慕)하고 우러르는 뜻이 말 밖에 넘치

92 나약한……충분하였습니다 : 최덕지의 풍도에 감화됨을 가리킨다. 246쪽 주72 참조.

93 한마디 말의 포장(褒奬) : 문종이 최덕지에게 "순수하고 진실하다.〔純實〕"라고 칭찬한 말을 가리킨다.

94 육신(六臣) : 1456년(세조2) 단종의 복위를 꾀하다가 처형된 여섯 명의 충신인 성삼문(成三問), 박팽년(朴彭年), 하위지(河緯地), 이개(李塏), 유성원(柳誠源), 유응부(兪應孚)를 말한다.

니, 최덕지가 육신과 지향(志向)이 같다고 이를 만하였습니다. 그러나 그 뒤에 국가에 변고가 많이 생기자 육신은 끝내 화(禍)를 면치 못하였는데, 최덕지는 용감하게 물러나 무사할 수 있었습니다. 이는 기미를 보고서 아는 자와 같은 점이 있어서일 것입니다. 이 어찌 보통 사람이 미칠 수 있는 바이겠습니까. 지금까지도 그의 풍도를 들은 자가 여전히 찬탄하며 그의 모습을 그리면서 흥기하는 바가 있으니, 그 수립한 탁월함이 세교에 보탬이 되는 바가 또한 어찌 당시 스스로 절의를 지킨 제현(諸賢)보다 못하겠습니까. 이는 더욱 성조에서 속히 표창해야지 조금도 늦추어서는 안 될 일입니다.

최충성으로 말하자면 문경공(文敬公) 김굉필(金宏弼)의 문하에서 수학하였는데, 학문은 《소학(小學)》을 근본으로 삼고, 《심경(心經)》과 《근사록(近思錄)》 등의 책에 더욱 공력을 기울였으며 제자백가의 책을 읽지 않은 것이 없었습니다. 문장과 행실이 세상 사람들에게 추앙받았고, 또한 인륜을 밝히고 이단을 물리치는 것을 자신의 임무로 삼았습니다. 비록 불행히도 명이 짧아 죽었으나, 그의 뛰어난 재주와 독실한 학문은 입실의 경지[95]에 오른 고제(高弟)라고 일컬을 만합니다. 이는 그 사우(師友)의 연원이 본래 그러한 점이 있었고, 또한 선조의 가르침에 영향을 받지 않았다고 할 수 없습니다.

또 김수항은 강직하고 정직하며 충신(忠愼)하고 겸손하니, 사림(士林)이 그를 추대하여 영수(領袖)로 삼고, 국가가 그에게 의지하여 나라

95 입실의 경지 : 이미 학문적으로 상당히 높은 경지에 이르렀음을 뜻한다. 공자(孔子)가 제자 자로(子路)의 경지를 두고 이르기를 "당에는 올랐지만 아직 실에는 들어가지 못하였다.〔升堂矣, 未入於室也.〕"라고 한 데서 온 말이다. 《論語 先進》

의 주석(柱石)으로 삼았습니다. 그가 한번 나아가고 한번 물러남에 소장(消長)의 기미를 점치고, 그가 사느냐 죽느냐에 성쇠(盛衰)의 운수가 관계되었으니, 덕망은 당시에 존경을 받았고 사업은 후세에 빛납니다. 이는 진실로 성조에서 밝게 알고 있는 바이고, 아낙네나 어린아이도 공공연히 칭송하는 바이니, 신 등이 일일이 논할 필요가 없습니다.

그가 본읍(本邑)에서 귀양살이할 때에는 문을 닫고 도를 구하고 내면으로 깊이 성찰하는 공부를 하여, 사서(四書)를 돌아가며 외고 읽어서 은미한 말과 심오한 뜻을 깨달아 이해하였고, 《주자전서(朱子全書)》에 더욱 힘을 쏟아 깊이 체득하고 몸소 실천하여 일생 동안 수용하는 자료로 삼았습니다. 비록 몽매하고 비루한 미천한 신 등이 그의 조예가 어떤 경지에 이르렀는지는 엿보아 헤아릴 수 없으나, 밖으로 드러난 것을 가지고 말해 보겠습니다.

그는 평소에는 엄숙하여 종일토록 장중하였으나 사람을 응접할 적엔 온통 한 덩어리 화기(和氣)였으니, 그의 말씨를 들어 보고 그의 덕스러운 모습을 관찰해 보면 심취하여 공경하는 마음을 갖지 않는 자가 없습니다. 그러므로 사림이 귀의하고 앙모하여 태산북두처럼 바라보았으니, 진실로 원근의 사람들이 똑같이 여기는 바이고, 교화를 입은 바는 신 등에게 더욱 심대하고 절실합니다. 궁벽한 시골 사람으로 하여금 학문의 근본과 사람으로서의 규범을 알 수 있게 한 것은 실로 김수항의 은혜입니다.

김창협으로 말하자면 어려서부터 집안의 가르침을 받아 몸소 유자(儒者)의 행실을 실천하였습니다. 일찍이 김수항을 따라서 이 고을에 왕래한 적이 있었기에 신 등이 또한 일찍이 경모하고 감복한 지가 오래되었습니다. 그가 조정에 벼슬할 적에 경연에서 임금을 계옥(啓沃)하여[96] 심학(心學)을 발휘하고, 간곡하게 글을 올려 다스림의 요체를 강론하여 밝힌 것이 모두 학문에서 나왔습니다. 벼슬에서 물러난 뒤로는 더욱 사도(斯道)를 자신의 임무로 삼아 초야에서 여유롭게 살면서 분전(墳典)[97]을 부지런히 읽었습니다. 격물치지(格物致知)와 성의정심(誠意正心)의 학문에 마음을 쏟고 조존(操存)[98]과 함양(涵養)의 공부에 힘을 쏟되, 부지런히 애써 분발하여 참으로 알고 힘껏 실천하였습니다. 여러 학설을 참고하고 논변해서 경전의 오묘한 뜻을 드러내 밝혔으니, 그 조예와 성취가 거의 고명한 경지에 이르렀다고 하겠습니다. 비록 굳게 먹은 마음을 바꾸지 못하고 확고한 절개를 버리기 어려워서 끝내 조정에 벼슬하며 뜻을 펼치고 유학의 교화를 도와서 온 세상 사람으로 하여금 그 은택을 입게 하지는 못하였으나, 세도에 도움이 되고 후학에게 모범이 되었으니, 유문(儒門)의 대종사(大宗師)라 하더라도 지나친 말이 아닐 것입니다.

이 때문에 한 고을의 많은 선비가 그 모습을 상상하며 흠모한 나머지 분발하였고 그 언행을 귀와 눈으로 직접 듣고 본 데에서 감동하였습니

96 임금을 계옥(啓沃)하여 : 신하가 충심을 다하여 계도하고 보좌한다는 뜻이다. 은(殷)나라 고종(高宗)이 재상 부열(傅說)에게 "그대의 마음을 열어 나의 마음을 적시라.〔啓乃心, 沃朕心.〕"라고 한 데서 온 말이다.《書經 說命上》

97 분전(墳典) : 삼분오전(三墳五典)의 준말이다. 본래 삼황(三皇)이 남긴 책을 '삼분'이라 하고, 오제(五帝)가 남긴 책을 '오전'이라 하는데, 이를 통틀어 옛 전적을 의미하는 말로 쓰인다.

98 조존(操存) : 마음을 잡아 굳게 지키는 것을 말한다.《맹자》〈고자 상(告子上)〉에 "공자께서 '잡으면 보존되고 놓으면 잃으며 수시로 드나들어 방향을 알 수 없다.' 하였으니, 마음을 말씀하신 것이 아니겠는가.〔孔子曰: "操則存, 舍則亡, 出入無時, 莫知其鄕." 惟心之謂與?〕"라고 하였다.

다. 그리하여 힘을 모아 사우를 세우고서 최덕지를 앞에 향사하고 또한 최충성을 배향하였습니다. 한목소리로 대의를 수창하여 김수항을 뒤에 아울러 향사하고 또한 김창협을 배향하여 경모(景慕)하고 숭봉(崇奉)하는 한 지방의 뜻을 폈습니다. 그러나 먼 지방의 누추한 곳이라 아직도 조정에 사액(賜額)을 청하지 못하여 전현(前賢)의 영령이 봉안된 곳이 국가의 사전(祀典)에 나열되지 못하고, 성조의 우문(右文)의 교화가 해교(海嶠)의 하읍(下邑)에 펴지지 못하게 하고 있으니, 실로 신 등의 죄입니다. 이에 감히 머나먼 곳에서 발이 부르트도록 달려와 구중궁궐 아래에서 한목소리로 호소합니다. 삼가 바라건대 성명(聖明)께서는 네 신하의 성대한 덕과 깊은 학문과 맑은 향기와 남긴 여운이 응당 사림이 존숭하고 조정에서 표창해야 하는지를 살펴서 특별히 유사에게 명하시어 화액(華額)을 내려 현인을 높이는 많은 선비의 정성을 이룰 수 있게 해 주소서. 그렇게 해 주신다면 매우 다행이겠습니다. 신 등은 간곡히 기원하는 심정을 가눌 길이 없습니다.

사액을 청한 것에 대한 예조의 회계
禮曹請額回啓

예조에서 보냄.

살펴볼 일. 계하된 영암(靈巖) 유학(幼學) 문헌위(文獻緯) 등의 상소에 대한 예조의 계목[99]에,

"계하된 문건을 첨부하였습니다. 이번 영암 유학 문헌위 등의 상소를 보니 '고(故) 직제학 최덕지(崔德之)는 세종조에 남원 부사(南原府使)로 있다가 물러나 본읍인 영암에서 지내면서 바른 학문에 마음을 두었습니다. 문종조에 그를 불러 예문관 직제학에 제수하여 순수하고 진실하다고 장려하였는데, 글을 올려 사직을 청하고 아주 떠나 다시는 벼슬길에 나오지 않았습니다. 그의 손자 최충성(崔忠成)은 문경공(文敬公) 김굉필(金宏弼)의 문하에서 수학하였는데, 뛰어난 재주와 독실한 학문이 입실의 경지에 오른 고제(高弟)[100]라고 일컬을 만합니다. 또 김수항(金壽恒)은 강직하고 정직하며 충신(忠愼)하고 겸손하니, 사림(士林)이 그를 추대하여 영수(領袖)로 삼고, 국가가 주석(柱石)처럼 의지하였습니다. 그가 본읍(本邑)에서 귀양살이할

99 계하된……계목 : 《승정원일기(承政院日記)》 숙종 38년 11월 19일 기사에 유학 문헌위 등이 사액을 청한 상소가 실려 있는데, 이에 대한 숙종의 비답에 "상소를 보고 잘 알았다. 상소의 내용을 예조로 하여금 내게 물어 처리하도록 하겠다."라고 하였다. 이 글은 그때 예조에서 작성한 회계(回啓)이다.

100 입실의……고제(高弟) : 이미 학문적으로 상당히 높은 경지에 이르렀음을 뜻한다. 262쪽 주95 참조.

때에 두문불출하며 도를 구하고, 《주자전서(朱子全書)》에 힘을 쏟아 깊이 체득하고 몸소 실천하였습니다. 궁벽한 시골 사람으로 하여금 학문의 근본과 사람으로서의 규범을 알 수 있게 한 것은 실로 김수항의 은혜입니다. 김창협(金昌協)으로 말하자면, 어려서부터 집안의 가르침을 받아 몸소 유자(儒者)의 행실을 실천하였습니다. 일찍이 이 고을에서 김수항을 따랐기에 신 등이 경모하고 감복한 지가 오래되었습니다. 한 고을의 많은 선비가 힘을 모아 사우(祠宇)를 세우고서 최덕지를 앞서 향사하고 최충성을 배향하였으며, 김수항을 뒤에 아울러 향사하고 김창협을 배향하였습니다. 그러나 먼 지방에 사는 우매한 저희들이 아직도 조정에 사액(賜額)을 청하지 못하였으니, 특별히 유사(有司)에게 명하여 화액(華額)을 내려 주십시오.' 하였습니다.

최덕지 등 네 신하는 청절(淸節)을 지니고 덕망이 있으며 아름다운 모범이 되고 깊은 학문을 쌓았으니, 이들은 실로 예를 차려 제사를 올리는 배향에 합당합니다. 사우를 세운 지가 지금 이미 오래되었으니 금령(禁令)[101]이 시행되기 전에 경영한 것이고, 네 신하 중에 김수항은 비록 다른 서원에 배향되어 있으나 이미 주향(主享)된 것

101 금령(禁令) : 숙종대에 중앙 정국의 당쟁이 격화되는 과정에서 각 붕당이 서원을 건립하였고, 정치권력의 향배에 따라 서원의 설립과 사액이 좌우되었다. 이에 따라 서원의 수가 급증하는 과정에서 동일 인물을 무분별하게 첩설(疊設)하는 폐단이 발생하였고, 도학자 중심이었던 인물의 기준도 무너지기 시작하였다. 국가에서는 본래의 설립 취지에서 벗어나 폐단을 야기하는 서원에 대해 적극적인 통제책을 시행하였다. 숙종 후반부터 본격화한 서원 금령은 1741년(영조17) 대규모의 사원(祠院) 훼철(毁撤)로 나타났다. 이 조치를 통해 전국의 19개의 서원을 포함하여 173개소의 사우가 훼철되었다.

이 아니니 첩설(疊設)로 논해서는 안 됩니다. 상소의 내용대로 시행함이 마땅할 듯하나 은액(恩額)은 중대한 의전(儀典)인지라 감히 아래에서 마음대로 결정하기 어렵습니다. 성상께서 재결하시는 것이 어떻겠습니까?"

하니,-강희(康熙) 52년(1713, 숙종39) 5월 16일, 우부승지 이덕영(李德英)이 담당해 입계하였다.- "특별히 사액하라."라고 하였습니다. 계하된 내용을 잘 살펴보고 서원에 통지하여 시행하게 하되, 관문이 도착한 일시에 대해 공문을 보낼 일입니다.

5월 18일에 예조가 보내고 23일에 순영(巡營)에 도착하고 25일에 본읍에 도착함.

사액을 맞이할 때 임금이 내린 제문 지제교 어유귀(魚有龜)가 지어 올리다.

延額時賜祭文 知製教魚有龜製進

유세차 강희(康熙) 52년 계사년(1713, 숙종39) 6월 병자삭 12일 정해에 왕은 예조 정랑 길경조(吉景祖)를 보내어 고(故) 직제학 최덕지(崔德之), 고 영의정 김수항(金壽恒), 고 사인(士人) 최충성(崔忠成), 고 판서 김창협(金昌協) 네 신하의 영전에 하유하고 제사를 지낸다. 왕은 다음과 같이 이르노라.

도학과 절행은	道學節行
세상 사람들이 공경하고 본받는 바이니	世所矜式
어질고 덕 있는 이 향사하는 일	祀賢饗德
나라에 정해진 법이 있네	邦有典則
강직하고 곧은 학문은	侃侃直學
명망과 실제 모두 빛나더니	望實俱赫
영릉의 시대를 만나	遭際英陵
벼슬길 그제야 열렸는데	進途方闢
고을 수령 인끈 던져 버리고	一投州紱
월출산에 은거하였네	高臥月出
두문불출 강학하며	杜門講學
맹자 말씀 깊이 궁구하여	玩賾鄒說
당에 존양이라 편액 걸고	堂扁存養

정밀하게 힘을 쏟았네　用功微密
문묘께서 이에 가상히 여겨　文廟乃嘉
대궐로 초치하고는　召致內閣
순수하고 진실하다 칭찬하여　賞其純實
은혜가 두터웠는데　恩顧優渥
소장을 올려 사직을 청하여　尺疏乞骸
다시 초복[102]을 이루었네　復遂初服
산골짜기에서 생을 마치니　終身邱壑
무너진 풍속 감화되었네　風勵頹俗
집안의 훈도에 영향 받아　庭訓所漸
그 손자 또한 어질었으니　有孫亦賢
스승의 문하에서 덕성을 훈도하고　薰德師門
젊은 나이에 도에 뜻 두어　志道妙年
식견이 고매하고 행실이 독실해져　識高行篤
가문의 전통을 계승하였네　遹紹家傳
아, 나의 현량한 보좌는　緊我良佐
나라의 시귀[103]였으니　邦國蓍龜

102 초복(初服) : 출사(出仕)하기 전에 입던 옷으로, 처음 살던 곳으로 돌아가 은거한다는 뜻이다. 굴원(屈原)의 〈이소(離騷)〉에 "물러나 다시 나의 초복을 손질하리.〔退將復修吾初服〕"라고 한 데서 온 말이다.

103 시귀(蓍龜) : 국가가 의지하는 원로였음을 뜻한다. 시귀는 거북과 시초(蓍草)이다. 이는 옛날에 일의 시비와 길흉을 점치던 것으로, 사물을 판단하는 기준을 뜻하며, 나아가서 모든 의문을 판별해 주는 원로나 국사(國士)를 뜻하는 말로 쓰인다. 송(宋)나라 소식(蘇軾)의 〈제구양문충공문(祭歐陽文忠公文)〉에 구양수(歐陽脩)를 평하여 "공

그 지조는 충직하고 순수하며	忠純其操
그 자질은 장중하고 온화하였네	莊穆其資
이름난 조부에게 직접 배우고[104]	親炙名祖
큰 스승에게 갈고닦은 뒤[105]	切磋大老
들은 것을 높이고 아는 것을 행하여	尊聞行知
포부를 크게 펼쳤네	大展抱負
몸소 세도를 맡아서	身任世道
음기 억누르고 양기 부지하며	抑陰扶陽
한결같은 절의로 세 조정을 섬겨[106]	一節三朝
도덕과 업적 더욱 빛났네	德業彌章
네 번 의정부에 들어가고[107]	四入中書
두 번 남쪽 끝으로 귀양 갔으니[108]	再遷南裔

이 세상에 산 것이 66년인데 백성들은 부모가 있고 국가에는 시귀가 있었네.〔公之生於世, 六十有六年, 民有父母, 國有蓍龜.〕"라고 하였다.《東坡全集 卷91》

104 이름난……배우고 : 김수항이 조부 청음(淸陰) 김상헌(金尙憲)에게 수학한 것을 말한다.

105 큰……뒤 : 김수항이 우암(尤庵) 송시열(宋時烈)에게 수학한 것을 말한다.

106 한결같은……섬겨 : 효종(孝宗), 현종(顯宗), 숙종(肅宗)의 세 조정에서 벼슬한 것을 말한다.

107 네……들어가고 : 원문에서는 네 번이라 하였으나, 실제로 김수항은 1672년(현종13) 5월에 우의정, 1674년 11월에 좌의정, 1675년(숙종1) 2월에 좌의정, 1680년 4월에 영의정, 1685년 8월에 영의정에 제수되어 다섯 번 의정부에 들어갔다.

108 두……갔으니 : 김수항이 1675년 자의대비(慈懿大妃) 복상(服喪) 문제로 양사의 탄핵을 받아 영암(靈巖)으로 귀양 간 일과 1689년 기사환국(己巳換局)으로 인해 진도(珍島)로 귀양 간 일을 말한다.

오직 우리 경의 진퇴로 惟卿進退
시운의 비색과 형통을 점칠 수 있었네 占時否泰
무진년 기사년을 생각하노라면 永言龍蛇
슬픔과 후회를 어찌 금하리오[109] 曷勝悼悔
저 영암 땅을 돌아보노니 瞻彼朗山
바로 경의 넋이 어린 곳이네[110] 是卿湘沅
우리 남쪽 선비들을 계도하여 迪我南士
남은 가르침 여기에 있으니 餘敎斯存
기수의 대나무에 그리움 일어 淇竹興思
세상 마치도록 잊지 못하네[111] 沒世不諼

109 무진년……금하리오 : 무진년(1688)과 기사년(1689) 사이의 일을 말한다. 무진년에 소의(昭儀) 장씨(張氏)가 왕자 윤(昀)을 낳자, 숙종이 윤을 원자로 삼아 명호(名號)를 정하고 장씨를 희빈(禧嬪)으로 봉하였다. 다음 해에는 기사환국으로 김수항을 비롯한 송시열 등 노론의 대신들이 사사(賜死)되었다.

110 바로……곳이네 : 상원(湘沅)은 상강(湘江)과 원강(沅江)의 병칭으로, 초(楚)나라 굴원(屈原)이 조정에서 축출된 후 신세를 비관하고 투신하여 죽은 곳이다. 여기에서는 1675년 김수항이 유배되었던 영암을 가리킨다.

111 기수(淇水)의……못하네 : 김수항의 훌륭한 학문과 덕행을 앙모하여 세상을 마칠 때까지 잊을 수 없다는 말이다. 《시경》 〈위풍(衛風) 기욱(淇奧)〉에 "저 기수 모퉁이를 보니, 푸른 대나무가 무성하도다. 문채 나는 군자여, 잘라 놓은 듯하고 다듬은 듯하며 쪼아 놓은 듯하고 간 듯하다. 엄밀하고 굳세며 빛나고 점잖으니, 문채 나는 군자여, 끝내 잊을 수 없다.〔瞻彼淇奧, 綠竹猗猗. 有匪君子, 如切如磋, 如琢如磨. 瑟兮僩兮, 赫兮咺兮. 有匪君子, 終不可諼兮.〕"라고 하였는데, 이에 대한 주희(朱熹)의 주에 "위(衛)나라 사람들이 무공(武公)의 덕을 찬미하여, 푸른 대나무가 처음 생겨나 아름답고 무성한 것으로 그의 학문과 수행이 진보됨을 비유한 것이다."라고 하였다.

학덕이 높은 상서는 嶷嶷尙書
선대의 아름다운 자취를 밟아 趾美先躅
시례의 가업을 계승하였고 業承詩禮
고상한 인품을 지녔네 器韞珪璧
경연에서 토론하고 經幄討論
바른말로 인도하다가 昌言啓沃
중도에 변고를 만나 中罹變故
빈 골짝으로 은둔하였네[112] 遯于荒谷
학문을 힘써 스스로 닦아 俛焉自修
한결같은 마음으로 도를 구하고 一心求道
자양[113]의 연원을 거슬러 올라가 探溯紫陽
심오한 이치 탐색하였네 叩抽鍵奧
진정으로 알고 참으로 실천하여 眞知實踐
조예가 더욱 정밀해지자 造詣益精
세교를 부지하고 扶植世敎
후생에게 모범이 되었으니 模範後生
풍모가 이르는 곳마다 光塵所曁
선비들 모두 경모하였네 衿紳均慕
앞 시대와 뒤 시대 네 현인 前後四賢

112 중도에……은둔하였네 : 김창협이 1689년 기사환국이 일어나 아버지 김수항이 진도(珍島)에 유배된 뒤 사사되자, 그 후로 영평(永平)의 산중에 은거한 일을 말한다.

113 자양(紫陽) : 자양은 주희의 별호이다. 주희의 부친 주송(朱松)이 자양산에서 독서하였는데, 뒤에 주희가 복건(福建)의 숭안(崇安)에 살면서 정사(精舍)의 이름을 자양서실(紫陽書室)이라고 명명한 데서 유래한 이름이다.

자취가 이 고을에 남았으니　　跡留斯土
조부와 손자 서로 바라보고　　祖孫相望
아버지와 아들이 모두 아름다웠네　　父子竝美
많은 선비가 함께 모의하여　　多士協謀
사우를 세워 제사 지내니　　立廟以祀
일제히 오른쪽에 향사하되　　齊享于右
차례대로 줄지어 배향하였네　　列配其次
이에 아름다운 편액을 내려　　茲宣華額
사람들의 이목을 놀라게 하니　　俾聳瞻聆
녹동서원이란 이름 똑같아　　名叶鹿洞
천년을 사이에 두고 빛나네[114]　　輝映千齡
제관 보내 제사 지내게 하니　　遣官致酹
희생은 살지고 술은 향기롭네　　牲酒肥香
영령들은 이곳에 이르러　　靈其來格
부디 이 술잔을 흠향하소서　　庶歆此觴

114 녹동서원(鹿洞書院)이란……빛나네 : 최덕지, 최충성, 김수항, 김창협이 배향되어 있는 이 녹동서원이 송나라 주희가 남강군 지사(南康軍知事)로 부임하여 강학(講學)한 백록동서원과 이름이 같으므로 이른 말이다.

묘표

墓表

나주(羅州)의 치소 동쪽 40리 세화면(細花面) 가지동(佳芝洞) 갑좌(甲坐) 언덕의 쌍분(雙墳)은 산당(山堂) 최공(崔公) 휘(諱) 충성(忠成) 자(字) 필경(弼卿)이 안장되어 있고, 배위(配位) 전의 이씨(全義李氏)가 좌측에 부장(祔葬)된 곳이다. 북쪽으로 공의 부친 사용(司勇) 휘 별(瞥)의 묘가 몇 걸음 떨어진 곳에 있다.

공의 10세손 달겸(達謙)이 공의 유집(遺集) 1책과 세계(世系)를 가지고 와서 나에게 보여 주며 말하기를 "우리 선조 묘에 전에는 묘표가 있었는데 유실되었습니다. 지금 다시 묘표를 세우려고 해서 돌을 이미 다듬어 놓았습니다. 우리 종족 모든 이의 의견이 그대의 한마디 말을 얻어 음기(陰記)를 기록하기를 원하는데, 세대가 이미 멀어져 유적(遺蹟)이 산일되었으니, 고증할 만한 것은 단지 이것뿐입니다."라고 하였다. 나는 참으로 숨겨져 있는 덕행을 드러내 밝힐 수 있는 사람이 아니며 병들고 글재주도 없지만, 또한 어찌 차마 멀리서 찾아온 간곡한 뜻을 저버릴 수 있겠는가.

살펴보건대 최씨는 선계가 전주(全州)에서 나왔다. 고려 시대 시중(侍中) 문성공(文成公) 휘 아(阿)로부터 드러나서 중랑장(中郎將) 휘 용봉(龍鳳), 동정(同正) 휘 을인(乙仁)을 거쳐 휘 담(霮)에 이르러 우리 조선조에 들어와 호조 참의를 지냈다. 이분이 휘 덕지(德之)를 낳으니, 문종조에 예문관 직제학으로 있다가 채 1년도 못 되어 연로함을 이유로 그만두기를 청하자, 당시 박취금(朴醉琴 박팽년(朴彭年)) 등 제현이 모두 높은 산을 우러러보듯이 경모하여 다투어 시(詩)와 서(序)를 지어서 돌아가는 그를 전송하였다. 그 후에 택당(澤堂) 이 문정공식(李文靖公植)이 후서(後序)를 지어[115] 순수한 덕행, 고상한 절개, 바른 학문이 있다고 하였는데, 바로 이분이 사용공(司勇公)의 부친이며 세상에서 말하는 연촌(烟村) 선생이라는 분이다.

사용공은 밀양 박씨(密陽朴氏) 모관(某官) 모녀(某女)에게 장가들어 아들 넷을 낳았으니, 공이 막내이다. 공은 천순(天順) 무인년(1458, 세조4)에 태어나 홍치(弘治) 신해년(1491, 성종22)에 세상을 떠나니, 나이 34세였다. 공은 선조의 공덕을 품고 태어나 재기(才氣)와 지향(志向)이 남보다 뛰어난 점이 있었다. 젊은 나이부터 이미 학문을 하여 문장을 지으매 웅대하고 힘찼으며, 아울러 과거 공부도 하였다. 한훤당(寒暄堂) 김 문경공(金文敬公 김굉필(金宏弼))의 문하에서 공부하여 위기지학(爲己之學)의 요체를 듣고는 다시 성리(性理)의 깊은 이치를 철저히 궁구하였다. 밤낮으로 독서하고 사색하기를 게을리하지 않았으며, 더욱 인륜을 밝히고 이단을 배척하는 데 마음을 쏟았다. 담박함을 좋아하고 부화함을 완전히 끊어서 비방이나 칭찬으로 인해 마음이 동요되지 않았고, 굶주림이나 추위로 인해 지조를 바꾸지 않았으니, 스스로 기약한 것이 실로 평범하지 않았다. 그런데 하늘이 수명을 더해 주지 않아 끝내 자신의 타고난 재량을 채우지 못하였으니, 애석하다. 어쩌면 기질이 맑은 자는 수명이 짧아서 그러한 것인가. 남추강 효온(南秋江孝溫)이 〈사우명행록(師友名行錄)〉을 지으면서 공의 이름을

115 택당(澤堂)……지어 : 《택당집》 권9에 〈연촌최선생가전시문록후서(烟村崔先生家傳詩文錄後敍)〉라는 제목으로 실려 있다.

뒤편에 두고는 “뛰어난 재주와 독실한 행실이 그 스승과 같았다.”라고 하였고, 성담(性潭) 문경공(文敬公) 송환기(宋煥箕)는 공의 유문(遺文)에 서문을 지으면서 “바르고 밝은 식견에서 나온 것이다.”라고 칭찬하였다. 아, 백대 이후에 공을 알 수 있는 것은 아마도 여기에 있을 것이다.

배위 이씨(李氏)의 부친은 참의 이약수(李若水)이다.

아들 연문(演文)은 만호(萬戶)이다.

만호의 아들 언린(彦潾)은 진사이며, 딸은 생원 윤항(尹衖)에게 시집갔다.

진사는 3남을 두었으니, 복남(福男)은 첨지, 지남(祉男)은 봉사(奉事), 길남(吉男)은 주부(主簿)이며, 딸은 현감(縣監) 문후소(文後素)에게 시집갔다.

지금도 후손이 영암(靈巖)에 살고 있는데, 영암은 연촌 선생이 벼슬을 그만두고 물러나 은거한 고을이다. 사림이 사당을 세워 연촌 선생을 제사 지냈고, 추후에 공을 배향하였다. 숙종 신유년(1681, 숙종7)[116]에 ‘녹동서원(鹿洞書院)’이라는 편액이 내렸다. ‘산당(山堂)’이라는 것은 자신의 집을 명명한 것이 아니라, 산당에서 독서하기를 좋아하였으므로 공이 마침내 자호(自號)한 것이다.

숭정(崇禎) 뒤 네 번째 을유년(1825, 순조25) 중하일(仲夏日)에 가

116 숙종 신유년 : 《산당집》 권4 상 〈가장(家狀)〉과 권4 하 〈사액을 청한 것에 대한 예조의 회계〔禮曹請額回啓〕〉에는 사액된 해가 계사년(1713, 숙종39)이라고 되어 있는 것을 보면 신유년이라고 한 것은 송치규(宋穉圭)와 이노영(李魯榮)의 착오인 듯하다. 우선 원문대로 번역하였다.

의대부(嘉義大夫) 사헌부대사헌 겸 성균관좨주 세자시강원찬선(司憲府大司憲兼成均館祭酒世子侍講院贊善) 덕은(德殷) 송치규(宋穉圭)가 짓다.

통훈대부(通訓大夫) 행 남평현감 겸 나주진관병마절제도위(行南平縣監兼羅州鎭管兵馬節制都尉) 덕수(德水) 이노영(李魯榮)이 쓰다.

삼가 사적의 뒤에 쓰다

敬書事蹟後

삼가 녹동서원(鹿洞書院)의 사적(事蹟)을 살펴보건대 사적을 기록한 책 중에 산당(山堂) 선생을 녹동서원에 배향할 때의 제문이 실려 있었다. 그중 5, 6수에 "제자의 상을 스승이 치러 주었으니〔弟喪師治〕"라는 구절과 "객지의 상여가 고향으로 돌아오니〔旅櫬還鄕〕"라는 구절이 있는 것으로 보아, 산당 선생은 아마도 한훤(寒暄) 선생의 학사(學舍)에서 돌아가신 듯하고 또 산당 선생의 명정(銘旌)을 한훤 선생이 썼으니, 그렇다면 이는 또한 의심할 것이 없다. 그러나 이러한 사실을 집안사람들에게서 전해 듣지 못했기에 감히 행장의 초고에 채택해 넣지 못한 것이다. 유적(遺蹟)이 산일(散逸)되어 산당 선생이 옛날 하신 말씀을 알 수 없으니, 한탄스러움을 금치 못하겠다. 어찌 후학과 자손이 개탄하면서 한스러워할 일이 아니겠는가. 한훤 선생이 산당 선생의 명정에 '산당서객(山堂書客)'이라 쓰고 그 신주에 '처사(處士)'라 썼으니, 이는 또한 산당 선생을 찬미한 말인데 찬선(贊善) 송치규(宋穉圭) 공이 지은 묘표(墓標)에 또한 이를 언급하지 않아 빠진 곳이 많으니, 어찌 위간재(魏艮齋) 묘문과 같은 뜻[117]이 아니겠는가. 아름다운 말과 선한

117 위간재(魏艮齋)……뜻 : 간재는 송(宋)나라 위섬지(魏掞之)의 호이다. 주희(朱熹)가 위섬지의 묘지(墓誌)를 지을 당시에는 증적(曾覿)의 권세가 한창 성하였으므로, 위섬지가 증적을 소환하라는 명령에 대해 논박하는 봉사(封事)를 올린 일을 싣지 않았다가, 나중에 증적이 몰락한 뒤에야 그 일을 밝혔던 사실을 말한다.《晦庵集 卷83 跋魏元履墓表》《宋史 隱逸列傳 魏掞之》 여기서는 최충성의 행적에 대해 발문과 서문과

행실이 세상에 다 전해지지 못하고 단지 이 한 권의 유고와 몇 마디의 축문뿐인 것이 애석하도다. 보잘것없는 후손이 장차 어디에 의거하여 수록하여 드러내겠는가. 또 순천(順天)과 현풍(玄風) 두 읍의 한훤 선생을 배향한 서원[118]에 산당 선생을 배향했는데, 순천에 있는 서원은 정유년(1597, 선조30) 병란에 불탄 뒤로 중건할 때에 미처 산당 선생을 배향하지 못하였으니, 이 또한 사림이 지금까지도 개탄스러워하는 것이다.

숙종대왕이 녹동서원에 편액을 내리고 선생의 치제문(致祭文)을 내려 주었는데, 그 제문에 "스승의 문하에서 덕성을 길러 젊은 나이에 도에 뜻을 두니, 식견이 높고 행실이 돈독해져 가문의 전통을 계승하였네."라고 하였고, 상국(相國) 이여(李畬)의 제문에 "사문이 불행해졌으니 학자들이 사표를 잃고 헤맵니다. 아름답도다, 산당 선생은 찬 강물처럼 맑고 가을 달처럼 밝았습니다."라고 하였고, 세마(洗馬) 김만영(金萬英)의 제문에 "안회(顔回)처럼 일찍 세상을 떠나 바른 말씀 전해지지 못하였으나, 백순(伯淳)보다 먼저 죽었어도 명성은 사람들에게 퍼졌네."[119]라고 하였으니, 이러한 몇 구절은 어찌 후학들이 따르고 우

묘표에서 어떤 사정으로 다 기록하지 못했다는 의미로만 쓰인 듯하다.

118 순천(順天)과……서원 : 1565년(명종20) 순천에 한훤당(寒暄堂) 김굉필(金宏弼)을 배향하는 옥천서원(玉川書院)을 지었는데, 정유재란 때 소실되었다가 1604년(선조37), 1653년(효종4), 1717년(숙종43)에 한 차례씩 중건되었다. 1868년(고종5) 흥선대원군의 서원 철폐령으로 훼철되었다가 1928년 유림들에 의해 다시 세워졌다. 1568년 현풍(玄風)의 비슬산 기슭 쌍계동에 김굉필을 배향한 쌍계서원(雙溪書院)을 지었는데, 정유재란으로 소실되자 1605년 보로동서원(甫勞洞書院)으로 이름을 바꾸어 중건되었고, 1607년 도동서원(道東書院)으로 사액을 받았다.

러를 바가 아니겠는가. 아, 세대가 이미 멀어지매 세속의 풍조가 더욱 낮아지고 있으니, 남기신 자취가 점차 사라져 감을 개탄하고 사학(斯學)이 장차 무너져 감을 슬퍼한다. 삼가 이 설(說)을 써서 사적의 끝에 붙인다.

숭정(崇禎) 기원(紀元) 뒤 네 번째 무자년(1828, 순조28) 6월 하완(下浣)에 11세손 최종익(崔鍾翼)이 삼가 쓰다.

119 안회(顔回)처럼……퍼졌네 : 246쪽 주71 참조.

산당집

제5권

부록 附錄

부록 附錄

천승루에서 시를 지어 읊다[1]

擅勝樓題詠

천승루(擅勝樓)는 바로 산당공(山堂公)의 윤자(胤子)인 만호공(萬戶公) 휘 연문(演文)의 별서(別墅)에 있는 정사(亭榭)이다. 하서(河西) 김 선생 인후(金先生麟厚)가 일찍이 이곳에 방문하여 시를 지으면서 누호(樓號)를 고쳐 '청원루(淸遠樓)'라고 하였으니, 이는 주염계(周濂溪)의 〈애련설(愛蓮說)〉에 "향기가 멀수록 더욱 맑다.〔香遠益淸〕"라고 한 뜻을 취한 것이다. 오언 절구 6수는 석천(石川) 임억령(林億齡) 선생이 지은 것이다.[2]

이어진 산 남쪽으로 내려와 뭇 봉우리 빼어나고	連山南下群峯秀
넓은 들 서쪽으로 돌아 외딴 포구 아득하여라	大野西廻別浦遙
비가 새벽 새 보내니 하늘은 끝이 없고	雨[3]送曉禽天不盡
이슬이 아침 해 맞으니 안개 막 걷히누나	露迎朝日霧方消[4]

1 천승루(擅勝樓)에서……읊다 : 첫 번째 칠언 율시는 《하서전집(河西全集)》 권10에 〈청원루작탄지구가(淸遠樓作坦之舅家)〉라는 제목으로, 두 번째 오언 율시는 권9에 〈청원루작(淸遠樓作)〉이라는 제목으로 실려 있다.

2 오언……것이다 : 임억령의 문집인 《석천시집(石川詩集)》에는 보이지 않는다.

3 雨 : 《하서전집》 권10 〈청원루작〉에는 '風'으로 되어 있다.

연꽃은 잎이 바람에 뒤집힐 제 정히 좋고　　荷蕖正好風[5]翻葉
매화섬은 가지에 달이 떠오를 제 마침 알맞아라　　梅嶼便宜月上梢
가만히 들으니 그윽한 샘이 찬 옥을 쏟아 내고　　靜聽幽泉寒瀉玉
푸른 버들은 일이 많아 가벼운 허리 뒤흔드네　　綠楊多事妬[6]輕腰

경치 좋은 이곳 드넓은 데에 자리하였으니　　地勝臨空闊
난간에 기대어 속세의 분분함 끊노라　　憑欄絶世紛
연못은 산에 뜬 달을 머금고　　池涵山夜月
영창은 바다에 뜬 구름 들이네　　窓入海天雲
옥 같은 이슬 자욱하여 짙게 푸른빛 엉기고　　玉密深凝碧
금 같은 연꽃 둥글어 늦게야 향기를 풍기네　　金團晩吐芬
서로 잊은 물고기와 새의 즐거움 속에[7]　　相忘魚鳥樂
아침저녁 보내며 한 해를 마치누나　　終歲度朝曛

이상은 하서 김인후의 시이다.

4 消 :《하서전집》 권10 〈청원루작〉에는 '銷'로 되어 있다.

5 風 :《하서전집》 권10 〈청원루작〉에는 '雨'로 되어 있다.

6 妬 :《하서전집》 권10 〈청원루작〉에는 '鬪'로 되어 있다.

7 서로……속에 : 아무런 거리낌 없이 유유자적 살아가는 것을 의미한다. 《장자(莊子)》 〈대종사(大宗師)〉에 "공자(孔子)가 '물고기는 물 있는 데로 가고, 사람은 도 있는 데로 간다. 물 있는 데로 가는 물고기는 못을 파서 양육을 받아야 하고, 도 있는 데로 가는 사람은 일을 없애서 삶을 안정되게 해야 한다. 그러므로 물고기가 강호에서 서로를 잊고, 사람이 도술 속에서 서로를 잊는다.'라고 하였다.〔孔子曰: "魚相造乎水, 人相造乎道. 相造乎水者, 穿池而養給; 相造乎道者, 無事而生定. 故曰: '魚相忘乎江湖, 人相忘乎道術.'"〕"라고 한 것을 차용한 표현이다.

누대를 노래하다

詠樓

대대로 관중 땅을 점유하고서	世擅關中地
늘 객이 절로 찾아오길 기다리네	長疑客自來
어찌하여 한 골짜기 차지하고서	如何專一壑
산해가 누대를 감싸게 하였는가	山海繞樓臺

연꽃을 노래하다

詠蓮

듣자니 연 만 줄기 심은 것은	傳聞荷萬柄
그대도 염계를 사모해서라지[8]	君亦慕濂溪
만일 천년 사는 거북으로 변화한다면	若化龜千歲
물 위에 뜬 가득한 연잎에 깃들려는 것인가[9]	田田亂葉棲

8 그대도 염계(濂溪)를 사모해서라지 : 염계는 송나라 학자 주돈이(周敦頤)의 호인데, 연(蓮)을 매우 사랑하여 〈애련설(愛蓮說)〉을 지었으므로 이른 말이다.

9 만일……것인가 : 《사기(史記)》 〈귀책열전(龜策列傳)〉에 "거북은 천년을 살아야 비로소 연잎 위에서 노닌다.〔龜千歲乃遊蓮葉之上〕"라고 하였다.

오죽을 노래하다

詠烏竹

잎마다 차가운 비 뚝뚝 떨어지니	葉葉啼寒雨
먼 이별을 이제야 비로소 알겠어라	方知遠別離
창오산이 무너지고 상수가 다 말라야	山崩湘水渴
거의 눈물 흔적 드물게 될 수 있으리[10]	庶可淚痕稀

10 먼……있으리 : 오죽(烏竹)에 비 내리는 광경을 보고 옛날 순(舜) 임금과 그의 두 비(妃)인 아황(娥皇)과 여영(女英)이 이별한 것을 상상한 것이다. 이백(李白)의 〈원별리(遠別離)〉에 "창오산이 무너지고 상수가 끊어져야 대나무 위의 눈물이 사라질 수 있으리라.〔蒼梧山崩湘水絶, 竹上之淚乃可滅.〕"라고 하였다.《李太白文集 卷2》 옛날 순 임금이 남쪽 지방을 순행하다가 창오산(蒼梧山)에서 별세하자, 아황과 여영이 소상강(瀟湘江)에 가로막혀 건너가지 못하고 통곡하다가 소상강 가에서 죽었는데, 이때 두 비가 흘린 눈물이 대나무에 묻어 얼룩이 졌다고 한다. 이를 소상반죽(瀟湘斑竹)이라고 한다.

덕진의 장삿배를 노래하다

詠德津商船

가랑비가 서해에 가득 내리는데	細雨滿西海
외로운 돛단배 한가로이 오고 가네	孤帆閑往還
상인은 응당 절로 괴로울 터인데	商人應自苦
그대는 그림병풍인 양 보겠지	君作畫屛看

방당을 노래하다

詠方塘

구정봉[11] 꼭대기에 떠오른 달을	九井峯頭月
누가 작은 연못에 나누어 떨어뜨렸나	誰分落小池
연못이 옛 거울처럼 청허하여	池虛如古鏡
수염과 눈썹을 낱낱이 비추네	一一照鬚眉

11 구정봉(九井峯) : 전라남도 영암군 영암읍과 강진군 성전면 경계에 있는 봉우리로, 월출산의 최고봉인 천황봉(天皇峯)의 남서쪽에 연해 있다. 이 봉우리의 능선을 경계로 북쪽은 영암군, 남쪽은 강진군이다.

월출산을 노래하다

詠月出山

곽희[12]가 붓으로 그린 듯한 산이	山似郭熙筆
푸릇푸릇 짙은 빛깔 마르지 않네	蒼蒼黑未乾
제후의 집안에 이 병풍 없는데	侯家無此幛
홀로 그대 사립문이 산을 마주하였네	君獨對柴關

〈누대를 노래하다〔詠樓〕〉부터 여기까지 석천(石川) 임억령(林億齡)의 시이다.

12 곽희(郭熙) : 북송(北宋) 때의 인물로, 산수화에 뛰어났다. 산수화에 대한 그의 견해를 모은 화론(畫論)인 《임천고치(林泉高致)》는 삼원법(三遠法)과 같은 기법들과 산수화의 목표를 매우 세세하게 다루어 북송 시대 산수화를 이해하는 데 귀중한 자료이다. 고려 말 조선 초의 화단에 깊은 영향을 끼쳤다.

진사공의 시를 덧붙여 기록하다

附錄進士公詩

공은 휘는 언린(彦潾)으로, 가정(嘉靖) 병오년(1546, 명종1)에 진사가 되었다. 산당공(山堂公)의 손자이다.

천지간에 사는 속세 밖의 늙은이	天地之間物外翁
푸른 술잔 마주하고 맑은 바람 쐬네	綠樽相對弄淸風
산승은 한가히 지내는 뜻 알지 못하고	山僧不識閑居意
한 달에 세 번이나 시 지어 달라 하네	三度求詩一月中

첨지공유사를 덧붙여 기록하다

附錄僉知公遺事

통정대부 첨지중추부사 최공 행장 通政大夫僉知中樞府事崔公行狀

공은 휘는 복남(福男), 자는 덕윤(德胤)이며, 본관은 완산(完山)이다. 성균 진사 휘 언린(彦潾)이 그의 선친이다. 음직(蔭職)으로 목포 만호(木浦萬戶)에 보임된 휘 연문(演文)이 그의 조부이다. 그는 호방한 선비로서 고을 수령의 시정(時政)의 득실을 질책하였는데, 고을 수령이 벼슬을 그만두고 돌아갔다. 그 후에 결국 이 사건으로 인하여 이 직임에 보임되었다. 휘 충성(忠成)은 그의 증조부로 문장과 학행으로 명망이 높았으니, 세상에서 산당(山堂) 선생이라 일컫는 분이 바로 이분이다.

상조(上祖) 휘 아(阿)는 고려조에 벼슬하여 문하시중(門下侍中)을 지냈고 증시(贈諡)는 문성공(文成公)이다. 그의 아들 휘 용봉(龍鳳)은 중랑장(中郎將)을 지냈다. 이분이 휘 을인(乙仁)을 낳으니, 사온 직장동정(司醞直長同正)을 지냈다. 이분이 휘 담(霮)을 낳으니, 17세에 사마시에 합격하였고, 32세에 홍무(洪武) 정사년(1377, 우왕3) 문과에 급제하여 벼슬이 검교, 호조 참의, 집현전 제학에 이르렀다. 그의 넷째 아들 덕지(德之) 또한 생원으로 영락(永樂) 을유년(1405, 태종5) 문과에 급제하여 승문원(承文院)을 거쳐 예문관(藝文館)에 들어갔으며, 옥당과 대각(臺閣)의 직임을 역임하였고, 여러 번 주군(州郡)을 맡았는데 모두 명성과 치적이 있었다. 벼슬이 중직대부(中直大夫), 예문관 직제학(藝文館直提學)에 이르렀다. 일찍이 남원 부사(南原府使)로 있다가 물러나 영암(靈巖)의 영보촌(永保村)에 거처하였는데, 거처하는 서루(書樓)를 '존양(存養)'이라 편액하고 그대로 생을 마칠 듯이 하였다. 그 후에 문종(文宗)이 그를 불러 예문관 직제학에 배수하였으나, 얼마 지나지 않아 연로함을 이유로 사직하였다. 명공 거경(名公巨卿)을 비롯한 사육신(死六臣)들까지도 모두 시를 지어 송별하면서 감탄해 마지않으니, 세상에서 일컫는 존양 선생이 바로 이분이다. 이분이 휘 별(瀲)을 낳으니 사용(司勇)이고, 모부인(母夫人) 진원 오씨(珍原吳氏)는 진사 오팽수(吳彭壽)의 따님으로, 지극한 효성과 독실한 행실이 있었다. 가정(嘉靖) 을사년(1545, 명종 즉위년) 8월 모일에 공을 낳았다.

공은 어려서부터 기국과 도량이 있고 시문을 짓는 재주가 뛰어났다. 조금 자라서는 고결하고 강직하며 풍모는 우뚝 솟은 옥과 같고 농담을 하지 않으니, 진사공(進士公)이 특별히 사랑하여 큰 인물이 될 것으로 기대하였다.

19세에 함양(咸陽)의 참봉 박문정(朴文精)의 따님에게 장가들었는데, 박공이 그의 빼어난 풍모와 우뚝한 기국을 보고 역시 큰 인물이 될 것으로 기대하였다. 그해에 향시(鄕試)에 제2인으로 합격하여 경사에 들어가니, 회재(晦齋) 이공(李公 이언적(李彦迪))이 공을 보고 공경하여 "아무개와 같은 인물은 높은 관직에 둔다 한들 무엇이 마땅하지 않겠는가."라고 하였으니,[13] 깊이 추숭했음을 알 수 있다.

13 회재(晦齋)……하였으니 : 행장에 의거하면 최복남은 19세 때인 1563년(명종18) 향시에 합격하여 상경하였다. 이언적은 1547년에 윤원형(尹元衡) 일당이 조작한 양재

선묘(宣廟) 갑술년(1574, 선조7)에 대신의 천거로 광릉 참봉(光陵參奉)에 제수되었으나 병을 이유로 나아가지 않았고, 이듬해 을해년(1575)에 다시 직장(直長)에 배수되었으나 나아가지 않았다. 기해년(1599) 4월에 첨지중추부사에 배수되어 비로소 대궐에 들어가 사은하였다. 이는 정유재란에 공이 아우 길남(吉男) 및 아들 철(澈)과 함께 의병에게 보낼 식량을 모았으니, 남원(南原)의 병사들이 이 덕분에 굶주리는 이가 없게 되었는지라 상이 그가 국맥(國脈)을 부식(扶植)하고 사람의 목숨을 많이 살렸다고 하여 이러한 명을 내린 것이다.

공은 매양 자제들에게 몸을 삼가고 말을 적게 하여 혹여라도 선조께 욕을 끼치지 말라고 경계하였고, 또 항상 고인의 바른 말씀과 선한 행실을 들어 본받게 하였다. 집안이 곤궁함을 면치 못하여 공이 늘 양식을 빌려서 대 주었는데, 사양함과 받음을 더욱 삼가서 비록 친한 붕우가 보내 준 것이라도 의에 맞지 않으면 번번이 사양하였다. 공은 평소 분잡하고 화려한 것을 좋아하지 않아서 서적과 서화 외에는 달리 좋아하는 것이 없었으며, 재물과 쟁송의 일을 거론하지 않았고, 집안에 기생, 장기와 바둑, 완상하는 기물을 두지 않았다. 이는 모두 가정의 법도에 근본을 둔 것이고 또한 공의 타고난 천성이 그러한 것이었다. 당시 동년배들이 모두 "공이 한번 대과에 급제하는 것이 대수로울 게 없다."라고 하였으나, 불행히도 운수가 기구하여 평생 초야에 거처하

역 벽서 사건(良才驛壁書事件)에 무고하게 연루되어 평안북도 강계(江界)로 유배되어 1553년에 세상을 떠났다. 그렇다면 최복남과 이언적이 서울에서 만났을 가능성은 낮다. 《문곡집(文谷集)》 권21 〈구씨 마전군수 김공 행장(舅氏麻田郡守金公行狀)〉에 홍주원(洪柱元)이 김수항(金壽恒)에게 김천석(金天錫)에 대하여 "아무개와 같은 인물은 높은 관직에 둔다 한들 무엇이 마땅하지 않겠는가."라고 한 표현이 보인다.

였다. 신세가 매우 불우하여 재주를 끝까지 다 펴지 못하니, 논의하는 자들이 애석하게 여겼다. 전후의 거상(居喪)에 모두 3년 동안 여묘살이를 하면서 조석으로 상식(上食)할 때마다 슬프게 곡읍하는 것이 마을 사람들을 감동시켰고, 제수를 비복(婢僕)에게 맡기지 않고 반드시 직접 장만하였다.

이율곡(李栗谷 이이(李珥)), 조남명(曺南溟 조식(曺植))과 망년(忘年)의 벗으로 지냈는데, 남명은 "이 사람처럼 기미(氣味)가 높고 깨끗하며 심사(心事)가 바르고 굳센 이를 보기 드물다."라고 하였고, 율곡은 "특이한 행실과 뽐내는 자태를 짓지 않는 것을 이제야 이 사람에게서 보았다."라고 하였다.

평소에 반드시 새벽에 가묘(家廟)에 배알하고, 출입할 적에는 반드시 고하였다. 벗에게 허물이 있으면 그때마다 바로잡아 주었고, 혹 마음가짐이 옳지 못한 자를 보면 비록 그 사람이 당시에 존중을 받는 자라 하더라도 곧장 여지없이[14] 지척하였으니, 이 때문에 시론을 많이 거슬러 여러 번 화기(禍機)를 밟았으나 또한 후회하지 않았다.

공은 을사년(1605) 3월 9일에 우연히 기이한 병에 걸려 불행하게도 이듬해 병오년(1606) 1월 21일에 졸하니, 향년 62세였다. 유명(遺命)으로 관직을 쓰지 않게 하였다. 3월에 나주(羅州) 척동(尺洞) 증현(甑峴)의 축좌(丑坐) 언덕에 장사 지냈다. 공의 배위(配位) 박씨(朴氏)는 공보다 2년 앞서 졸하였는데, 이때에 두 분을 합장하였다. 공은 4명의 자식을 두었으니, 2남 2녀이다.

14 여지없이 : 대본에는 '不撓'로 되어 있다. 문맥에 근거하여 '撓'를 '饒'로 바로잡아 번역하였다.

장남 철(澈)은 주부(主簿)이고, 차남 징(澂)은 봉사(奉事)이며, 장녀는 김식(金拭)에게, 차녀는 이영선(李榮先)에게 출가하였다.

주부는 2남 3녀를 두었으니, 장남은 유헌(由巘)이고 장녀는 김종경(金宗慶)에게 출가하였으며, 나머지는 어리다.

봉사는 3남 1녀를 두었으니, 장남은 유협(由峽)이고 나머지는 어리다. 내외의 자손이 모두 약간 명이다.

아, 공은 어려서부터 가정의 가르침을 우러러 받들어 온후함으로 마음을 다잡고 근결(謹潔)함으로 행실을 제재하였다. 진사공을 섬길 적에는 조금도 뜻을 어기지 않았고, 두 아우 및 한 여동생과 우애의 도리를 다하였으며, 제사를 받들 적에는 반드시 정성으로 지내며, 종족을 대할 적에는 반드시 화목함을 힘쓰며, 붕우를 대할 적에는 반드시 친밀하게 하였다. 평생 거짓으로 꾸미는 태도를 짓지 않았고 조급하고 거칠며 성내고 분노하는 말을 입에서 내지 않았으며 남을 상하게 하고 무시하는 생각을 마음에 싹 틔우지 않았으니, 사람들이 한 번 보자마자 곧장 선인 장자(善人長者)임을 알았다.

공이 졸한 지 여러 해가 지났지만 묘도문(墓道文)이 없으므로 공의 아들 철이 공의 행적을 모아 후세에 길이 전하기를 도모하여 나에게 와서 행장을 지어 줄 것을 청하였다. 삼가 생각건대 나는 공의 평소의 언행을 익숙히 들었다고 이를 만하다. 이에 감히 글을 잘 짓지 못한다는 이유로 사양할 수 없었다.

공이 비록 학문을 쌓고 문장을 닦아 그 뜻과 사업을 넓히는 데에 미치지 못했지만 일신에 드러나고 집안에서 행한 것들이 모두 성실하고 순수하여 표리가 일치하였으니, 아무리 비방을 잘하는 자라 하더라도 감히 나쁜 말을 보태지 못하였다. 이른바 의리를 담론하고 고금에 통달한 자라 하더라도 평소 그 실제를 살펴보면 공에게 사양하지 않을 수 없다. 이 어찌 공이 타고난 자품의 아름다움과 마음가짐의 선함이 크게 남보다 뛰어난 점이 있어서가 아니겠는가. 돌아보건대 공은 뜻을 펴지 못한 채 궁벽한 시골에 살면서 당시에 재능을 펼치지 못하였고 수명도 장수를 누리지 못하였으니, 하늘의 보답이 어이 이리도 어긋났단 말인가. 훌륭한 덕과 아름다운 행실이 전해지지 않고 사라져서는 안 되기에 대략이나마 순서대로 서술하여 입언군자(立言君子)의 채택을 기다린다.

무신년 4월 상한(上澣)에 가선대부(嘉善大夫) 동지경연사 사간원대사간(同知經筵事司諫院大司諫) 삭녕(朔寧) 최상중(崔尙重)이 삼가 쓰다.[15]

최공 복남 행장 崔公 福男 行狀

내가 일찍이 사명(使命)을 받들고 낭주(朗州)[16]를 지날 적에 먼저 녹동서원(鹿洞書院)을 방문하였으니, 이곳은 연촌(烟村) 최 선생(崔先生)을 제사 지내는 곳이다. 마침내 옷자락을 여미고 당에 올라 허리를

15 무신년……쓰다 : 최상중(1551～1604)은 자가 여후(汝厚), 호는 미능재(未能齋)이다. 1589년(선조22) 증광 문과에 급제하여 교리 등을 역임하고 1602년 사간을 끝으로 관직 생활을 마쳤다. 후에 아들 최연(崔葕)의 공으로 대사헌에 증직되었으며, 남원의 노봉서원(露峯書院)에 제향되었다. 행장의 "공이 졸한 지 여러 해가 지났지만 묘도문이 없었다."라는 표현을 통해 무신년은 1608년(선조41) 또는 1668년(현종9)으로 추정되는데, 1604년에 세상을 떠난 최상중의 생몰년과 맞지 않으며, 사간이 마지막 관직이었고 후에 대사헌에 추증되었으므로 문집을 간행할 때 추증된 관직을 썼더라도 대사헌과 대사간의 벼슬은 일치하지 않는다.

16 낭주(朗州) : 전라남도 영암의 옛 지명이다.

굽힌 다음 봉심(奉審)하고 계단을 내려와 재배하였다. 물러 나와 서원의 제생들과 고적(古蹟)을 토론하면서 300여 년을 회상하니, 남기신 유풍을 여전히 성대히 볼 수 있는 듯하였다. 나로 하여금 감동하고 사모하여 배회하면서 떠나지 못하게 하였다.

선생은 영릉(英陵)의 성대한 시대를 만나서 이른 나이에 의젓한 모습으로 예문관(藝文館)과 홍문관(弘文館)에서 재능을 마음껏 펼쳤고, 외직으로 나가 남원 부사(南原府使)로 있다가 물러나서는 월출산(月出山) 아래에 터를 잡아 거처하면서 그 서루(書樓)를 '존양(存養)'이라 편액하고 그대로 생을 마칠 듯이 하였는데, 현릉(顯陵)이 즉위하자 공을 불러 예문관 직제학에 배수하였다. 막 벼슬길이 크게 열렸으나 용감히 물러나기를 결심하여 연로함을 이유로 사직하고 고향으로 돌아가니, 당시의 어진 사대부들이 모두 시가를 지어 그의 떠남을 영광스럽게 여겼다. 몇 년 뒤 장릉(莊陵)이 왕위를 양보하고 사육신(死六臣)이 화를 당하였다. 우재(尤齋) 송 문정공(宋文正公 송시열(宋時烈))이 선생을 상론(尙論)하여 주문(朱門)[17]의 바른 학문과 대역(大易)의 기미를 알았다는 것[18]으로써 추숭하였다. 아, 어질도다.

17 주문(朱門) : 송대(宋代)의 학자인 주희(朱熹)의 문하를 가리킨다.

18 대역(大易)의……것 : 대역은 길흉화복의 이치를 서술한 《주역》을 말한다. 《주역》 〈계사전 하(繫辭傳下)〉에 "기미를 앎이 신묘하다 할 것이다. 군자는 위로 사귀되 아첨하지 않고 아래로 사귀되 함부로 하지 않으니, 기미를 아는 것이다. 기는 동함의 은미함으로 길흉이 먼저 나타난 것이다. 군자는 기미를 보고 일어나서 하루가 마치기를 기다리지 않는다.〔知幾其神乎! 君子上交不諂, 下交不瀆, 其知幾乎! 幾者動之微, 吉之先見者也. 君子見幾而作, 不俟終日.〕"라고 하였다. 여기서는 세조가 단종의 왕위를 찬탈하고 이에 반대하는 사육신을 처형하는 등의 일이 일어날 것을 미리 알았다는 뜻이다.

이후 대대로 아름다운 명성이 있었으니, 산당공(山堂公)은 선생의 손자로 한훤(寒暄 김굉필(金宏弼))의 문하에서 수업하였는데, 자질이 뛰어나고 학문이 정대하여 인륜을 밝히고 이단을 물리치는 것을 자신의 임무로 삼았다. 또 3대 뒤에 휘는 복남(福男)이고 자는 덕윤(德胤)인 분이 있었으니, 이분이 바로 첨추공(僉樞公)이다. 공의 어진 덕과 지극한 행실은 연촌 선생과 산당 선생의 후손이 되기에 부끄러움이 없었으니, 최씨의 가문에 어쩌면 이리도 어진 인물이 많은가.

비조(鼻祖)인 휘 아(阿)는 본관이 완산(完山)이니 고려조에 벼슬하여 시중(侍中)을 지냈고, 시호는 문성공(文成公)이다. 이분이 휘 용봉(龍鳳)을 낳으니 중랑장(中郎將)이고, 이분이 휘 을인(乙仁)을 낳으니 사온 직장(司醞直長)이다. 이분이 휘 담(霮)을 낳으니 아조(我朝)에서 집현전 제학을 지냈고 호는 월당(月塘)이다. 이로부터 가문이 크게 드러났다. 이분이 휘 덕지(德之)를 낳으니 바로 연촌 선생으로 공에게 5세조가 된다. 이분이 휘 별(潎)을 낳으니 사용(司勇)이고, 이분이 휘 충성(忠成)을 낳으니 바로 산당공이다. 이분이 휘 연문(演文)을 낳으니 음직(蔭職)으로 만호(萬戶)에 보임되었다. 이분이 휘 언린(彦潾)을 낳으니 성균 진사로 바로 공의 선친이고, 비(妣) 진원 오씨(珍原吳氏)는 진사(進士) 오팽수(吳彭壽)의 따님이다. 가정(嘉靖) 을사년(1545, 명종 즉위년) 8월 모일에 공을 낳았다.

공은 어려서 장난칠 나이에 뜻이 드높고 민첩함과 지혜로움이 매우 뛰어났다. 겨우 상을 짚고 일어설 무렵부터 옥이 우뚝 솟은 듯 강직하고 고결하여 어린애의 장난하는 모습이 전혀 없으니, 진사공(進士公)이 기특하게 여겼다. 19세에 함양(咸陽) 참봉 박문정(朴文精)이 공을 한 번 보고 크게 감탄하고 기특하게 여겨 딸을 아내로 삼게 하였다.

이해 가을에 향시(鄕試)에 합격하여 경사에 들어갔는데, 회재(晦齋) 이공(李公 이언적(李彦迪))이 공을 보고 크게 공경하고 중하게 여겨 "그와 같은 인물은 비록 나이는 어리지만 높은 관직에 두더라도 마땅하지 않은 바가 없을 것이다."라고 하였다.

선묘(宣廟) 갑술년(1574, 선조7)에 상신(相臣)이 천거하여 광릉 참봉(光陵參奉)에 제수되었으나 병으로 사양하였고, 을해년(1575)에 직장(直長)으로 승진하였으나 나아가지 않았다. 정유재란에 의병에게 보낼 식량을 수송하니, 남원(南原)의 병사들이 이 덕분에 온전할 수 있었다. 기해년(1599)에 상이 이 일에 대해 듣고 매우 가상하게 여겨 국맥(國脈)을 부식(扶植)하고 사람의 목숨을 많이 살렸다고 하교하고서 첨지중추부사(僉知中樞府事)로 초배(超拜)하였다. 공이 대궐에 들어가 특은(特恩)에 사은하였다.

집에 거처할 적에는 새벽에 일어나 사우(祠宇)에 배알하고 물러나 공경히 앉아서 고인의 바른 말씀과 선한 행실로 후진을 훈도하여 가법(家法)으로 삼았다. 종신토록 다급한 말과 황급한 기색이 없었으며, 자제들을 경계하되 반드시 몸을 삼가고 말을 적게 하여 선조를 욕되게 하지 말라는 것으로 중함을 삼았다.

집이 몹시 가난하여 미음과 죽도 잇지 못할 형편이었으나 사양하고 받는 것을 더욱 삼가서 간혹 의(義)에 맞지 않은 물건이 이르면 마치 자신을 더럽힐 듯이 여겨 물리쳤다. 평소 분잡하고 화려함을 좋아하지 않아서 사방 벽에 책뿐이었다.

어버이를 섬길 적에는 뜻을 봉양하는 데 힘썼고, 상중에는 겉치레보다 진심으로 슬퍼하였으며 3년 동안 여묘살이하면서 항상 초상을 치르던 날처럼 슬퍼하였다. 제사를 지낼 적에는 반드시 정성을 다하였고 비록 변변찮은 제수라도 손수 다듬어 올렸다. 두 아우 및 한 누이동생과 우애의 도리를 다하여 늙도록 화락함이 조금도 쇠하지 않았다.

조남명(曺南溟 조식(曺植)), 이율곡(李栗谷 이이(李珥)) 두 선생과 망년우(忘年友)로 지냈는데, 남명은 "기풍(氣風)이 높고 깨끗하며 심사(心事)가 바르고 굳세다."라고 칭찬하였고, 율곡은 "특이한 행실과 뽐내는 자태를 짓지 않는 것을 이제야 이 사람에게서 보았다."라고 하였다. 공은 항상 꼿꼿하여 세속에 구차히 영합하지 아니하여 불선한 것을 보면 마치 도탄(塗炭)에 앉아 있는 것처럼 여겨 비록 높은 관직에 있어 두려워할 만한 사람이라도 반드시 엄정한 얼굴빛으로 면전에서 질책하였다. 이 때문에 세상과 많이 어긋나서 혹은 자신을 싫어하고 모함하는 자가 있었으나 끝내 또한 후회하지 않았다.

병오년(1606) 1월 21일에 졸하니, 향년 62세였다. 유명(遺命)으로 관직을 쓰지 않게 하였다. 3월에 나주(羅州) 척동(尺洞) 증현(甑峴)의 축좌(丑坐) 언덕에 장사 지냈다. 배위(配位) 박씨(朴氏)는 규문(閨門)의 범절을 지녔으나 공보다 2년 앞서 졸하였는데, 이때에 합장하였다.

2남 2녀를 두었으니, 장남 철(澈)은 주부(主簿)이고 징(澂)은 봉사(奉事)이며 장녀는 김식(金拭)에게, 차녀는 이영선(李榮先)에게 출가하였다.

주부는 2남 3녀를 두었으니, 장남은 유헌(由巘)이며, 딸은 김종경(金宗慶)에게 출가하였다.

봉사(奉事)는 3남 1녀를 두었으니 장남은 유협(由峽)이다. 내외의 증손은 많아서 다 기록하지 않는다.

아, 공이 강직하고 방정한 성품과 독실하고 지극한 행실로 볼 때 의당 시운을 타고 벼슬길에 올라 온축한 기량을 펼쳤어야 한다. 그렇게 되었다면 충분히 세상의 교화를 진작하고 선비의 추향을 바로잡아 국세(國勢)를 정려(鼎呂)에 올려놓았을 것이다.[19] 그런데 일이 마음과 어긋나고 운명이 세상과 원수처럼 되어 머나먼 외진 곳에서 곤궁하게 지내면서 재주를 감춘 채 생을 마쳐 지금에 이르러 옛 역사에서나 행적을 살펴볼 수 있으니, 왕왕 개연히 탄식하는 점이 있다. 이것이 이른바 운명이란 것이 존재하여 재덕(才德)으로 이룰 수 없다는 것이 아니겠는가.

공은 존양 선생과 산당 선생을 선조로 삼았고, 또 준엄한 성품을 지닌 진사공이 의방(義方)으로써 가르쳤으며, 오 부인(吳夫人) 역시 아름다운 덕과 아름다운 법도를 지녔기에, 공의 성취가 이처럼 정고(貞固)하고 심후할 수 있었다. 비록 공이 아름다운 자품을 타고났으나 또한 어찌 연유한 바가 없이 이와 같을 수 있었겠는가.

돌아보건대 나는 공의 세대보다 한참 뒤에 태어난 데다가 첨추공의 집안에서 보관하던 문적(文蹟)이 전란의 재해를 겪은 뒤에 소실되어, 학문의 조예의 얕고 깊음과 평생토록 남긴 저술의 많고 적음에 대하여 소상히 알 수 없었다. 그런데 지금 그 집안사람들이 들어 기억하는 것과 사대부들이 전해 기록한 것들을 보건대 공은 타고난 자품이 뛰어나고 깨끗하며 풍도가 남달리 뛰어나며 독서하고 몸을 삼갔으며, 효우가 돈독하고 훈계가 적절하였으니, 필시 낙민(洛閩)[20]의 법문(法門)에

19 국세(國勢)를……것이다 : 국가를 반석에 올려놓듯이 안정시킨다는 말이다. 정려는 하(夏), 은(殷), 주(周) 삼대에 걸친 보기(寶器)인 구정(九鼎)과 주나라 종묘의 큰 종인 대려(大呂)로, 모두 크고 무겁기로 이름난 물건이다. 평원군(平原君)이 모수(毛遂)를 칭찬하면서 "모 선생이 한번 초(楚)나라에 오니, 조(趙)나라를 구정과 대려보다 귀중하게 하였다."라고 하였다. 《史記 平原君列傳》

서 크게 득력함이 있었을 것이다. 또한 일찍이 과거 공부에 종사하여 이른 나이에 이름을 떨쳐 당세에 훌륭한 일을 할 수 있을 듯하였다. 그러나 추천 명단에 오르게 되어서는 한두 번 제수하는 명에 힘써 사양하여 나아가지 않고 인하여 과거에 응시하지 않아 마치 우연히 그렇게 한 것이 아닌 듯하였으니, 필시 굳게 지킬 만한 지조가 있어서일 것이다. 유사(遺事)에 "세상과 많이 어긋나서 간혹 자신을 싫어하고 모함하는 자가 있었다."라는 말이 과연 무엇을 가리키겠는가. 또한 당시의 세도(世途)에 구애되어 나아가기 어려웠던 단서가 별도로 있어서가 아니겠는가.

공이 품은 뜻을 거두어 감추고 거친 산과 들판의 물가에서 곤궁하게 사는 생활을 감내한 것은 또한 출처의 의리에 신중했기 때문이지, 단지 세상을 잊는 데 과감했기 때문은 아닐 것이다.[21] 그렇지 않다면 회재 이 선생이 무슨 이유로 "높은 관직에 둔다 하더라도 마땅하지 않은 바가 없을 것이다."라고 말하였겠으며, 남명 조 선생이 무슨 이유로 "기풍이 높고 깨끗하며 심사가 바르고 굳세다."라는 말로 허여하였겠으

20 낙민(洛閩) : 염락관민(濂洛關閩)의 학문, 곧 정주학(程朱學)을 가리킨다. 염(濂)은 염계(濂溪)로 송학(宋學)의 비조(鼻祖)인 주돈이(周敦頤)가 거주하던 곳이며, 낙(洛)은 낙양(洛陽)으로 정호(程顥)·정이(程頤)가, 관(關)은 관중(關中)으로 장재(張載)가, 민(閩)은 민중(閩中)으로 주희(朱熹)가 거주하던 곳이다.

21 단지……것이다 : 비록 은거하였지만 현실에 참여하여 보다 나은 세상을 만들려는 뜻이 없지는 않았다는 말이다. 《논어》〈헌문(憲問)〉에 공자가 위(衛)나라에서 경쇠를 치고 있을 때에 마침 삼태기를 메고 그 집 앞을 지나던 사람이 세상일에 연연해한다며 공자를 비판하자, 공자가 그를 두고 "과감하도다, 어려울 것이 없겠구나.〔果哉! 末之難矣.〕"라고 하였는데, 그에 대한 주희의 주에 "과감하다는 것은 그가 세상을 잊는 데 과감함을 탄식한 것이다.〔果哉, 歎其果於忘世也.〕"라고 하였다.

며, 율곡 이 선생이 무슨 이유로 "특이한 행실과 뽐내는 자태를 짓지 않는다."라고 칭찬하였겠는가. 아, 세 분 선생은 우리 동방의 대현 장덕(大賢長德)으로 명철함이 충분히 사람을 알아볼 수 있고 말씀이 법이 되기에 충분하다. 세 분 선생이 공의 언행을 보고 공의 말을 듣고서 마침내 이렇게 칭찬한 것은 참으로 바뀔 수 없는 정론이라 할 만하다. 잘 살펴보는 자가 백세 후에 공의 어짊을 징험할 수 있는 것은 아마 틀림없이 여기에 있을 것이다. 이를 행장으로 삼는다.

숭정(崇禎) 기원(紀元) 후 202년 무자년(1828, 순조28) 여름에 통정대부(通政大夫) 행 승정원동부승지 겸 경연참찬관(行承政院同副承旨兼經筵參贊官) 파산(坡山) 윤제홍(尹濟弘)[22]이 짓다.

22 윤제홍(尹濟弘) : 1764~? 본관은 파평(坡平), 자는 경도(景道), 호는 학산(鶴山)·찬하(餐霞)이다.

묘표

墓表

공은 휘는 복남(福男), 자는 덕윤(德胤)이며, 본관은 완산(完山)이다. 상세(上世)는 고려의 문하시중(門下侍中)으로 시호는 문성공(文成公)이요 휘는 아(阿)이니, 그 후로 벼슬이 대대로 이어졌다. 아조(我朝)에 들어와서는 휘 담(霮)이 호조 참의, 집현전 제학을 지냈다. 이분이 휘 덕지(德之)를 낳으니 호가 연촌(烟村)으로, 한원(翰苑)과 옥서(玉署)의 관직을 역임하고 영암(靈巖)의 영보촌(永保村)에 물러나 거처하면서 거처하는 서루(書樓)를 '존양(存養)'이라 편액하였다. 문묘조(文廟朝)에 공을 불러 예문관 직제학에 배수하였으나 얼마 지나지 않아 연로함을 이유로 사직하고 고향으로 돌아갔다. 이 당시에 뜰 가득 모인 명유 석학(名儒碩學)이 시를 지어 송별하면서 모두 감탄하였으니, 이분이 공의 5대조이다. 고조 휘 별(瀲)은 사용(司勇)이다. 증조 휘 충성(忠成)은 한훤당(寒暄堂) 김공(金公 김굉필(金宏弼))의 문인인데, 문장과 학행으로 높은 명망이 있었으니, 세상에서 산당(山堂) 선생이라 일컫는 분이 바로 이분이다. 조부는 휘가 연문(演文)이다. 고(考)는 진사 언린(彦潾)이고, 비(妣) 진원 오씨(珍原吳氏)는 진사 오팽수(吳彭壽)의 따님이다. 가정(嘉靖) 을사년(1545, 명종 즉위년)에 공을 낳았다.

공은 어려서부터 기국과 도량이 있었고 조금 자라서는 풍도가 특출하여 함부로 말하거나 웃지 않으니, 보는 사람이 모두 큰 인물이 될 것으로 기대하였다. 선묘(宣廟) 갑술년(1574, 선조7)에 대신(大臣)의 천거로 광릉 참봉(光陵參奉)에 제수되었으나 사양하여 나아가지 않았고, 을해년(1575)에 직장(直長)에 배수되었으나 또한 나아가지 않았다. 공은 평소에 책을 읽고 몸을 단속하며, 매번 고인의 바른 말씀과 선한 행실을 들어 자제들을 가르쳐 집안의 명성에 누를 끼치지 말라고 경계하였다. 전후의 거상에 모두 3년 동안 여묘살이를 하였고, 제수를 장만할 때에 비복(婢僕)에게 맡기지 않고 반드시 손수 하니, 이웃 사람들이 이 때문에 감복하였다. 정유재란에 아우 길남(吉男) 및 아들 철(澈)과 함께 의병에게 보낼 식량을 모았으니, 남원(南原)의 병사들이 이 덕분에 굶주리는 이가 없게 되었다. 상이 나라가 위급하고 혼란한 때에 백성의 목숨을 많이 살렸다고 하여 특별히 첨지중추부사(僉知中樞府事)에 배수하였다. 병오년(1606) 1월 21일에 졸하니, 향년 62세였다. 3월에 나주(羅州) 척동(尺洞) 증현(甑峴)의 축좌(丑坐) 언덕에 장사 지냈다. 배위(配位) 함양 박씨(咸陽朴氏)는 참봉 박문정(朴文精)의 따님으로 공보다 2년 앞서 졸하였는데, 이때에 합장하였다.

2남 2녀를 두었으니 장남 철(澈)은 주부(主簿)이고, 차남 징(徵)은 봉사(奉事)이며, 장녀는 김식(金拭)에게, 차녀는 이영선(李榮先)에게 출가하였다.

철(澈)은 2남 3녀를 두었으니, 장남은 유헌(由巘)이고 장녀는 김종경(金宗慶)에게 출가하였으며 나머지는 어리다. 징(澂)은 3남 3녀를 두었으니, 장남은 유협(由峽)이고 나머지는 어리다. 내외의 손자가 모두 약간 명이다.

아, 공은 어려서부터 가정의 훈도에 영향을 받아 마음가짐과 몸가짐을 한결같이 근후하게 하였다. 제사를 받들 적에 반드시 정성과 공경을 다하며, 종족을 대할 적에 반드시 화목하게 하기를 힘쓰며, 붕우와 교유할 적에 반드시 진심으로 고하여 선으로 인도하였으며, 남의 옳지 못한 점을 보면 비록 당시에 부귀하고 현달한 자라 하더라도 면전에서 지척하여 조금도 용서하지 않았다. 이로 인해 사람들에게 미움을 받는 일이 많아 여러 번 위기를 맞았으나, 또한 후회하지 않았다.

아, 공이 비록 학문을 쌓아 뜻과 사업을 넓히는 데에는 미치지 못했지만 집안에서 행실을 닦고 일신에 드러난 것이 성실하고 순수하여 표리가 한결같았다. 이 때문에 남명(南溟) 조공(曺公 조식(曺植)), 율곡(栗谷) 이공(李公 이이(李珥))과 망년우(忘年友)를 맺었다. 남명은 "이 사람처럼 기풍(氣風)이 높고 깨끗하며 심사(心事)가 바르고 굳센 이를 보기 드물다."라고 칭찬하였고, 율곡은 "특이한 행실과 뽐내는 자태를 짓지 않는 것을 이제야 이 사람에게서 보았다."라고 칭찬하였다. 전(傳)에 "한 나라의 선사(善士)여야 한 나라의 선사를 벗한다."라고 하였다. 두 공의 칭찬이 이와 같았으니, 백대의 뒤에서 상상해 보매 공이 공이 된 이유를 알 수 있을 것이다.

숭록대부(崇祿大夫) 행 이조판서 겸 지경연춘추관사 판의금부사 홍문관제학 동지성균관사 오위도총부도총관 세자좌빈객(行吏曹判書兼知經筵春秋館事判義禁府事弘文館提學同知成均館事五衛都摠府都摠管世子左賓客) 연안(延安) 이조원(李肇源)[23]이 짓다.

23 이조원(李肇源) : 1758~1832. 본관은 연안, 자는 경혼(景混), 호는 옥호(玉壺)이다.

《산당집》 부록 뒤에 공경히 쓰다 敬書山堂集附錄後

나의 선조이신 산당(山堂) 선생은 도학과 덕행으로 이미 우리 동방 제현(諸賢)의 찬미를 받았으니, 불초한 내가 감히 그 사이에 군더더기 말을 덧붙일 수 있겠는가. 아, 선생이 온축한 바가 높고 크며 심원하고 정밀하니, 이 문집으로 온전히 드러낼 수 있는 것이 아니다. 나처럼 배우지 못하여 거칠고 둔한 사람은 이 문집조차도 완전히 이해하지 못하는데, 선생의 진면목을 어떻게 다 드러낼 수 있겠는가.

추강(秋江) 남 선생(南先生 남효온(南孝溫))이 〈사우명행록(師友名行錄)〉 뒤 편에 공의 이름을 두고는 "뛰어난 재주와 독실한 행실이 그 스승과 같았다."라고 하였다. 스승은 한훤(寒暄) 선생 김 문경공(金文敬公 김굉필(金宏弼))이다. 선생의 학문은 한훤에게 얻었고, 한훤의 학문은 점필재(佔畢齋 김종직(金宗直))에게 얻었고, 점필재의 학문은 그 부친인 숙자(叔滋)[1]에게 전수받았고, 숙자의 학문은 야은(冶隱 길재(吉再))에게 얻었고, 야은의 학문은 포은(圃隱 정몽주(鄭夢周))에게 얻었다. 포은은 실로 우리 동방 이학(理學)의 조종(祖宗)이니, 선생의

1 숙자(叔滋) : 김숙자(1389~1456)로, 본관은 선산(善山), 자는 자배(子培), 호는 강호(江湖), 시호는 문강(文康)이다. 12세에 길재로부터 《소학(小學)》과 경서를 배웠다. 1419년(세종1) 식년 문과에 병과로 급제하여 고령 현감(高靈縣監), 세자 우정자(世子右正字) 등을 지냈다.

학문의 연원이 이처럼 정대하다. 이와 같은 풍부한 재주와 박학한 학문으로 그 조예를 진실로 헤아릴 수 없었는데, 하늘이 수명을 더해 주지 않아 중도에 요절하여 안자(顏子)보다 겨우 2년을 더 살았다. 이것이 이른바 "인자(仁者)가 꼭 오래 사는 것은 아니다."라는 것이 아니겠는가. 오호라, 애석하도다.

선생의 유집(遺集) 한 권이 이미 세상에 간행되었으나, 또 옛날 간행본에 누락된 부분이 있으니, 한 글자와 한마디의 말이 더욱 귀중하다. 옛날 우리 선군(先君)께서 조용히 지내는 가운데 누락된 글자와 말을 모으고 나의 큰형에게 명하여 한 통을 베껴 쓰게 해서 장차 덧붙여 새겨 세상에 간행하려 하였는데, 품은 뜻을 채 이루기도 전에 공께서 돌아가시니, 애통함을 견딜 수 있겠는가.

다만 올봄에 우리 문중의 여러 사람이 모여 의논하여 판각할 것을 도모하였다. 그러므로 내가 마침내 상자에 보관하던 것을 받들어 꺼내니, 전형(典刑)이 깃들어 있고 수택(手澤)이 남아 있는 문장이 어제 쓴 것처럼 찬란히 빛났다. 외로운 여생의 이 몸이 책을 어루만지며 한번 애통해하니, 어찌 견딜 수 있겠는가.

편질의 양이 적어서 비록 태산 속의 터럭과 같이 미미하다는 탄식이 없지는 않으나, 옛사람이 "봉황의 깃털 하나를 보면 오색이 갖추어져 있음을 알 수 있고, 한 점의 고기로 솥 안의 음식 맛을 알 수 있다."라고 하였으니, 어찌 편질의 양이 적다 하여 서운해하겠는가. 또 〈천승루에서 시를 지어 읊다〔擅勝樓題詠〕〉와 진사공(進士公)의 시(詩) 절구 한 수와 첨지공유사(僉知公遺事)를 아울러 취하여 선생의 유집 끝에 부록(附錄)하였으니, 뜻이 간곡하고 공이 크다고 할 만하다.

오호라, 3대를 이어 집안에서 간직해 온 문적이 또 모두 병란을 겪은 뒤로 소실되어 남겨져 보존된 것이 백에 한둘도 안 되니, 애석함을 견딜 수 있겠는가. 첨지공(僉知公)은 강직하고 방정한 성품으로 진실한 학문과 독실한 행실이 연촌(烟村) 선생과 산당 선생, 두 어진 선조의 후손이 되기에 부끄러움이 없었다. 또 정유재란 때에 크게 왕실에 공을 세우니, 상이 매우 가상히 여겨 국맥(國脈)을 부식(扶植)하고 사람의 목숨을 많이 살렸다는 내용으로 교지를 내리고, 공을 불러 첨지중추부사(僉知中樞府事)에 배수하였다. 이때에 조정이 공의 공로에 보답하고 사림이 공의 덕을 앙모함이 마땅히 어떠하였겠는가.

오호라, 공은 독실하고 지극한 행실로 의당 시운을 타고 높은 벼슬에 올라 온축한 바를 펼쳤어야 하니, 그렇게 되었다면 충분히 세상의 교화를 진작하고 선비의 추향을 바로잡아 국세(國勢)를 반석에 올려놓았을 것이다. 그런데 일이 마음과 어긋나고 운명이 세상과 원수가 되어 외진 시골에서 곤궁하게 지내면서 자취를 감춘 채 세상을 마쳐 지금에 이르러 옛 역사에서나 행적을 살펴볼 수 있고 또 아직까지 국가에서 제향하는 포상의 은전을 입지 못하였다. 이는 비단 세상 사람들이 탄식할 뿐만이 아니니, 어찌 자손들에게 백대의 한이 되지 않겠는가.

모아 엮은 글은 마땅히 원집(元集)에 따라 간행해야 하는데 원집과 자항(字行)이 다르기 때문에 불초(不肖)가 이에 감히 다시 썼다. 판각이 끝났음을 아뢰매 일이 마침내 이루어졌으니, 우리 선군께서 여러 해 동안 겨를이 없어 못 했던 일은 아마도 또한 기다림이 있어서 그러했는가 보다. 우리 선조께서 남기신 아름다움이 없어지지 않음을 다행으로 여기고 우리 선군께서 모으신 지극한 뜻에 감동하여 한마디 말을 권 끝에 붙이지 않을 수가 없다. 그러므로 감히 거칢을 잊고 이에 전말을 기록한다.

병인년(1866, 고종3) 5월 상순(上旬)[2]에 불초 후손 병윤(秉潤)이 삼가 적다.

2 상순(上旬) : 대본에는 '上句'로 되어 있다. 문맥에 근거하여 '句'를 '旬'으로 바로잡아 번역하였다.

지은이 **최충성(崔忠成)**

1458년(세조4) ~ 1491년(성종22). 조선 전기의 학자로, 본관은 전주(全州), 자는 필경(弼卿), 호는 산당(山堂)이다. 김굉필(金宏弼)의 문인이며, 김안국(金安國), 남효온(南孝溫) 등과 교유하였다. 젊은 시절부터 포부가 원대하여 20대 때에 전국의 명산(名山)을 두루 유람하였다. 과거 시험에 여러 번 낙방한 뒤로 학문에만 전념하다가 34세에 병으로 요절하였다.

옮긴이

김남중(金男中)

1977년 전남 보성에서 태어났다. 순천대학교 철학과를 졸업하고 강릉대학교 교육대학원과 한국학대학원 철학과 석사과정을 수료하였다. 한국고전번역원 부설 고전번역교육원 연구과정을 졸업하였고, 한국고전번역원 번역위원으로《승정원일기》번역에 참여하고 있다.

김우재(金佑栽)

1987년 서울에서 태어났다. 성균관대학교 유학동양학부를 졸업하고, 한국고전번역원 부설 고전번역교육원 연수과정과 전문과정을 졸업하였다. 한국고전번역원 번역위원으로《일성록》번역에 참여하고 있다.

성창훈(成昌勳)

1985년 충남 청양에서 태어났다. 대학에서 한문교육을 전공하였고, 대학원에서 한문학을 전공하여 박사과정을 수료하였다. 한국고전번역원 부설 고전번역교육원 연수과정과 연구과정을 졸업하였다.

신선명(申先明)

1991년 서울에서 태어났다. 충북 보은의 회인서당(懷仁書堂)에서 수학하였고, 방송통신대학교 중어중문학과를 졸업하였다. 한국국학진흥원 부설 한문교육원에서 연수과정을 이수하였고, 한국고전번역원 부설 고전번역교육원 연구과정을 졸업하였다. 한국고전번역원 번역위원으로 조선왕조실록 번역현대화사업에 참여하고 있다.

정국현(鄭國顯)

1990년에 전주에서 태어났다. 전북대학교 철학과를 졸업하고, 한국고전번역원 부설 고전번역교육원 연수과정과 연구과정을 졸업하였다. 전주대학교 한국고전학연구소에서 번역에 참여하고 있다. 번역서로 《송사집》 등이 있다.

주다감(周多感)

1988년 전남 장흥에서 태어났다. 원광대학교 한문교육과를 졸업하고 동 대학원에서 문학 석사와 문학 박사 학위를 취득하였다. 한국고전번역원 부설 고전번역교육원 연수과정과 전문과정을 졸업하였다. 한국고전번역원 번역위원으로 조선왕조실록 번역현대화사업에 참여하고 있다.

산당집
최충성 지음
김남중 김우재 성창훈 신선명 정국현 주다감 옮김
공근식 번역지도

2020년 10월 30일 초판 1쇄 발행

발행인 신승운 | 발행처 한국고전번역원
등록 2008. 3. 12. 제25100-2018-000049호
주소 (03310) 서울시 은평구 진관1로 85
전화 02-350-4800 | 팩스 02-350-4994 | 홈페이지 www.itkc.or.kr

연구총괄 양기정 | 연구기획 정미경

책임편집 하현주 | 편집진행 박정열
편집교정 김상순 서세영 송숙희 | 조판 김지현 | 제작 김형석
디자인 씨디자인 | 인쇄 ㈜가나씨앤피

ⓒ 한국고전번역원, 2020
Institute for the Translation of Korean Classics

값 20,000원
ISBN 978-89-284-0772-9 93810